管控车道体系关键技术丛书·2

Planning and Design of Managed Lanes
# 管控车道规划与设计

余顺新　程　平　杨忠胜　编　著

人民交通出版社股份有限公司
China Communications Press Co.,Ltd.

## 内 容 提 要

本书总结了国外管控车道的研究成果和应用经验,阐述了管控车道的概念、分类及主要实施策略,并结合国内交通发展形势和技术标准,提出了适合我国国情和交通条件下的管控车道规划方法及几何设计、横断面设计、出入口设计、构造物设计、监测收费设计、交通控制设计等技术要求。

本书可作为国内交通部门进行管控车道决策和设计的技术指南,可供相关技术人员参考使用,也可供行业标准制修订时参考借鉴。

**图书在版编目(CIP)数据**

管控车道规划与设计 / 余顺新,程平,杨忠胜编著.
— 北京:人民交通出版社股份有限公司,2016.9
(管控车道体系关键技术丛书;2)
ISBN 978-7-114-13364-0

Ⅰ. ①管… Ⅱ. ①余… ②程… ③杨… Ⅲ. ①车道—交通规划②车道—设计 Ⅳ. ①U491.2

中国版本图书馆 CIP 数据核字(2016)第 232065 号

管控车道体系关键技术丛书·2

| | |
|---|---|
| 书　　名: | 管控车道规划与设计 |
| 著 作 者: | 余顺新　程　平　杨忠胜 |
| 责任编辑: | 李　喆 |
| 出版发行: | 人民交通出版社股份有限公司 |
| 地　　址: | (100011)北京市朝阳区安定门外外馆斜街 3 号 |
| 网　　址: | http://www.ccpress.com.cn |
| 销售电话: | (010)59757973 |
| 总 经 销: | 人民交通出版社股份有限公司发行部 |
| 经　　销: | 各地新华书店 |
| 印　　刷: | 北京市密东印刷有限公司 |
| 开　　本: | 787×1092　1/16 |
| 印　　张: | 14.5 |
| 字　　数: | 336 千 |
| 版　　次: | 2017 年 4 月　第 1 版 |
| 印　　次: | 2017 年 4 月　第 1 次印刷 |
| 书　　号: | ISBN 978-7-114-13364-0 |
| 定　　价: | 48.00 元 |

(有印刷、装订质量问题的图书,由本公司负责调换)

## 《管控车道体系关键技术丛书》编委会

主　编：余顺新　程　平　杨忠胜

副主编：郭大慧　陈　重　常云波　易路平　赖树奎

　　　　张　钊　杨　星　夏　飞　胡彦杰　李小平

## 《管控车道规划与设计》编委会

主　编：余顺新　程　平　杨忠胜

副主编：夏　飞　张春华　陈　重

编　委：卢　傲　吴万平　明　洋　刘　颖　高凡丁

　　　　阮艳彬　段宝山　谢松林　宋　林　张静波

　　　　王志刚　何　斌　王　云　张　晶　吴大健

# 前　言

"管控车道"是21世纪初美国为提高城市主干道的通行能力,结合公路改扩建项目提出的一个新的理念和方法,它通过对现有道路重新划分车道或扩建增设新的车道,并对满足一定条件或支付一定费用的车辆提供受控的服务,来满足指定车道的通行能力和运行速度。管控车道的运营策略可随时进行主动调整,通过一系列的技术手段保证目标区域或路段始终处于最优的通行状态。

在国内大规模城镇化建设和道路改扩建的形势下,系统性地研究、借鉴管控车道技术,对于提高我国公路和城市道路的通行能力、缓解城市交通拥堵、节约和有效利用土地资源、节约能源和保护环境、促进智能交通的建设与发展,具有重要的现实意义。

2013年中交第二公路勘察设计研究院有限公司主持承担了中国交通建设股份有限公司重大科技项目"管控车道体系关键技术研究",系统研究了管控车道的建设与投融资模式、规划、设计、运营、维护、管理及相关政策法规,并编写了一套"管控车道体系关键技术"丛书,包括《管控车道建设与投融资模式》《管控车道规划与设计》《管控车道运营、维护与管理》和《美国管控车道应用案例与政策法规》共4册。本套丛书是国内第一部关于管控车道的技术丛书,系统总结了管控车道在发达国家的实施经验,分析了在国内的使用条件,为提高我国道路交通的通行能力和可持续发展提供了新的理念和方法。

本册《管控车道规划与设计》共分为8个章节,分别为:概述、管控车道规划、几何设计、横断面设计、出入口设计、构造物设计、监测及收费设计、交通控制设计。本书从技术层面对国外的管控车道进行了归纳、总结,参考美国管控车道规划、设计技术标准,结合国内规范进行对比分析,提出了适合于我国交通条件的管控车道规划与设计方法,可供我国管控车道的发展研究参考,也可作为国内管控车道规划和设计的技术指南。

本书在编写过程中参考了大量书籍、文献,在此谨向文献作者表示崇高的敬意和衷心的感谢。因编著者水平所限,本书可能存在不完善之处,欢迎读者批评指正。

编著者

2017年3月

# 目 录

第1章 概述 ··············································································· 1
　1.1 管控车道的定义 ································································ 1
　1.2 管控车道的实施策略 ························································· 1
　　1.2.1 共乘车道(High-Occupancy Vehicle Lanes,HOV) ················· 2
　　1.2.2 共乘收费车道(High-Occupancy Toll Lanes,HOT) ················ 2
　　1.2.3 专用车道(Exclusive Lanes) ············································· 2
　　1.2.4 分离车道与辅道(Separation/Bypass Lanes) ······················· 2
　　1.2.5 车道限制(Lane Restrictions) ············································ 3
　　1.2.6 双重车道(Dual Facilities) ··············································· 3
　1.3 研究应用现状 ···································································· 3
　1.4 应用前景 ··········································································· 5
第2章 管控车道规划 ································································· 6
　2.1 管控车道规划需考虑的因素 ················································ 6
　　2.1.1 HOV 车道 ···································································· 6
　　2.1.2 HOT 车道 ··································································· 14
　　2.1.3 BRT 车道 ···································································· 21
　　2.1.4 货车专用道 ································································· 36
　　2.1.5 匝道管理 ···································································· 39
　2.2 管控车道规划方法 ···························································· 43
　　2.2.1 管控车道规划总体过程 ················································· 43
　　2.2.2 HOV 车道 ···································································· 44
　　2.2.3 HOT 车道 ···································································· 52
　　2.2.4 BRT 车道 ···································································· 55
　2.3 本章小结 ········································································· 64
第3章 几何设计 ······································································· 65
　3.1 概述 ················································································ 65
　3.2 设计车型 ········································································· 66
　3.3 设计车速 ········································································· 70

## 3.4 车辆最小转弯半径 ... 74
## 3.5 横向净距 ... 76
## 3.6 竖向净高 ... 78
## 3.7 停车视距 ... 81
### 3.7.1 制动反应时间 ... 81
### 3.7.2 制动距离 ... 82
### 3.7.3 设计值 ... 82
### 3.7.4 纵坡停车效应 ... 83
### 3.7.5 视距影响因素 ... 84
## 3.8 决策视距 ... 87
## 3.9 超车视距 ... 89
### 3.9.1 设计标准 ... 89
### 3.9.2 设计值 ... 90
### 3.9.3 超车路段的设置间隔和长度 ... 91
## 3.10 超高 ... 93
### 3.10.1 一般规定 ... 93
### 3.10.2 超高标准 ... 93
### 3.10.3 限制条件 ... 95
### 3.10.4 超高过渡段 ... 96
### 3.10.5 组合曲线的超高 ... 98
### 3.10.6 城市街道和乡村道路的超高 ... 98
## 3.11 横坡 ... 100
## 3.12 纵坡 ... 102
## 3.13 平曲线 ... 106
## 3.14 竖曲线 ... 112
## 3.15 本章小结 ... 118

# 第4章 横断面设计 ... 121
## 4.1 概述 ... 121
## 4.2 整体道路横断面设计 ... 121
### 4.2.1 道路横断面布置原则 ... 122
### 4.2.2 一般道路横断面构造 ... 122
### 4.2.3 城市道路横断面构造 ... 123
### 4.2.4 城市道路横断面布置类型 ... 124
### 4.2.5 机动车道设计 ... 127

|  |  |  |
|---|---|---|
| 4.2.6 | 非机动车道设计 | 128 |
| 4.2.7 | 分隔带设计 | 129 |
| 4.2.8 | 路侧带设计 | 130 |

4.3 HOV/HOT 车道横断面设计 ............ 132
    4.3.1 美国设计经验 ............ 132
    4.3.2 国内 HOV/HOT 车道设计现状 ............ 133
    4.3.3 HOV 管控车道横断面设计方法总结 ............ 134

4.4 BRT 车道横断面设计 ............ 138
    4.4.1 美国 BRT 车道横断面设计 ............ 138
    4.4.2 国内 BRT 车道横断面设计 ............ 139
    4.4.3 BRT 车道横断面设计方法总结 ............ 143

4.5 双重车道横断面设计 ............ 147

4.6 横断面设计综合评述与小结 ............ 148

## 第 5 章 出入口设计 ............ 149

5.1 概述 ............ 149

5.2 立交式出入口 ............ 151
    5.2.1 T 形匝道 ............ 152
    5.2.2 直下型匝道 ............ 154
    5.2.3 高架匝道 ............ 156

5.3 分汇流式出入口 ............ 158
    5.3.1 直接分汇流或平面出入口 ............ 158
    5.3.2 分支匝道连接 ............ 161

5.4 枢纽式交叉出入口 ............ 166

5.5 绕越车道出入口 ............ 168

5.6 出入口设计综述小结 ............ 169

## 第 6 章 构造物设计 ............ 171

6.1 概述 ............ 171

6.2 高架桥 ............ 171
    6.2.1 选型原则 ............ 171
    6.2.2 选型设计 ............ 172
    6.2.3 典型案例 ............ 175

6.3 立体交叉桥梁 ............ 176
    6.3.1 选型原则 ............ 176
    6.3.2 选型设计 ............ 177

- 6.3.3 典型案例 …… 178
- 6.4 道路扩建的构造物 …… 180
  - 6.4.1 选型原则 …… 180
  - 6.4.2 桥梁拼宽设计 …… 180
  - 6.4.3 涵洞、通道拼宽设计 …… 181
- 6.5 支挡结构物 …… 182
  - 6.5.1 选型原则 …… 182
  - 6.5.2 新型挡墙介绍 …… 182

## 第7章 监测及收费设计 …… 185
- 7.1 概述 …… 185
- 7.2 监测收费总体规划 …… 185
- 7.3 监测收费详细设计 …… 185
  - 7.3.1 低速监测区域 …… 186
  - 7.3.2 高速监测区域 …… 186
  - 7.3.3 HOV 车道设计特征 …… 186
  - 7.3.4 护栏及监测 …… 189
- 7.4 自动监测技术 …… 189
- 7.5 运行中的监测设计 …… 190
  - 7.5.1 监测方法 …… 190
  - 7.5.2 监测技术与手段 …… 191
  - 7.5.3 监测及 HOV 运行 …… 193
  - 7.5.4 监测手段及 HOV 车道实施类别 …… 193

## 第8章 交通控制设计 …… 195
- 8.1 概述 …… 195
- 8.2 信息原则 …… 196
  - 8.2.1 交通控制设施的 MUTCD 原则 …… 196
  - 8.2.2 主动引导 …… 196
  - 8.2.3 信息超载 …… 198
  - 8.2.4 驾驶员决策模型 …… 199
- 8.3 信息评价流程 …… 201
  - 8.3.1 驾驶员信息需求 …… 201
  - 8.3.2 管控车道驾驶员信息评价流程中的用户熟悉度 …… 203
- 8.4 管控车道的交通控制设施原则 …… 205
  - 8.4.1 信息传播 …… 205

|   |   |   |
|---|---|---|
| 8.4.2 | 交通控制设施的规定 | 208 |
| 8.4.3 | 动态信息屏 | 209 |
| 8.4.4 | 车道控制信号 | 211 |
| 8.4.5 | 路面标线 | 211 |
| 8.4.6 | 非标志信息的发送 | 211 |
| 8.4.7 | 公路拉链车 | 212 |

参考文献 ······ 214

中英文索引 ······ 217

# 第1章 概 述

## 1.1 管控车道的定义

狭义上,管控车道(Managed Lane)是21世纪初美国为提高城市主干道的通行能力,结合公路改扩建项目提出的一个新的理念和方法,即通过对现有道路重新划分车道或扩建增设新的车道,并通过按时段、车型动态调整费率的方式收取通行费的一种建设和管理模式。这种方法通过对满足一定条件并支付一定费用的车辆提供受控的服务,来满足指定车道的通行能力和运行速度。

广义上,管控车道是指将各种运营功能和设计功能"打包",以提高主干道通行效率的一种综合交通组织方式。管控车道的运营策略可随时进行主动调整(而不是被动响应),通过一系列的技术手段保证目标区域(路段)始终处于最优的通行状态。管控车道的运营策略及其管控措施见图1-1和图1-2。

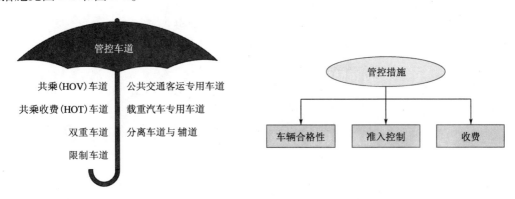

图1-1 管控车道运营策略　　　　　　　图1-2 管控措施

美国的研究和实践表明,管控车道在高速公路和城市主干道路上的合理运用,可充分利用现有道路资源和土地资源,提高运力,减少延误,从而节约能源,减少碳排放;同时,管控车道是智能交通体系的一个组成部分,其对交通信息的收集、处理、发布以及交通流量控制、信号处理、事故处理、应急管理等技术的研究与应用,对于促进智能交通体系的建设具有重要意义。

## 1.2 管控车道的实施策略

管控车道是一系列专用车道(如客车专用车道、载重汽车专用车道、共乘车道、共乘收费车道等)与信息化管理手段的综合应用。

### 1.2.1 共乘车道(High-Occupancy Vehicle Lanes, HOV)

共乘车道(HOV),亦称高乘用车辆专用车道,是指仅限于指定乘载数量的车辆(合乘小汽车、班车和公交车)的通行车道,其目的是提高现有道路的客流输送能力。大多数 HOV 车道规定 2 人以上(以下简称"2＋")的车辆才能合法使用,但在高峰期一些 HOV 车道规定 3 人以上(以下简称"3＋")的车辆才能通行。HOV 车道可以在主干线或快速路上实施。在快速路上实施时,有三种类型:分离式车道、平行流车道、逆流车道。分离式车道可以是双向车道或可逆车道。

### 1.2.2 共乘收费车道(High-Occupancy Toll Lanes, HOT)

共乘收费车道(HOT),亦称高乘用收费车道,是指允许低于乘客数量要求的车辆通过缴费通行的一种 HOV 车道。HOT 车道有多种变体,如价值收费车道(Value-Priced Lanes)、价值快速车道(Value Express Lanes)和快速交织常规车道[Fast and Intertwined Regular (FAIR) Lanes],美国各州对乘载数量要求不一。价值快速车道是由科罗拉多州交通厅提出的,类似于 HOT 车道。大多数情况下,价值车道和快速交织规则车道是收费车道。

HOT 车道的目的是提高 HOV 车道的利用率并出售闲置车道的通行能力。HOT 成功实施的假定条件为:

(1) HOT 车道应与现有的或已规划实施的 HOV 车道合并。
(2) 所在区段经常发生拥堵,而 HOT 车道可帮助驾乘人员通过缴费避免拥堵。
(3) HOT 车道不得占用已有的主车道。
(4) HOT 车道不是一条独立的车道。

HOT 成功实施的关键是如何管理车辆的数量,以最大限度地使用 HOV 车道而不超越其承载能力和产生拥堵。一种有效的方法是采用动态收费(Dynamic Toll Pricing),即根据拥堵程度自动调整计费,一般每 5min 调整一次。收费提高时,愿意支付费用使用 HOT 车道的车辆就会减少,以此管理车道的使用。

### 1.2.3 专用车道(Exclusive Lanes)

顾名思义,专用车道就是为指定类型的车辆提供专门的通行车道。常用的两种指定类型为公交车辆和载重汽车。指定公交专用车道的初衷是为了减少延误,而设立载重汽车专用车道的目的是通过隔离减少卡车对安全的影响,并降低卡车对载客车辆的冲突。

需要注意的是,截至目前,只有很少真正意义上的专用设施,而且许多这样的专用设施实际上限制了卡车或公交车在指定车道内行驶,但却允许其他车辆使用任意车道。近年来,在一些大城市中已经出现了一些真正意义上的公交专用车道。

### 1.2.4 分离车道与辅道(Separation/Bypass Lanes)

分离车道与辅道是一种针对某一特定路段的处理形式。美国某些地区对于具有某些特征的路段,如交织区、陡坡、货车流量较高或拥堵的路段,成功地采用了这种管理策略。例如,交织区车辆的穿行会在车流中产生紊流,货车阻碍了小型汽车的视距和可操作性,妨碍了它们进入或驶出主干道。在交织区的碰撞、追尾、侧碰事故中,货车是主要的元凶。

### 1.2.5 车道限制(Lane Restrictions)

车道限制是将某些特定类型车辆限制在指定车道的一项管理措施。车辆限制的最常见类型是货车交通。无论在农村还是城市,大量的货车会降低客车的运行速度、舒适性和便利性。为此,美国某些州实行了货车车道限行或指派货车专用车道。1986年,美国联邦公路局邀请其一些分部对26个实行车道限制的州进行了一项调查,表明实行车道限制可有效地改善公路运营状况,减少交通事故,同时有利于路面结构的维护。

### 1.2.6 双重车道(Dual Facilities)

双重车道是在两个方向分别有分离的内部行车道和外部行车道的管控车道。内部行车道仅供轻型汽车或轿车使用,而外部行车道对所有车辆开放。新泽西州付费公路有一段35mile(1mile = 1609.344mm,下文同)长的路段在同一用地范围包含内部行车道(客车)和外部行车道(货车/公交车/轿车)。其中23mile中,内部行车道和外部行车道在每个方向都有3个车道。在1990年通车的10mile路段中,每个方向外部行车道有两个车道,内部行车道有3个车道。每个行车道有12ft(1ft = 0.3048m,下文同)的车道和路肩,内部和外部行车道之间用栅栏分隔。车辆的断面分布为大约60%位于内部行车道,40%位于外部行车道。

这种方式称为"双—双"路段,可用来缓解拥堵。在付费公路上通过车道限制和匝道路肩改造也可以提高货车的通行能力。20世纪60年代实行的车道限制不允许货车在单向3+车道的左侧行车道上通行。在该付费公路的双—双路段部分,自第9号互通至第14号互通,允许公交车辆在左侧车道通行,结果左侧车道变成了公交车道,而货车在右侧车道行驶。

实际上,管控车道是"主干道中的快车道",是在主干道断面上与常规车道隔离的一个或几个车道。其目的是通过三种管控方式(收费、车辆合格性、入口控制)中的一种,采用综合的手段与技术,持续地达到一种最优状况。

## 1.3 研究应用现状

美国1969年建成了第一条公共汽车专用车道,此后的几十年中,在穿越城市的高速公路或城市快速干线上,实行了多种车道管理模式,如客车专用车道、载重汽车专用车道、高乘用车辆专用车道、高乘用车辆收费车道等。21世纪初,FHWA在部分州实行HOV、HOT车道管理的成功经验基础上,建立了一个"主干道路管理计划"(Freeway Management Program),旨在支持和促进主干道路的集成应用和协调发展,提高国家主干道路设施的安全性、有效性和可靠性。2000年,得州交通厅(TxDOT)启动了一项五年计划,研究设计一种实用、灵活、安全、有效的方法来确保管控车道的成功实施。得州交通学院(TTI)和得州南方大学(TSU)参加了这个研究项目,系统研究了管控车道的规划、设计与运营。2007~2010年,佐治亚州交通厅(GDOT)制定了一个研究项目"管控车道系统规划MLSP(Atlanta Regional Managed Lane System Plan)",在亚特兰大中心城区全面实行管控车道规划。

国内关于车道管理方面的研究工作尚处于起步阶段,一些城市规划和研究部门对共乘车道(HOV Lanes)和"合乘优先"(Carpool Priority)的规划方法做了一些探索和研究,但还没有形成系统性的政策。此外,2005~2007年,我国开展了"轻型高速公路技术指标前期研究"项目,该项目在保证交通需求的前提下,遵循节约土地、节约投资、保护环境的理念,研究了一种专供小客车、小货车行驶的轻型高速公路模式。这种模式可以减少车道宽度,降低荷载标准,占地少、造价低,对环境影响小。

国内某些大城市在部分路段上实行公交优先的策略,部分城市如北京、广州、杭州、苏州、武汉等还建设了快速公交系统BRT(Bus Rapid Transit),一定程度上缓解了公交车的拥挤和延误。2011年5月,北京率先在京通高速公路上启用公交专用道,有效地提高了局部路段的通行能力,但由于受前后相邻道路拥堵的影响,许多公交车辆被堵在快速入口之外,反映出因缺乏系统性的车道管控而难以提高专用车道使用效率的问题。随着汽车工业和城市规模的快速发展,城市交通拥堵问题日趋严重的趋势仍在加剧。特别是近年来各大城市小汽车数量激增,仅实行公交优先政策并不能完全解决我国面临的交通问题。

2008年,无锡在兴源路设置了公交专用道,仅供公交车通行。但由于兴源路上公交线路不多导致公交专用道闲置浪费,因此在2014年调整为国内首条HOV车道,可供公交车和3名乘员以上的小客车通行,目前通行情况良好。无锡兴源路HOV车道标志如图1-3所示。

图1-3 无锡兴源路HOV车道标志

2016年4月18日,深圳市开始在滨海—滨河大道启用广东省内首条HOV车道。该专用车道与相邻车道车行道分界线为绿色虚线,地面设置相应文字及绿色多乘员车道图形标志。启用时间段为工作日早晚高峰,上午7时30分至9时30分,下午5时30分至7时30分。深圳交警表示,对于违规占用HOV车道的机动车,将根据《深圳经济特区道路交通安全违法行为处罚条例》第一条第二款,给予车辆处以300元罚款,同时作为失信行为纳入到征信系统内。未来将根据交通流量情况,适时将2+多乘员车道调整为3+多乘员车道。也不排除未来有可能会在进出二线关的主要通道和特区内的主要交通动脉推广多乘员车道。

目前国内管控车道的研究主要集中在BRT公交专用车道,HOV车道的研究和应用不多,目前仅无锡和深圳两例,HOT车道的研究尚未开展,对管控车道的研究不成体系。因此有必要吸收国外的先进交通管理技术,深入研究管控车道的政策法规、技术理念、监测方案和交通组织规划等,尽早建立符合中国国情的管控车道规划、建设、运营、管理和维护体系,缓解"出行难"的问题。

## 1.4 应用前景

近20年来,中国的交通基础设施建设得到了飞速发展,但高速公路和干线公路的通行能力并未得到有效的发挥,现有设施资源的使用效率也不均衡。如果在现有多车道公路上重新划分车道,使大型车和小型车分道行驶,或者在高速公路新建或改扩建时,根据功能需求的特点增设专用车道,或者根据不同时段两方向交通量的变化动态调整车道或收费费率,将可有效地节约利用现有道路的土地和空间资源,最大限度地发挥交通走廊单位面积的车辆通行能力。

此外,城市日益增长的交通需求不能仅靠增加道路设施的供给来满足。一方面,在很多大城市的中心城区中,用地布局已基本确定,可用于修建道路的用地十分有限;另一方面,由于小汽车占用的道路时空资源远高于其他交通工具,个体机动化交通迅猛发展对城市交通带来严重的冲击,加剧了日益恶化的交通状况。交通资源的匮乏决定了必须通过提高交通效率,利用有限的交通资源承担尽可能多的人和物的运输来解决城市交通问题,因此实施管控车道不失为较好的选择。

# 第2章 管控车道规划

## 2.1 管控车道规划需考虑的因素

### 2.1.1 HOV车道

1）计划的编制

为了使HOV车道系统完全融入总体道路运营管理系统,需要从多个层次编制系统的规划方案:战略规划、中远期系统规划、近期规划和运营规划。在战略规划层面,交通管理部门需要确定自己的角色、任务和城市希望能够提供的合乘车服务类型。通过中远期系统规划,交通管理部门可确保合乘设施和服务都纳入未来的总体道路运营管理体系中;通过近期规划,则可以将资金问题纳入地区交通改善计划中。

2）法律法规与媒体宣传

共乘车道规划还需要考虑以下几点:

(1)法律法规。共乘车辆一旦发生事故并造成搭乘人员伤亡,必然会导致赔偿纠纷的产生。如果没有合情合理的相关法律法规出台,该类纠纷的持续增加必然会大大打击共乘车辆车主的积极性。

(2)媒体。对于共乘车道而言,媒体扮演着重要的角色(如今随着互联网,尤其是移动互联网的发展,网络媒体和自媒体逐渐扮演着越来越重要的作用,在进行管控车道规划时,需重视互联网的作用)。媒体是获取乘客、公众和立法者信息的重要途径,市民的看法和意见受媒体的影响很大。如果媒体能够提供准确、及时的共乘车道信息,尤其是运营调整信息,公众将更容易了解这些调整,理解调整的原因,并遵守新的规定。

3）土地利用

HOV车道设置的首要环节为确定设置的起讫点与道路的长度。根据交通规划原理,土地的功能布局与位置起讫点和道路长度的设置密切相关。土地功能布局常通过调查道路网格局与周边交通等方法进行分析,目的是为了找出设计道路周边出行发生与吸引的集中地。主要分析方法为:通过路网格局与交通特征判断交通流向,找出出行起终点集中区域;通过发生与吸引点的分析,得出HOV车道设计的最佳合乘路段与时机,最终从土地利用的层面为HOV车道的规划提供参考。

4）高峰小时共乘车辆流量

在HOV车道设置的需求分析中多以高峰小时流量作为评价分析指标。美国HOV车道设计指南中将设计通道上的共乘车辆的流量作为HOV车道设置的一个关键影响因素。其中高承载率车辆的研究对象主要为公共交通、共乘车辆和运行班车。根据不同的车道类型,其共乘车辆的最小高峰小时流量如表2-1所示。

高峰小时共乘车道最小运行流量经验值表　　　　表 2-1

| 车 道 类 型 | 单车道高承载率车辆高峰小时流量(pcu/h) |
|---|---|
| 共乘车道 | 400~800 |

5)高峰小时车速

在美国已有的规划指南中将车辆速度作为评价或改变现有 HOV 车道运行情况的指标。一般在分析已有规划道路速度限制的基础上,对 HOV 车道的最低设计速度进行规定。由于每个城市交通拥堵程度和道路状况不同,不可能制定统一的车速标准。根据美国道路设计规范,当道路现状运行速度低于期望速度的最高值的一半时,可考虑规划 HOV 车道。

借鉴国外经验,当高速公路、快速路或主干路现有高峰小时运行速度低于车道设计速度一半时,可考虑建设 HOV 车道。根据我国城市道路交通规划设计规范,大型、中型城市各道路设计速度如表 2-2 所示。

车道的设计速度　　　　表 2-2

| 项目 | 城市规模与人口(万人) | | 快速路 | 主干路 | 次干路 | 支路 |
|---|---|---|---|---|---|---|
| 机动车速度<br>(km/h) | 大城市 | >200 | 80 | 60 | 40 | 30 |
| | | <200 | 60~80 | 40~60 | 40 | 30 |
| | 中等城市 | | — | 40 | 40 | 30 |

因此,在北京、上海、武汉这样的大型城市中,当快速路、主干路的平均车速低于 40km/h、30km/h 时,可考虑规划 HOV 车道。

6)运营计划、共乘政策

制订运营计划对于 HOV 车道的成功实施是十分重要的,运营计划必须与设施执行计划紧密结合。此外,运营计划还应该解决多个政策问题。主要包括以下几点:

(1)共乘车辆运营方案选择

一些因素对 HOV 车道运营方案有着直接和重大的影响,例如:出入口的设置和 HOV 车道的类型。隔离的 HOV 车道可以是逆向的或双向的,在高峰时段或者全天,该设施可能仅供共乘车辆使用。为了保证设施安全、高效的运行,就必须限制不符合要求的车辆进入 HOV 车道。在高速公路或快速路上,收费系统将被用来阻止不符合要求的车辆进入共乘车道设施。除了这些特点,该类型的设施还应设置可变信息板(CMS)系统,以此发布 HOV 车道的运营状态(开放还是关闭)。

(2)车辆资格要求

车辆资格要求(如什么类型的车辆可以利用该设施)是首要的问题。可以使用 HOV 车道的车辆类型通常包括:

①公共汽车。
②通勤车辆。
③共乘车辆。
④出租车。
⑤紧急救援车辆。
⑥新能源车辆。

⑦机场大巴。
⑧摩托车。

(3) 车辆共乘率

随着时间的推移,HOV车道的公共接受度会逐渐提高,此时,越来越多的出行者会因出行时间和燃油费的节省而选择共乘。因此,进行HOV车道规划时,应该对共乘车辆的共乘率(例如,2个以上或3个以上)进行对比分析,研究不同共乘率对不同时期交通量所产生的影响,以确定合适的共乘率,从而在共乘车辆增长性与公众对设施使用的理解度之间达到平衡。

随着HOV车道的公共接受度逐渐提高,共乘车道的需求随之变化,此时共乘率理应随之变化,但这种变化往往难以实施。依据美国HOV车道的调研经验,当共乘率从2+变化到3+时,交通需求通常会降低75%~85%。当邻近车道高峰小时交通量达到1500~2000pcu/h/车道时,3+共乘车道每车道每小时的交通量往往只有几百辆。即使共乘车道在高峰小时内能比普通车道运载更多的人,公众仍然会觉得该车道没有得到充分利用。此时,公众对HOV车道的满意度将会降低。此外,共乘率的变化还需要考虑区域的一致性,同一区域里的HOV车道通常宜采取相同的共乘率要求,这又在一定程度上增加了共乘率变化的难度。

(4) 运营时间

共乘设施的运营时间可采取以下几种模式:
①24h连续使用。
②仅在高峰期。
③仅在必要时。

几何设计、共乘车辆数量、混合交通流、拥挤时间和区域一致性等一系列因素都会影响共乘车辆运营时间。依据美国HOV车道实践经验,连续24h运营的HOV车道往往可以激励更多的出行者使用共乘车辆,同时有助于降低违章率。而一些共乘设施如可逆车道可能无法24h运作,可逆设施的运营时间必须考虑各种必要操作所花费的时间,如清空车道、移动闸门、改变信号。仅高峰期间内运营管控车道也是一种可行的选择:当HOV车道出现空闲的时候,可放开准入要求,这种做法能减少公众批评。

7) 公众意识和推广

开拓HOV车道的市场对于其成功实施是非常重要的,在进行HOV车道推广时主要有以下两种方式:

(1) 公众参与和教育。HOV车道必须得到公众的支持才能成功。使公众参与到早期或整个规划、设计和实施阶段中,有助于获得他们的支持。可以使用多种方法来鼓励通勤者、出行者、社区团体及其他组织参与进来。这些措施包括会议、专题讨论会、调查、焦点聚集、意见听取。

(2) 营销。美国《HOV车道营销手册》提供了一系列可供参考的营销方式,在该手册的基础上,结合目前社会经济的发展情况和我国的实际情况,提出如下适合于我国的营销方式:
①营销材料(小册子,印刷品广告,报纸广告,电台,电视插播广告,户外广告牌,手机APP,网站)。

②媒体关系(新闻资料袋,新闻发布,人员培训)。
③社区关系(公众会议,民营企业沟通,热线电话)。

8) 执法

有效的执法能维护公正,确保 HOV 车道正常运营。如果 HOV 车道的道路使用者受到了违规者的干扰,那么该车道的支持率将会降低。为了使 HOV 车道项目获得成功,在项目规划中应对执法进行专项研究。

在制定法律和强制执法的过程中,应该考虑以下重要问题:

(1) 法定权限。
(2) 违规和罚款等级。
(3) 常用的执法策略。
(4) 特殊的执法技巧。
(5) 资金。
(6) 与使用者、非使用者以及公众就 HOV 车道项目的内容进行沟通。

HOV 车道的执法策略一般有四种:日常执法、专门执法、选择性执法和自我约束。各种执法手段也可以用来监测 HOV 车道设施。如固定巡逻、流动巡逻、组队巡逻、多功能巡逻、电子监控等。这些手段重点运用于监视车道、监测和扣留违法者、对违规者发出警告。为了使得执法更为有效,建议采用联合执法的方式。

总结得克萨斯州 HOV 车道运营执法的经验,发现 HOV 车道执法应主要关注以下几点:

(1) 设施类型决定了所需的执法级别。一般来说,双向设施的执法级别应高于隔离和逆向设施。

(2) 为达到有效性,有关官员必须有一个安全和方便的办公场所发出嘉奖或警告。执法活动应针对共乘车用户,让他们了解到执行车道限制的具体时间。但是,它不应该干扰到共乘车车道和混合车流车道上的交通。

(3) 为了降低违规率,必须保持一定的执法力度,使得违规使用车道而不被抓的概率变得很小。

(4) 提前制止潜在的违规者比事后扣留更安全、更有效。

依据美国实际经验,在执法困难地区,警方不扣留违规者会导致使用专用车道的非法车辆数量增加,在某些地区违规率已经达到了 60% 以上。经验表明,采取日常执法与专业执法相结合的方式可以有效降低违规率,一般可以使 HOV 车道的违规率控制在 5% ~ 10% 。

在美国的一些城市正针对 HOV 车道的违规行为开展一项名为"英雄"的计划:驾车者可以打电话举报 HOV 车道上的违规者。从效果来看,该计划可以降低违规率。

9) 效果评估

对 HOV 车道实施效果的评估应贯穿于项目的整个生命周期中。除了给各支持机构提供有效信息外,该信息还有助于向公众传达共乘车计划的成效,进而提高公众对共乘车项目的总体理解。

在进行评估时,应为 HOV 车道项目的每一个目标选择合适的评价指标,常用目标和指标见表 2-3。

**HOV车道的建议性目标和有效措施**　　　　　　　　　　　　　表2-3

| 目　标 | 指　标 |
|---|---|
| HOV车道应该提升所在道路拥挤车道的通行能力，通过增加每辆车的载客数来运载更多的乘客 | 1. 人员流动效率的实际增长和百分比增长；<br>2. 平均每辆车合乘率的实际增长和百分比增长；<br>3. 共乘车和班车的实际增长和百分比增长；<br>4. 搭乘公交车人数的实际增长和百分比增长 |
| HOV车道应该增加所在道路上公交车的运营效率 | 1. 提高车辆运送率(如每辆车或每位乘客的运营成本)；<br>2. 改进公共汽车时刻表(准时性)；<br>3. 提高公共汽车安全性能(事故发生率) |
| 共乘车设施应该能够为合乘车辆节省出行时间，提供更可靠准时的出行时间 | 1. 高峰期、高峰方向的出行时间明显少于相邻高速公路；<br>2. 普通车道上的出行时间；<br>3. 增加出行时间的可靠性 |
| 共乘车设施应该对空气的污染减少，对能源消耗降低 | 1. 减少排放；<br>2. 减少燃料消耗；<br>3. 减少车辆出行时间 |
| 共乘车设施应该提高所在道路每条车道的效率 | 改善高峰期内的整个设施内每条车道的行车效率 |
| 共乘车设施不应该对所在道路普通车道有太大影响 | 普通车道的服务水平保持不变 |
| 共乘车设施应具有安全性，并对所在道路普通车道的安全没有太大影响 | 1. 共乘车道和普通车道上事故数值和严重程度；<br>2. 事故发生率 |
| 共乘车设施应该得到公众的支持 | 1. 使用者、非使用者、公众和决策者对设施的支持；<br>2. 违规率 |
| 共乘车设施应能有效地改善交通状况 | 成本效益比 |

10）其他需考虑的事项

（1）HOV车道项目内容要与实际情况匹配。

（2）配套设施及服务：成功的HOV车道项目还应涵盖完善的配套设施，如：停车换乘设施、匝道绕行线和其他配套设施。

（3）配套方案和政策：其他配套方案和政策的制定能提高项目的成功率，如：乘车共享计划，停车管理及定价政策，土地使用政策和规划等。

（4）施工期间共乘车管理：美国一些共乘车道设施在建设施工阶段初期通常会对合乘车提供优惠待遇，他们认为这种做法可以提高日后合乘车道的使用率，还可防止车道在施工期发生拥堵。但这种做法往往会对工期产生负面影响。

11）我国的应用现状、前景及建议

（1）应用现状

目前，我国共乘车道的应用尚不广泛，仅无锡和深圳两地开通了2条共乘车道。下面对两地共乘车道情况进行介绍。

①无锡

a. 规划背景

兴源路是无锡市内贯通南北的一条双向六车道的主要干道，途经火车站及塘南招商城，平时来往车流非常密集。2008年，为减少城市交通拥堵和空气污染，提倡市民公交出行，无锡便在兴源路锡甘路至通江大道段设置了公交专用道。不过，随着无锡市轨道交通大规模开工建设，2011年公交专用道被临时取消。2013年10月，轨道交通建设临近尾声时，在锡甘路至工运路区间恢复设置了一条公交专用车道。但恢复后，由于该路段公交线路较少，导致公交专用道在高峰时段利用率相对较低，进而诱发其他车道的拥堵。在此背景下，无锡市相关部门参考国外共乘车道的实施经验，将公交专用道调整成为"3+多乘员专用车道"。

b. 规划内容

将兴源路锡甘路至通江大道路段调整为"3+多乘员车辆专用车道"，只要车上载有3名乘客及以上（包括驾驶人）的车辆就能在专用车道上通行。新的专用车道既可通行公交车，也可通行多乘员车辆。

c. 执法模式

交警会不定期地对专用车道进行抽查，一旦查获车内不满3人，将以不按规定车道行驶对驾驶人处以100元罚款。

d. 实施效果

共乘车道车流量日均提高9.2%。

②深圳

a. 规划背景

2016年，深圳车辆密度达到503pcu/km，高居全国第一，交通拥堵程度与日俱增。深圳车辆限购后，机动车年注册总量仍然以10万辆以上的速度递增。但与此相对的，道路资源的供给远不能满足车辆增量需求，尤其是原特区内区域，几乎没有可供增加道路的空间。在此背景下，深圳交警部门推出了多乘员车道措施，拟减少空载车辆对道路资源的浪费，尽量将路权向多乘员的、高效的交通出行方式倾斜，促进出行结构的优化转变，实现共乘出行、绿色出行。

b. 规划内容

滨海—滨河大道（滨海白石立交至滨河下沙人行天桥段）西往东方向主道最内侧的一条车道，启用时间段为工作日早晚高峰时间，每天7时30分至9时30分，17时30分至19时30分，禁止共乘车辆以外的机动车经多乘员车辆专用车道行驶。其他时段不设限制，允许所有车辆使用。

c. 准入模式

允许多乘员的蓝牌、黑牌小车通行；允许使用共乘车道的车辆必须同时符合以下条件：车型为核定载客人数9人（含9人）以下的小型、微型载客汽车；网约专车、出租车都可以使用，拼车软件已在社会上普遍使用,通过此种方式出行的小车同样可以使用共乘车道。

深圳共乘车道标示见图2-1。

d. 执法模式

采取"摄像预检+骑警核查"的双重模式,先是通过高清摄像头抓拍,若副驾驶没人,则该车辆数据会被发送给路面铁骑队,等车辆再次经过卡口时,铁骑队会收到预警,在车辆前方实施查看,此时若后排也没有乘客,则对驾驶员进行处罚。其具体处罚措施遵循《深圳经济特区道路交通安全违法行为处罚条例》第十一条第二款:对违反规定进入多乘员车道的车辆将给予三百元罚款处罚。同时作为失信行为纳入征信系统。深圳交警将依托现有和新建车牌识别设备高清监控抓拍;通过"铁骑队"和"隐形战车"进行巡逻查处并辅以人工定点查处。在执法过程中,交警部门就会对经常使用共乘车道但是副驾驶无人的车辆建立数据库,这些车辆是铁骑队在路面重点监测的对象。深圳共乘车道骑警执法见图2-2。

图2-1 深圳共乘车道标示

图2-2 深圳共乘车道骑警执法

e. 实施效果

深圳启动共乘车道以后三个月时间内(2016年4~7月),通过数据的采集和分析,共乘车道的车辆空载率下降了11%,两人以上乘坐的比例上升了17%,同时,整个滨海大道的总体通行车辆中,两人以上乘坐的比例也上升了11%。按照共乘车道设计的通行效率,相当于滨海大道在流量不变的情况下,每小时能多运送870人。

f. 后续计划

推动修法,加大对违规驶入共乘车道的处罚力度,同时增加对违规驶入共乘收费车道的处罚条款,为未来施行共乘收费车道预留法律空间;考虑到在将来共乘车道增加为3人以上共乘车道的可能性较大,提前研究申报系统和监管方法;推动保险公司增设共乘意外险险种,增加APP支付保险功能。

(2)前景及建议

我国目前仍然面临着机动车快速增长的压力,单纯依靠增加道路资源供给往往难以解决道路交通问题。从无锡和深圳的尝试来看,共乘车道可以一定程度地提高道路服务水平,在未来,共乘车道在我国或许有更为广泛的前景。对此,结合共乘车道在我国应用中取得的成效和凸显的问题,在此提出如下建议供国内应用参考。

①适宜于公交专用道使用率不高的道路

目前我国很多城市陆续开通了大量的公交专用道,但规划时存在"为了公交专用道而建设公交专用道"的问题,即:在很多公交线路不多的道路上规划了公交专用道,进而导致公交专用道利用效果不佳,甚至影响了其他车道的通行效率。在这种情况下,若能将公交专用道调整为共乘车道,则会取得较好的效果。

②需构建较为完善的智能交通系统

共乘车道的设立与使用,要建立在两个重要的前提之上,一是要有现代化的共乘信息获取网络。所以,在现代信息技术基础上,设计共乘软件,设立共乘专业网站,以快速、适时地实现共乘意愿的达成,就变得非常重要。在当下城市智能交通体系日渐完善,打车软件及平台建设已非常成熟的前提下,这不仅不成问题,还会因共乘车道的出现,使这些软件与网络得以更为广泛和现实地应用。二是共乘车道建设中,也需要严密、科学的监控系统。目前城市智能交通监管系统极为发达,将共乘车道监管纳入其中,使得城市交通智能监管的范围和水平相应提升,并能更好地实现对共乘车道的电子监控,完善执法监管手段,使合法行驶于共乘车道上的正常车辆不受非法行驶的损害。

③需进一步加强宣传

2016年3月15日,深圳市交警展开民意调查,对共乘车道设置等相关内容开展网上投票,截至3月22日,近万名网友参与了投票。结果显示,超六成网友认为设置共乘车道有必要;近六成网友选择车辆乘坐2+人数即可使用共乘车道。同年4月12日,深圳交警召开通气会,宣布于4月18日开始在滨海—滨河大道启用广东省内首条多乘员车辆专用车道。次日,深圳交警再次进行民调,发布调查问卷,其中一项"您认为目前深圳的交通文明程度适合推行共乘车道吗",结果却是出人意料。截至4月21日下午,深圳交警新浪官方微博调查结果显示,1159人参与投票,752人认为深圳目前推行共乘车道很难,不适合推行共乘车道,"只想自己开车,不想和别人拼车",所占比例为64.9%;赞成票为321票,所占比例为27.7%,其余为中立票。

通过深圳交警的两次民调结果可以看出,第一次民调超六成认为有必要,第二次民调有超六成反对目前推行。整体上而言,民众对共乘车道的接受程度不高,若要在国内推广共乘车道项目,势必需要结合国情开展针对性的宣传工作。

④加强执法

以美国为例,美国各州巡警担负共乘车道的执法职责。巡警发现不符合共乘车道使用规则的车辆驶入共乘车道,可拦截并开具罚单。同时共乘车道使用者被赋予相互监督检举的权力,共乘车道使用者可以通过互联网或拨打专用电话检举违规使用共乘车道的车辆,提供车牌号、车辆详细特征、违法时间、地点等信息。车主第一次被举报,将收到交通管理部门寄给的共乘车道宣传手册,第二次被举报将收到州交通局的信件通知,第三次被举报将收到州巡警寄出的信件通知。巡警可利用这些检举信息有针对性地执法。

⑤应优先布局在有大型交通发生源、吸引源的交通干道上,且宜采用网状布局

大型交通发生源、吸引源的共乘需求量相对较大,有利于提高共乘车道的利用率和满载率。为了增强共乘车道出行的可达性,其车道布局应成网状,以吸引更多的出行者共乘出行。

⑥应优先布局在公共自行车租赁点密度高且公交可达性强的区域

共乘车道并不能完全覆盖所有出行发生源、吸引源,因此可通过共乘车道换乘公交、公共自行车等交通工具的方式来弥补其布局盲区,进而提高共乘车道出行的便利性。

⑦需完善法律法规

车辆在道路上行驶，事故总是在所难免。共乘车辆一旦发生事故并造成搭乘人员伤亡，必然会导致赔偿纠纷的产生。如果没有合情合理的相关法律法规出台，该类纠纷的持续增加必然会大大打击共乘车辆车主的积极性，并最终导致共乘车道毫无用武之地。

### 2.1.2 HOT 车道

1）HOT 车道与 HOV 车道的区别

HOT 车道与传统高速公路及 HOV 车道的主要区别在于：

（1）HOT 车道利用市场价格和其他管理手段来提供可靠的优先出行条件，尤其是在高峰出行时段。

（2）HOT 车道在拥挤的交通走廊为驾驶员和交通用户提供一项新的出行选择。

（3）HOT 车道产生的收益可用来支付项目本身的执行费用或者承担其他交通改善项目的建设费用。

（4）HOT 车道项目需要重点关注道路管理，包括交通运行情况的监控、事件检测与及时响应。

（5）HOT 车道是传统交通管理和收费技术结合的新方式。

（6）HOT 车道需要持续的市场营销以拓展公众意识。

2）HOT 车道的主要适用情况

在以下几种情况下建设 HOT 车道将会取得较好的效果：

（1）缺少平行可选路线

HOT 车道在大都市区域的高密度交通骨干网络中工作效率最佳，这些区域通常会限制出行选择。有限的出行选择，再加上缺少平行路线，使得 HOT 车道非常具有吸引力。美国橘郡的 91 号国家公路位于一条峡谷中，附近没有平行的主干道或高速公路，仅有一些通勤火车线路。圣地亚哥的 15 号 FasTrack 车道贯穿米拉玛纳瓦尔机场，这附近的平行接入线路也非常有限。对于出行者而言，当其他出行选择很有限的时候，HOT 车道是一个很好的选择。

（2）拥挤的 HOV 车道

当 HOV 车道的通行需求超过其通行能力时，HOT 车道的作用就非常明显。在 HOT 运行模式下，可允许额外付费的车辆使用专用道，优化利用了专用车道，同时释放了现有车道的通行能力。在休斯敦的 Katy 高速公路，将 HOV 车道转化成了 HOT 车道，同时将免费准入条件由 2＋调整为 3＋，措施实施后取得了显著效果。

（3）未充分利用的 HOV 车道

当高峰时期某条 HOV 车道的交通量远低于其通行能力，但平行道路或一般车道却出现拥堵时，可考虑将 HOV 车道转换为 HOT 车道。在这种情况下，额外付费的低承载率车辆可使用该专用设施，以优化利用专用设施，且可以缓解平行道路或一般车道的交通压力。

3）建立运营目标

正如美国交通部门官员所定义的潜在 HOT 车道项目，他们需要树立能激励自己的整体运营目标。运营目标对于涉及实时可变收费的 HOT 车道来说尤其重要。合理的目标包括以下内容：

(1) 整体节省时间最大化(包括在 HOT 车道和备选路线上的效果)。
(2) 受限于交通服务水平或最低速度限制的最大车辆通过量。
(3) 受限于交通服务水平或最低速度限制的最大乘客运输量。
(4) 利益最大化。

具体目标取决于该项设施所有人或运营商的本性。假若是私营企业负责 HOT 车道的投资和建设，他们的主要目标可能是利益最大化。实行 HOT 车道的政府公共机构可能会更关注于运营效率最大化，如吞吐量和节省时间。但上述两项目标通常应该保持一致。

4) HOT 车道的其他决策

关于 HOT 车道项目，规划者还面临着其他几项重要选择，主要包括：

(1) 车辆资格：什么尺寸和类型的车辆有资格使用 HOT 车道？如果需求超过供给，怎样选取用户？

(2) 费用收取：如何管理收费程序？是政府机构(如果是，是哪一个?)还是接受政府管理的私人企业？

(3) 收费技术：该项目应当使用电子收费或是允许封装的系统？

(4) 中间出入口：对于付费车辆，应当以何种频率间隔设置出入口？

(5) 车道分离处理：是否应当通过物理障碍、道路实线来分离共乘车道，还是用不太明显的处理方法？

5) HOT 车道对外宣传

有效的对外宣传是 HOT 车道项目规划和实施阶段的一个重要内容。公众对 HOT 车道项目的大致了解、政府和公众对于每个 HOT 提案的支持能够有效促进项目的开展。收费共乘车道在交通中是一个新概念，尤其是对发展中国家而言。让地方官员和普通大众逐步了解 HOT 设施对于获得他们的支持十分有帮助。如果没有这种主动的对外宣传，则普通大众会对项目表现出冷漠和警惕。

详细规划的对外宣传在以下方面起到关键作用：

① 了解 HOT 车道项目的工作原理。
② 评估 HOT 项目的特点和优势。
③ 接受其作为一种新的出行选择。

由于 HOT 车道项目也会用到很多传统的技术，因此在设计对外宣传活动时，需要重点介绍其与传统的交通改善措施间有何不同。

(1) 教育

HOT 车道是一种全新的概念，公共宣传时需考虑的因素相比于传统运输项目会更多。公众能很快知道一些传统的道路改善项目所带来的好处在哪里，如道路大中修、互通立交的建设，而 HOT 车道则不同，其采用市场导向方法来分配道路空间，这对于大众来说是一种全新的概念。教育的目的是使公众了解 HOT 车道通行费和一般车道通行费的区别，并且使公众了解 HOT 车道项目可以提供更为优质的交通服务、稳定的通行时间。因此，有效的公共宣传活动将主要解决以下问题：通行费收取的重要性，这些费用被哪个单位收取，并最终用于哪些地方。

(2) 公平

HOT车道往往会引起该车道只服务于有钱人的争议,针对这个问题,美国通过开展一系列的相关研究发现:HOT车道不仅仅改善了付费者的道路通行环境,对整个道路的拥堵也起到了改善作用,所有大众均是HOT车道的受益者,而且根据已开通HOT车道区域的调研情况来看,当地民众也表示支持。

地方政府的支持在HOT车道推广中扮演着重要的作用。地方大众一般会比较关注公平,因此,如果能通过地方官员或者社会名人利用使用者数据说明其公平性,将会获得意想不到的成功。

如美国马里兰州的一个HOT项目宣传时指出,"将一个面向整个群体的项目和某个人的付费能力进行简单的关联是不公平的,我们的最终目标是减少整个道路的拥堵。"该宣传充分展示了HOT车道的公平性。

6)项目支持者

获取广泛的拥护和支持是HOT车道项目顺利实施的重要保证。支持者可能是政府成员、社团领袖或者私营机构领导,他们具备和个人或组织进行沟通,并获得支持的能力。虽然地方交通管理部门、运输当局通常为项目发起人,但有威望的社会公众人物(即使不属于交通运输领域)也会对项目的支持度产生较大影响。

支持者在HOT项目规划初期需要负责项目的公共宣传。项目支持者同时也是一个有效的同盟建设者,能够促成来自不同利益集团的参与者达成共识。

(1)多重拥护

由于HOT项目进场需要获得不同阶段和不同层级的许可,有些项目需要将申报书呈送到市长、省长甚至国家主管部门手中,因此,在不同的阶层寻求合适的拥护者来支持项目十分必要。

(2)早期支持者

拥有早期的支持者对于HOT项目有积极影响。当一些特殊团体或个人对项目表现出兴趣时,往往会支持项目的实施。项目发起方可在早期的公共参与阶段主动寻求合适的可能拥护者。在一些情况下,支持者可能来自于交通之外的组织。如果一个HOT车道项目会带来环境方面的改善,则会得到相关环保组织的支持。

(3)寻找潜在的支持者

根据每个项目的情况,可确定部分潜在支持者。当能够预期不同群体的反应时,有必要根据项目的具体情况,辨识这些群体的态度。如:如果HOT车道项目是在现有的HOV车道上进行改造,当前HOV车道的利益团体可能会有不同的反应,此时需要辨识这些利益团体的态度,如果是新建的HOT车道项目,其需要辨识态度的群体则会不同。

7)HOT车道项目公众接受

在HOT车道项目公共宣传阶段,需要解决一些与传统道路改善措施不同的问题,公众对这些问题尤为关注。项目规划者有必要提前向每位项目影响方加以说明,具体应当从以下方面展开:

①项目出行收益。

②其他出行影响。

③项目经费收益。

④使用费。
⑤项目成本。
⑥社会公平性。
⑦地缘公平性。
⑧收费收入的使用。
⑨技术问题。
⑩环境问题。

(1) 项目出行收益

和其他公共资本投资项目一样,利益相关者关注的是该项目可能带来的预期收益。

①节约时间:对于那些愿意付费选择 HOT 车道的用户来说,节约通行时间是一个最为重要的收益。

②行程时间稳定性:由于 HOT 车道保证了服务水平,因此用户能够准确估计所选择道路的通行状态和通行时间。当用户对于时间有特别需求时,会发现 HOT 车道有着十分重要的意义。

③行程选择:HOT 车道的存在为用户提供了一种新的选择,用户可以自主选择使用与否。如果需要在指定时间前到达目的地,用户可能会考虑使用该车道。如果时间很充裕,则可能继续沿着一般车道行驶。即使用户不选择该车道,他们仍然认为 HOT 车道的存在有其必要性,因为 HOT 车道使得用户多了一种出行选择。

(2) 其他出行影响

驾驶员通常只对出行时间有要求,需要避开拥堵路段时才会选择 HOT 车道出行。一般情况下他们宁可在非 HOT 车道上承担拥堵风险,所以即便是 HOT 车道常用者也会在很多时候选择其他一般车道或道路出行。

基于上述情况,项目规划者在对外宣传阶段需要说明 HOT 车道与一般道路的区别及影响。

①新 HOT 基础设施:对于这种情况,HOT 车道是该运输线路上的一条新建道路,会给运输线路运力增加带来帮助,美国 SR91 道路的实际应用表明一部分交通流会从一般道路分流到 HOT 车道上,大幅度提升了高峰时段的道路服务水平,除此之外,SR 91 HOT 车道的增加也吸引了与之相平行的其他城市道路的交通需求。

②HOV 车道转 HOT 车道:在 HOV 车道的使用不是很足的情况下,从 HOV 车道转成的 HOT 车道是合理的。转换后的管控车道能够缓解民众对于 HOV 基础设施利用不足的抱怨。这种转换能够很大程度上改善出行条件。

(3) 使用费

在 HOT 车道规划阶段,还需要回答下列问题:

①费用是多少?公众可能最为关心的是到底需要支付多少钱才能获得这种使用权。由于 HOT 车道使用费会受到时间、道路拥堵程度等其他因素的影响,因此对外宣传时需要花费大量的时间向民众解释。关于 HOT 车道的收费机制、宣传材料、公共展示以及新闻文章都是可行手段。项目发起人需要保证每个民众了解项目动态收费机制。

②如果费用随通行时间变化,应如何知道当前费率?当 HOT 收费标准随着用户进入车道

时间进行变动时,需要额外的宣传来加以说明:HOT车道的每个入口前,都会通过明显的电子标牌的形式提前告知驾驶员当前HOT车道的收费标准,并确保驾驶员有足够的时间来选择是否进入HOT车道。

③费用是否由驾驶员承担?HOT车道的收费与传统的道路收费完全不同。传统道路收取费用的目的通常是用于建设、运营和养护,如我国高速公路的收费。但HOT车道是完全不同的另一种道路,收费的目的不仅是允许驾驶员可以使用,HOT车道还对道路的服务水平提供保证。在推广时,可以将节约时间、通行稳定性等优点告知大众。

④收费时是否需要等待?最终利益相关者会提出这个问题,人工的收费方式会造成在入口处的拥堵,然而高速状态下的电子收费成为HOT车道收费的标准配置。作为HOT项目的一个关键要素,在推广阶段需要介绍电子收费。

(4)项目成本

公众的另一个关注点可能是项目基础设施建设成本是多少。同时他们也关注项目建设所需资金的来源是否来自于将来的收费收入。项目发起人需要就以下问题进行阐述和说明:

①成本估计范围。

②可能的经费来源。

③可能的还贷计划。

④预期收费收入。

⑤收入使用计划。

(5)公平性

在美国,针对其公平性的批判不断出现,说其是为高收入人群准备的,是富贵阶层的道路,牺牲了中低收入人群的利益。但是美国相关HOT车道使用数据并没有支持这一批判,在我国开展HOT车道规划时也需要对这一问题进行回应。

①奢侈车道

美国SR 91HOT车道的使用数据表明车道使用次数随着收入的增加而增加,这在一定程度上引来了HOT车道是奢侈车道的批判,但实际数据直接表明这一批判不成立。对SR 91HOT车道的使用数据进一步分析发现:低收入人群在有需要的时候也会使用HOT车道,年收入超过10万美金的高收入人群,他们使用车道的频次确实要高于一般收入群体,但是中低收入群体也经常使用HOT车道,只有四分之一的HOT车道使用者来自于高收入人群,其他都来自于中低收入。

低收入驾驶者对通行时间有具体要求时偶尔会选择HOT车道。如重要的约定,或者由于接孩子迟到时。此外,一些不想因为迟到而错过商业机会的私营者或者小商业者也会经常使用HOT车道。

②地域性问题

当民众对于HOT车道的出入口位置有争议时,需要项目发起人、规划人员和工程人员解决该问题。公众宣传处理的目的就在于解决这种地域问题。

③HOT车道支持意愿调查

政府机构对圣地亚哥I-15 HOT车道的支持情况进行了一项调研,一共收集了超过800份的电话问卷结果,分析表明:在已开通了HOT车道的区域,机动车驾驶员已充分了解了HOT

车道的作用和优势,该调研得到的主要结果如下:

a. 91%的调查参与者认为 I-15 HOT 车道能够减少通行时间,是一个非常棒的主意。

b. 66%的非 HOT 车道使用者仍然承认 HOT 车道存在的重要性,并支持它。

c. 73%的非 HOT 车道使用者同意 HOT 车道能够减少该路线上的拥堵。

d. 89%的 I-15 使用者支持快速车道的延伸。

e. HOT 车道使用者和非使用者都认为,HOT 车道的延伸是解决该线路拥堵的最有力措施。

f. 80%的使用 I-15 道路的低收入机动车驾驶员同意以下观点:"即使车辆没有搭载其他乘客也应该可以使用 HOT 车道"。

在华盛顿、明尼苏达州以及佛罗里达州也开展了类似的问卷调查,调查结果均显示拥堵地区的机动车使用者愿意去支付一定的费用避免拥堵,费用支付意愿与收入之间并不存在关联性。

(6) 收费收入的使用

HOT 车道会带来一定的收入,政府部门、民众、社会团体均会关注 HOT 项目的收入用途。一些社团希望这些钱能够用来支持创新,一些民众希望这些收入可以用来改善社区环境,而其他一部分或许支持用于进一步改善周边道路通行条件。对于项目发起人来说,究竟如何使用这些收入是一个棘手的问题。

对于美国已建成的 HOT 项目,其收入主要用于以下三个方面:

①用于其他 HOT 车道项目的投资。

②用于 HOT 车道的运营。

③支持 HOT 车道所在区域的公共运输服务。

(7) 技术问题

虽然电子收费已经在全世界范围普遍使用,但项目规划者不能假设公众已经对于这些技术十分了解。对潜在用户进行适当的电子收费宣传仍然十分必要。项目发起人需要介绍电子收费系统是如何工作的,包括电子转发器、HOT 车道进出口车道的收费装置、用户的通行费用账户、用户隐私的保护。而且,一旦 HOT 车道正式运营,电子收费系统初期的表现将十分关键,如果出现各种问题,则用户会对整个系统产生不信任。

(8) 环境问题

HOT 车道在环境保护上能起到一定作用,能保证服务水平,从而减少车队停滞,减少造成温室效应的尾气排放,并鼓励人们出行拼车以及选择大运量交通,减少道路上行驶的车辆综述,避免拥堵。随着交通量的进一步增加,在进行公共宣传时应详细说明 HOT 车道对环境的改善作用。这可使 HOT 车道项目更容易获得多方面的支持,进而获得立项批复。

8) 市场化和改变观念

从根本上来说,HOT 车道项目是否能够成功,主要取决于驾驶员是否愿意对于该车道进行付费使用。

一般 HOT 车道和现有的一般道路平行建设,驾驶员可以考虑选择一般道路还是 HOT 车道出行。一般道路不必为道路的使用做宣传、做广告,但是 HOT 车道由于其收费的特殊性,需要做市场化推广。因此,一些运输机构在项目实施过程中会聘请一些市场化公司来运作,如调研公司和广告公司。

HOT车道规划阶段的市场化推广,直接关系项目的可行性。市场化的工作可以知道在怎样的情况下,驾驶员才会选择HOT车道。随着设施的运营,市场化手段会帮助增加用户数量,提高用户满意度以及帮助用户了解运营方面的变化。

HOT车道规划阶段的市场化主要从以下几个方面出发:

(1)了解公众

确定不同对象所需的了解程度以及对HOT车道的知识掌握程度,有助于在市场化阶段更加明确推广目标。举例来说,基本的住户调查可以掌握公众对于HOT车道的掌握程度,公众对于价格的态度,公众的喜好以及行为。这种调查能够识别出需要进行多大范围、哪些内容上的教育,以及如何制订合适的教育计划来满足公众需求。

(2)确定市场

在早期规划阶段还需要重点完成的是确定市场以及项目的总体可行性。需要确定哪个路线以及相应的出行需求适合HOT车道?谁会使用HOT车道?哪些因素会影响驾驶员选择车道的结果?在什么位置设置交汇点合适以及收费是如何管理的?当这些市场化探索完成之后,项目规划人员能够制定出合适的面向大众需求的基础设施。这些问题的结果同样为相关的技术标准制定提供了数据支持(如流量、收入估计)来评估项目的可行性。

(3)宣传设施

一旦项目获得通过,则项目规划者将关注点转移到项目宣传上。一些项目发起人会直接通过邮件方式将信息传给潜在用户。网站、手机和其他媒体广告同样是可行手段。

(4)市场化工具

市场化专业人员提供了一系列的服务和手段,来实现与公众的沟通以满足他们的需求。以下列举出了一些项目市场化的工具,并可以在项目规划、实施以及运营阶段采用。

①电话、纸质调查。

②关注群体。

③直接邮件联系。

④项目网站。

⑤项目简报。

⑥电台和电话。

⑦新闻报纸。

9)合乎民意

所有的公共宣传或者公共参与都是为了项目获得支持,保证其合乎民意。但很多时候都会有些民众觉得这个项目非常好,而另一部分则认为项目对他们没有任何的帮助或者不能带来益处。为了HOT车道项目更加合乎民意,可从下面几点进行阐述和说明。

(1)当前拥堵已经十分严重,需要加以解决,但是传统的解决方案如增加车道,建立公共运输设施,或者其他短期的针对项目并不够。

(2)稳定的通行时间是十分有必要的。

(3)项目发起者所在机构提出问题的具体解决方案合理、明智、负责并公平。

(4)项目发起者会倾听并关注地方利益者的反馈意见。

10) 我国的应用现状、前景及建议

2013年9月，北京市发布"十二五"时期"绿色北京发展建设规划"，明确提出将研究制定重点路段或区域交通拥堵收费方案。随着机动车保有量的快速增加，交通拥堵、交通污染的日益严重，我国将来会有更多的城市在重点路段或重点区域实施拥堵收费。因此，在将来有更多城市实施拥堵收费的大背景下，具备收费属性的共乘收费车道具有很好的推广前景。深圳市也在其"十三五"交通规划中提出："将开展道路使用管理政策技术储备研究，包括利用经济杠杆调节政策，开展高速公路设置共乘车道和共乘收费车道的可行性研究，优先在科技园等拥堵片区试点。"可以预见，共乘收费车道将吸引越来越多地方交通管理部门的目光。然而，由于国情、道路特性、交通特性等均存在差异，国外共乘收费车道的实施方案难以直接施用于我国，在我国的应用中需要结合自身特点加以优化利用。针对共乘收费车道的特点，需重点考虑以下几点：

(1) 收费策略的制定

从国外的应用案例来看，共乘收费车道的收费策略直接影响到其整体效益。对此，国外开展了相关研究并提出了一些比较成熟的收费方案，然而这些方案大多假设用户是同质的，即用户的时间价值是相同的，此外，设计的阶梯收费只能近似反映交通状态，但不能根据当前交通状态进行实时调整。然而实际生活中，由于出行者的社会经济特征和收入水平存在差异性（尤其在我国目前基尼系数较高的情况下），出行者的时间价值不尽相同，出行选择的准则/偏好也不尽相同，因此在制定收费策略时需要考虑其异质性，充分考虑出行者的社会经济特征和收入水平差异，进而设置合理的收费水平。

(2) 需完善法律法规

共乘收费车道和共乘车道面临同样的法律法规问题，车辆在道路上行驶，事故总是在所难免。共乘收费车辆一旦发生事故并造成搭乘人员伤亡，必然会导致赔偿纠纷的产生。如果没有合情合理的相关法律法规出台，该类纠纷的持续增加必然会大大打击共乘车辆车主的积极性。

(3) 需构建完善的智能交通系统

共乘收费车道的实现是以自动车辆识别和电子收费等技术为基础的，需要较为完备的智能交通系统与之相匹配，否则难以实现其收费功能，尤其是车载人数识别系统。

### 2.1.3 BRT车道

1) 公交乘客的省时效益

进行走廊实施效益比较时，主要看走廊客流需求以及公交服务和城市状况的改善程度。公交服务的改善主要源于拥堵情况的改善和乘客上下车速度的提高。所以走廊拥堵情况越严重，客流需求越大，则建造BRT系统的效益就越大。这些经济影响都可以通过省时效益分析计算出来。计算公交乘客的时间节省效益，需要先估算系统建成前后各自的乘客数量和车辆速度。平均车速和特定行程的出行时间直接相关。式(2-1)为计算乘客时间节省的框架公式。

$$总节省时间 = P \cdot (T_p - T_f) \tag{2-1}$$

式中：$P$——乘客数量；

$T_\mathrm{p}$——目前出行时间；

$T_\mathrm{f}$——未来出行时间。

由于走廊之间及走廊内部的效益差别很大，所以需要将走廊的各段效益相加。效益的数值会根据每周的各天及每天的各段时间而不同。如果有交通模型的则很容易估算此类效益。但是将调查数据输入到一个简单的表格程序也可以进行分析。式（2-2）为更完整的计算时间节省的公式。

$$\text{总节省时间} = \sum_i \sum_h P_{ih} \cdot \Delta H_h \cdot (T_{pih} - T_{fih}) \tag{2-2}$$

其中：$i$——区间；

$h$——期间（早高峰，非高峰期，晚上等）；

$P_{ih}$——每个区间的乘客流量；

$\Delta H_h$——持续小时数；

$T_{pih}$——$i$ 区间 $h$ 时段内的目前出行时间；

$T_{fih}$——$i$ 区间 $h$ 时段内的未来出行时间。

$P_{ih} \cdot \Delta H_h$ 是特定期间特定区间内的总乘客数量。用这个数值乘以每个区间的估计时间节省值就可以计算出公交乘客的总节省时间。这个数值可以乘以时间的货币价值，也可以不乘。

现有车辆速度和调查的乘客量已经在客流需求分析中收集得到。同样，通过对上下车乘客量的分析，也可以得到高峰期间和非高峰期间的数值。

未来车辆的平均速度和客流需求取决于系统的设计。如果不知道建成后的车辆平均速度值，那么可以根据现有非高峰的数值进行保守的估算。未来乘客量包括现有乘客量和其他出行方式转移来的乘客量。

2）社会交通出行时间节省效益

如果走廊选择正确，BRT 系统对混合交通也会产生积极影响，不会出现没有改善或者情况更糟的现象。通常走廊上至少要存在一处以上较为严重的拥堵才会修建 BRT 系统。总的说来，如果这种拥堵与公交车的关系越大，那么修建 BRT 系统后对交通拥堵的缓解作用就越大。如果这种拥堵主要是由于汽车造成的，那么 BRT 系统起码在短期内不会对交通拥堵有明显的改善作用。

在发展中国家，公交车相对小汽车对交通拥堵的影响更显著。这个影响是因为公交车数量多，车辆需要经常停靠和进入公交车站，站内没有定点停靠，有时会出现两辆或三辆公交车并排停下载客的现象。

将这些公交运营归纳整合并入新的 BRT 系统中，即将一条或者两条车道给予公交专用，也能缓解混行交通造成的拥堵。在这些例子中，直觉上新的 BRT 系统独占车道会挤压普通车辆的通行空间，影响通行效率，但实际上为公交车划分专用道路空间会为社会机动车交通释放出更多空间，可有效减少社会总体交通拥堵。

能整合并入 BRT 系统中的车辆数量会特别影响新的 BRT 系统对交通拥堵的改善程度。能整合并入系统的车辆越多，则剩下的公交车辆对混合交通的影响就会越少。

3）实施成本

通常，走廊的物理条件越复杂，规划设计和施工的费用就越高。以下各种设施都会增加走廊的成本：

(1) 道路拓宽。

(2) 采用路中型 BRT。

(3) 重新改建设施。

(4) 设置地下通道和隧道。

(5) 设置立交桥，跨线桥或高架。

(6) 桥梁。

(7) 大的环岛路口。

道路拓宽的成本极高，特别是当获取每一处土地都要计入成本公式时。

同时，这些设施并不一定会自动否定走廊的建设方案。已有的经验表明，修建地下通道和复杂的环形交叉路的成本并不是特别高。当走廊需要同时为一系列出行起点和终点都提供服务，则通过工程设计找到经济的建设办法是值得的。但是如果走廊的物理条件比较复杂，那么即使它对交通网络很重要，也不要选择其作为一期建设项目。这是因为施工队伍要经历一个学习的过程。他们从一期走廊建设中学到经验后才能更好地处理更具挑战性的走廊。相反，如果没有这些复杂问题，简单地将混合车道转变为 BRT 专用道的规划和建设成本就小得多。在水泥道路上建设 BRT 成本比在沥青道路上低得多。但是选择走廊时不能只考虑建设的难易程度。因为这样的走廊通常没有很大的客流需求。曼谷选择在 Kaset Narawin 修建 BRT 走廊是由于这里不拥堵，政府官员觉得这样 BRT 系统不会影响混合交通。不幸的是由于这里的客流需求非常少，Kaset Narawin 走廊的修建对乘客而言建设价值不大。

在中国的一些城市也是如此，他们希望将 BRT 专用道修建在环路上。同样，这也是因为涉及红线宽度和实施相对容易。但是这样乘客就很难到达环路上的车站（无论是从水平距离还是从垂直距离的角度都是困难的）。修建这样"容易实施"的基建项目会最终损害 BRT 的概念。虽然 BRT 系统中乘客量少可以让 BRT 系统运营更顺利，但是这样做既不经济，在系统未来的扩展时也难以获得公众的支持。

4) 政治的考虑

尽管本章强调理性做出决策的重要性，但是也必须承认，很多时候决策的制定并不是根据严密的逻辑依据，而可能是出于其他非理性的考虑。过去的一些决策理由如下：

(1) 以后要在这条走廊上修地铁，所以换一条。

(2) 这条走廊虽然客流需求不大，但是路比较宽，所以应该建在这里。

(3) 将这些地方连接起来可以成为整合的重要标志。

这些决策都不是根据客流需求做出的，所以可能会犯昂贵的错误，并不能为乘客提供高质量的服务（比如利马的 Tren Eléctrico）。同时，必须承认政治因素对于支持技术数据十分有益。事实上，民主选举出的领导有责任利用他们的判断在成本和收益方案之间做出决策。以下几个重要方面非常需要政治领导的支持：

(1) 将初始走廊建在人们经常可以看到的地方，这样有助于 BRT 概念的推广。

(2) 为了推动社会公平，将走廊选在低收入的地区。

(3) 避免修建与其他基建计划或政府机构相冲突的走廊。

(4) 避免修建在需要对现有正规或非正规公交运营商进行大面积重组的走廊。

如果我们只从技术方面分析走廊的属性,而缺少微妙的政治方面的考虑,则会极大地影响项目的可行性。

然而,有其他的竞争方案或是运营环境复杂,并不意味着就不能修建走廊。这些困难都有解决措施,或者可以在项目其他阶段修建该走廊。很多时候最大的困难是城市中公交客流最大的走廊已经被纳入城市地铁项目规划中。决策者不愿意在远期地铁走廊上修建BRT,因为担心日后中央政府取消为该走廊修建地铁提供资金的可能。这种情况下最好是最初只提议BRT是地铁的过渡,未来可以升级为地铁或是轻轨。这个理由使得雅加达捷运走廊一期以及昆明和库里提巴的BRT走廊得以成功修建。BRT系统设施的低成本使它可以被当作向未来轨道系统转变的过渡。而且还在构造上做好了修建轨道走廊的准备。比如轻轨系统需要的路宽和BRT系统是相似的,而且高架铁路也需要在路中修建墩柱。

5)社会方面的考虑

社会方面的考虑是走廊决策的主导因素。公交系统对于城市的社会功能是至关重要的。因此,政治领导和项目的开发者希望将公共交通建在能让市民受益最大的地方。

将初期项目集中建在低收入地区可以产生一些经济和社会平等效益。新的公交系统能够方便这些居民去市中心工作和享受公共服务,而且还会直接或间接为他们创造就业机会。最近对波哥大的调查显示,由于千禧公交系统的修建降低了出行费用,低收入居民的就业市场随之扩大,增加了就业率和低收入者的工资。

新的公交系统还可以为低收入地区吸引投资。而且系统的修建还会让这些从前感觉被抛弃和遗忘地区的人们感到自豪和集体感。正是由于这些原因,波哥大有意地将连接市中心和城市南部低收入地区之间的道路选做了初期的BRT走廊。BRT系统的周边地价可以升值,但是地价的提高对于穷人来说是一把双刃剑。最近对千禧快速公交的调查表明,系统支线接驳服务地区的房价涨幅明显,对于没有土地的家庭来说,房屋租金的提高抵消了交通节省的金钱。所以在规划BRT走廊时将土地优先提供给贫困家庭是一个好主意,这样地价增值的受益者就是穷人而不是地产商。

另外,从政治和环境角度来看,有必要将城市中高收入社区也包含在项目初期。波哥大不仅将低收入的南部地区包括在系统之内,也将系统的走廊延长到了比较富裕的北部地区。因为越富有的地区汽车拥有率越高。如果能够改变汽车使用者的出行方式,则可以减少尾气排放并缓解拥堵。同时,如果新的系统能为高收入群体使用,也可以帮助政府获得有影响力家庭的政治支持。

社会和公平问题是从大的国际金融组织获得贷款的先决条件。大多数的发展机构如世界银行就把是否能缓解贫困作为发放贷款的依据。因此,保证BRT乘客中中低收入群体的比例有助于将系统与实现缓解贫穷这一广泛的目标联系起来。

6)BRT规划的多标准分析

本节一直强调,走廊的选择是政治人物考虑了政治和社会因素后最终做出的。但是如果能够使用公式进行分析的话,对决策过程更具有指导意义。

时间节省效益,燃油节省效益和环境改善效益等成本效益分析都有助于决策。如果这些方面的效益都能实现,项目会吸引很多金融机构的支持。成本效益分析,顾名思义就是计算项目效益和成本之比。这个比值越大,项目就会越容易得到决策者和金融机构的支持。式(2-3)

为计算成本效益比的总体公式。

$$B_c = \frac{B_{tp} + B_{tm} + B_{fp} + B_{fm} + B_e}{C_i} \quad (2\text{-}3)$$

式中：$B_c$——总成本效益；

$B_{tp}$——公交乘客的时间节省值；

$B_{tm}$——混合交通车辆内乘客的时间节省值；

$B_{fp}$——公交车辆的燃油节省值；

$B_{fm}$——混合交通车辆的燃油节省值；

$B_e$——环境效益；

$C_i$——实施成本。

利用本节中的两个因素进行多标准分析,计算成本效益之比。

表 2-4 是这种计算的简例,是 BRT 车辆与混行车辆省时效益的计算假设示例。"权重"因素表明各个利益相关群体被考虑的量(交通用户和小汽车用户)。在第一种情况,每个群体的权重相等。

**时间节省效益计算表** 表 2-4

| 走廊 | — | 省 时 效 益 | | | 成本 | 效益成本比 |
|---|---|---|---|---|---|---|
| | | BRT | 小汽车 | 总计 | | |
| | 权重 | 1 | 1 | | | |
| A | — | 50 | −6 | 44 | 10 | 4.4 |
| B | — | 2 | 0 | 2 | 5 | 0.4 |

从以上方案可看出,走廊 A 吸引了大量的乘客。公交乘客的时间节省效益远超过小汽车用户的损失。走廊 B 的乘客最低,但是拥堵较少所以对小汽车用户没有时间影响。在这种情况下,公交用户的时间节省效益非常小。从以上两种方案可看出,走廊 A 的成本效益比是走廊 B 的 11 倍。因此,从省时效益的角度,走廊 A 会被选中。

如果政府官员担心小汽车用户的反应,那么这个群体的"权重"应该增加为 5,但是正如表 2-5 所示,即使如此,总结果也不会改变。

**时间节省效益计算表** 表 2-5

| 走廊 | — | 省 时 效 益 | | | 成本 | 效益成本比 |
|---|---|---|---|---|---|---|
| | | BRT | 小汽车 | 总计 | | |
| | 权重 | 1 | 5 | | | |
| A | — | 50 | −6 | 20 | 10 | 2.0 |
| B | — | 2 | 0 | 2 | 5 | 0.4 |

但是如果政府官员特别担心小汽车用户的反应,并将私家车辆的"权重"变为 10,那么结果就会改变(表 2-6)。

这个方案中,选择走廊 A 不如选择走廊 B 好。但是由于公交乘客的低效益比,选择走廊 B 对在城市推广 BRT 不利。

燃油节省和环境保护因素也可以列入表 2-6 中。

时间节省效益计算表　　　　　　　表2-6

| 走廊 | — | 省时效益 | | | 成本 | 效益成本比 |
|---|---|---|---|---|---|---|
| | | BRT | 小汽车 | 总计 | | |
| 权重 | | 1 | 10 | | | |
| A | — | 50 | -6 | -10 | 10 | -1.0 |
| B | — | 2 | 0 | 2 | 5 | 0.4 |

7) 我国的应用现状、前景及建议

(1) 应用现状

自2004年及2006年我国第一条和第二条BRT线路相继在北京和杭州开通以来,到目前我国已有很多城市相继开通BRT线路,大部分为省会城市,其主要发展高峰在奥运前后。

除去北京第一条BRT南中轴线争议较少外,几乎每个城市的BRT建设都伴随着争议和不理解,甚至在开通运营之后一段时间后依然还有城市居民认为BRT是失败的面子工程。不难理解,BRT没有创造更多的道路资源,而是路权的重新分配,必然会引起有车一族对于BRT的反对;但是一些因BRT的开通而被取消了普通公交线路的区域居民也会对BRT产生反感,有些人需要转车或走更远的距离,这是因为出行习惯被改变的缘故,有些城市会因BRT的完善而逐渐消减,而一些城市自始至终没有消除;另外还有一种比较少见的情况是,有些城市的BRT网络发展成熟,运营情况稳定,导致一些BRT没有覆盖到的城市区域居民对BRT产生吃不到葡萄就说葡萄酸的心理。

其实BRT最大的费用来自于土建和专用车道建设和路口改建;其次是车辆,一辆18m左右的铰接车一般都在180万元以上,12m车也在60万元以上;而我们最关注的ITS系统以及监控系统其实在整个项目费用中所占比例并不算大。

下面将对厦门、广州、武汉的城市BRT线路概况、工程造价、专用车道、交通信号优先等方面进行介绍。

① 厦门BRT快1线

a. 项目概况

2008年09月01日起,厦门快速公交1号线开通投入运营(第一码头枢纽站—华侨大学)。一期工程位于厦门市南北向的主要交通走廊上,线路起于轮渡第一码头,经厦禾路、莲前西路、县黄路、跨海大桥、集美大道,终于华侨大学。全线采用二车道快速公交专用道形式的设计标准,设计速度60km/h。全长32.64km,投资30.3亿元。2011年11月12日起,快1线调整延伸至厦门北站始发(第一码头枢纽站—厦门北站)。

厦门市快速公交系统是目前国内快速公交系统建设中级别最高的公共交通项目,创下了多个全国首创纪录:全国首创多形式组合、全国首创采取高架桥模式、全国首创一次成网。厦门快速公交最大的特色是在岛内闹市区建设高架桥,岛外新开发地段则规划设置专用道,这样就保证了快速公交拥有全程封闭的专有路权,克服了城市公交最难解决的与其他车辆及行人相互干扰的弊端。由于一次性开通3条快速公交,优化公交线路,增设链接线,厦门快速公交是国内第一个一次成网的BRT系统。

厦门BRT与其他城市BRT最大的不同在于其实施了高架BRT,在部分城市道路资源缺乏且客流量大的区域建设高架桥为 BRT 专用,且可随时改造成为轻轨线路,厦门 BRT 是所有城市中速度最快的 BRT,但这样的 BRT 随时有被轻轨取代的可能,只是一种暂时的替代而已。主要技术指标见表 2-7。

主要技术指标表　　　　　　　表 2-7

| 主要技术指标 | 城市道路设计规范值 | 直线电机线路要求 |
| --- | --- | --- |
| 计算行车速度(km/h) | 60 | 80 |
| 不设超高平曲线最小半径(m) | 600 | — |
| 设超高推荐半径(m) | 300 | — |
| 平曲线最小长度(m) | 100 | — |
| 圆曲线最小长度(m) | 50 | 20 |
| 缓和曲线最小长度(m) | 50 | 20 |
| 不设缓和曲线的最小圆曲线长度(m) | 1000 | — |
| 最大超高横坡度(%) | 4 | — |
| 最大纵坡(%) | 5 | 5 |
| 竖曲线最小半径(m) | 凸形 1800,凹形 1500 | 3000 |
| 竖曲线最小长度(m) | 50 | — |

b. 交通量

厦门快速公交 1 号线初期设计运力为 7482 人/h,近期设计运力为 12580 人/h,远期考虑预留一定的富余量,最大输送能力为 16704 人/h。车流量预测表(远期 2020 年)见表 2-8。

c. 项目投资

厦门快速公交 1 号线工程 32.64km,投资 302938 万元,技术经济指标为 9281 万元/km,其中环保投资总额约为 8308.54 万元,约占总投资的 2.7%。本工程投资全部由政府投资。

② 广州中山大道 BRT

a. 项目概况

广州中山大道作为广州市中心城区联系黄埔、萝岗地区的主干道之一,随着广州"东进"步伐加紧,近年来沿线人口高度密集,巨大的车流量、客流量几乎使其难以负荷。而中山大道到体育中心沿线,又是广州市交通最繁忙的区域之一。在这一线路修建 BRT,被认为是做"心脏手术"。从 2005 年开始论证,到 2008 年开始建设,到 2010 年 2 月 10 日试运营,2 月 20 日正式运营,广州 BRT 无疑是全国争议最大,论证时间最长,项目过程最坎坷的项目。

全线西起天河路,东至黄埔区夏园,设计全长 22.9km,全线规划路宽 60m。路中央设双向两条 BRT 公交专用道(车站处是 4 条),外侧设双向 6～10 条社会车道(和中山大道现有的社会车道数目一样)。全线共设置 26 对车站,它们主要布设于沿线人口密集处,包括体育中心、岗顶、华景新城、工业园等,其中错位式车站 11 座,对开式车站 15 座。线路间隔按现有公交站点设置,平均站距定为 800m,以方便市民乘车。

在规划、设计和运营管理等方面,广州 BRT 公交系统创造了 2 项中国第一和 4 项世界第一。广州 BRT 是中国第一家采用多家公交运营商合作运营的快速公交系统;它也是中国第一家采用面向客流需求的站台设计的快速公交系统,实现了站台容量与车流、客流三者之间的匹配。

**车流量预测表**（远期2020年）　　　　　　　　　　　表 2-8

| 时间 | 单车 | 双车 | 间隔(min) |
|---|---|---|---|
| 6:00~7:00 | 20 | 4 | 2.5 |
| 7:00~8:00 |  | 48 | 1.25 |
| 8:00~9:00 | 20 | 10 | 2 |
| 9:00~10:00 | 20 |  | 3 |
| 10:00~11:00 | 20 |  | 3 |
| 11:00~12:00 | 20 |  | 3 |
| 12:00~13:00 | 30 |  | 2 |
| 13:00~14:00 | 20 |  | 3 |
| 14:00~15:00 | 20 |  | 3 |
| 15:00~16:00 | 24 |  | 2.5 |
| 16:00~17:00 | 20 | 10 | 2 |
| 17:00~18:00 |  | 40 | 1.5 |
| 18:00~19:00 | 20 | 10 | 2 |
| 19:00~20:00 | 20 |  | 3 |
| 20:00~21:00 | 15 |  | 4 |
| 21:00~22:00 | 12 |  | 5 |
| 合计(车次/单向) | 525pcu/d | | |

广州BRT还是全世界第一个采取"直达服务"、第一家采用"可变车道控制技术"的大容量快速公交系统，也是全世界第一个实施与地铁和公共自行车系统高度整合的快速公交系统。

b. 客流量

来自广州市交通运输部门的客流数据显示，广州BRT快速公交系统自从2010年建成通车以来，试运营首日就达到了65万人次，日均客流量已达85万人次，最高达96万人次，单向高峰小时截面通过量达2.99万人次，相比于普通公交，提速84%。成为亚洲第一大、全世界第二大的BRT快速公交系统。

c. 项目投资

广州中山大道BRT线路工程投资7.23亿元，平均每千米造价约3157万元。其中，工程建安费用占了大头，达5.38亿元；工程建设其他费用为1.31亿元；预备费为0.54亿元。具体分析其开销，交通工程1.26亿元的投资中，由沿线交通设施(6459.5万元)、施工期间疏解(2233.3万元)和交通监控、电子警察、SCATS设备(3885.6万元)等组成。而车站及各项设施、运营设备费用中，仅自动售检票系统就需2728万元，智能交通系统则需耗资2406万元。与国内其他城市近期建BRT的费用相比，广州BRT的造价只能说不高。

③武汉市雄楚大道BRT

a. 项目概况

武汉市雄楚大街BRT系统专项方案于2012年6月29日，市交委主持召开BRT专项方案工作协调会。7月18日,市公交集团就BRT运行管理机构、线网调整以及票价初步方案与研究设计单位进行协调对接。7月27日,根据武城重办任〔2012〕6号文,由市交委负责雄楚大街BRT专项方案的研究工作,组成BRT专项方案项目小组,明确BRT专项方案的内容和分工。8月17日,BRT项目小组向市交委汇报初步成果。8月21日,由武汉市政工程设计研究院组织召开雄楚大街BRT走廊沿线交通组织方案咨询会,市交管局、公交集团等部门参加。

2012年8月22日,由武汉市政工程设计研究院组织召开雄楚大街BRT系统专项方案的专家咨询会,市建委、规划局、交委、公交集团等部门参加。9月14日,市交委与美国ITDP交通发展政策研究所达成技术咨询合作意向,并已开展相关工作。

2012年10月9日,给市政府领导汇报方案成果,原则同意BRT方案。10月22日,向规划局汇报规模、拆迁、人行过街、停保场等方案。11月21日,向规划局汇报,会议同意站台布局、基本规模和交通组织等。

雄楚大街BRT是武汉主城区"三环十三射"快速路网的重要组成部分,是武昌南部地区东西向重要的公交客运走廊,可加强东湖高新与主城区的联系,BRT系统是依托快速化改造工程去进行同步规划实施的。

雄楚大街西起武咸公路梅家山立交,东至三环线胜利立交,全长13.5km,红线宽50~67m,与中山路、丁字桥路、石牌岭路、珞狮南路、卓刀泉南路、民族大道、关山大道、光谷大道、佳园路、三环线等城市道以及京广铁路、南环铁路相交。快速化改造工程采用主线高架桥+地面辅道+路中式BRT的建设方式,主线等级为城市快速路,双向6车道,设计车速60km/h,辅道等级为城市次干道Ⅰ级,双向6车道,BRT走廊双向2车道,设计车速40km/h。

雄楚大街全线设5座立交:梅家山立交、尤李立交、民院立交、光谷立交、三环线胜利立交。规划设置16处上下桥匝道,其中7处上桥匝道,9处下桥匝道。近期BRT主线运营西起武昌火车站,东至流芳火车站,线路全长约13.6km,远期BRT主线将过江延伸至汉口火车站,全长28.5km。结合雄楚大街快速化改造工程的BRT走廊长度11.2km,走廊起点为静安路,终点为佳园路。规划将原有21对普通公交站点改为14对BRT站点。

BRT车道设置在高架桥墩之间,与社会车道采用绿化带隔离,减少了道路沿线相交支路和单位进出口对BRT走廊的影响。走廊宽度为11m,路段为双向2车道,站台及道口处为3车道,便于站台处公交车超车及道口处公交车转向。规划BRT站台采用错位设置,为中央侧式站台,单侧站台宽4.5m。乘客可以通过天桥、人行横道和通道进入BRT站台乘车。

b. 客流预测

BRT客流预测采用国际通用的交通生成、交通分布、交通方式划分和交通分配"四阶段"预测模型,其实现手段为EMME/3的交通规划软件。

a)BRT客流预测年限

根据规范,BRT系统的设计服务能力应按远期10年计算。结合武汉城市总体规划时间及轨道线网建设规划时间,此项目主要进行2015年和2020年BRT走廊的客流预测。2015年、2020年武汉市轨道交通线网规划图分别见图2-3、图2-4。

2015年,建成轨道交通1、2、3、4号线,轨道线路总长123.5km。2020年,建成轨道交通1、2、3、4、5号线一期、6号线一期、7号线一期和8号线一、二期工程,轨道线路总长301.4km。

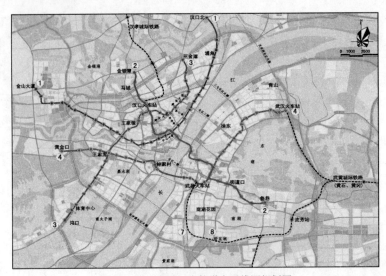

图 2-3　2015 年武汉市轨道交通线网规划图

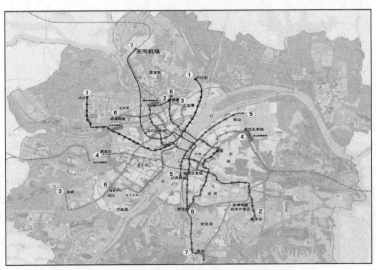

图 2-4　2020 年武汉市轨道交通线网规划图

b) BRT 总量预测

2015 年武汉市轨道交通客流分布见图 2-5。

2015 年 BRT 走廊公交线路日客流量约 47.6 万人次/日，BRT 占公共交通客运比重约 5.8%，总体客流效益较为明显，详见表 2-9。

2015 年武汉市轨道交通客流表　　　　　　　　　　表 2-9

| 类　　别 | 客运量<br>（万人次/日） | 周转量<br>（万人次/日） | 平均运距<br>（km/乘次） | 客运结构(%) |
|---|---|---|---|---|
| BRT | 47.6 | 397.9 | 8.36 | 5.8 |
| 常规公交 | 559.9 | 4428.8 | 7.91 | 68.2 |
| 地铁 | 213.6 | 2311.2 | 10.82 | 26.0 |
| 合计 | 821.1 | 7137.9 | 8.69 | 100.0 |

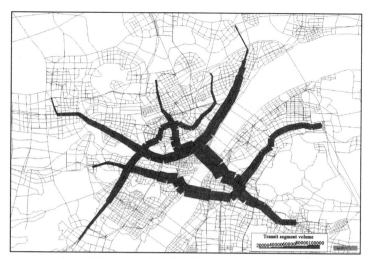

图 2-5　2015 年武汉市轨道交通客流分布图

站点与断面全日客流见图 2-6、图 2-7。

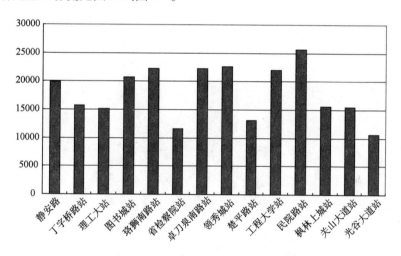

图 2-6　2015 年雄楚大街 BRT 站点全日客流集散量图

日客流集散量最大的站点为民院路站,量达到 2.57 万人次,该节点为南部和东南部新城组群与主城衔接的客流转换节点。全日 BRT 上下行断面客流基本在 4 万~8 万人次之间。全日最大客流断面为领秀城站—楚平路断面,日单向断面最大客流量为 7.48 万人次。

2020 年武汉市轨道交通客流分布见图 2-8。

2020 年 BRT 延伸至鹦鹉洲长江大桥并过江,增大了 BRT 廊道的服务范围,2020 年 BRT 公交线路日客流量约 70.4 万人次/日,BRT 占公共交通客运比重约 5.5%,仍然维持了较好的客流效益。轨道交通客流表见表 2-10。

站点与断面全日客流见图 2-9、图 2-10。

最大的站点为民院路站,日客流集散达到 5.4 万人次,该节点为南部和东南部新城组群与主城衔接的客流转换节点。全日 BRT 上下行断面客流基本在 6 万~12 万人次之间。全日最大客流断面为领秀城站—楚平路断面,日单向断面最大客流量为 11.3 万人次。

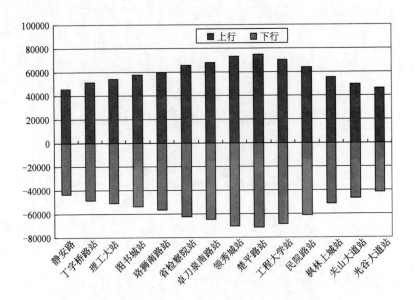

图 2-7　2015 年雄楚大街 BRT 全日断面客流图

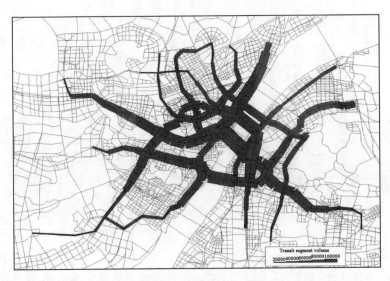

图 2-8　2020 年武汉市轨道交通客流分布图

**2020 年武汉市轨道交通客流表**　　　　　　　　　　　表 2-10

| 类　别 | 客运量<br>（万人次/日） | 周转量<br>（万人次/日） | 平均运距<br>（km/乘次） | 客运结构（%） |
|---|---|---|---|---|
| BRT | 70.4 | 599.1 | 8.51 | 5.5 |
| 常规公交 | 719.8 | 5520.9 | 7.67 | 56.5 |
| 地铁 | 482.7 | 4653.2 | 9.64 | 38.0 |
| 合计 | 1272.9 | 10773.2 | 8.46 | 100.0 |

c）预测结果汇总

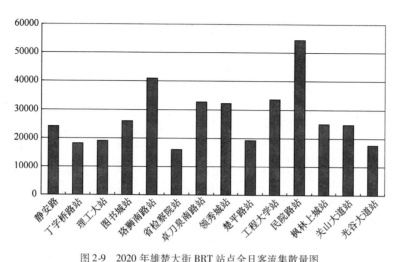

图 2-9　2020 年雄楚大街 BRT 站点全日客流集散量图

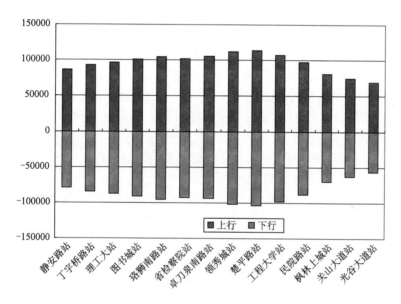

图 2-10　2020 年雄楚大街 BRT 全日断面客流图

BRT 走廊内客流总规模增长 63%～76%，高峰断面和集散量增长 100%～134%。客流预测指标见表 2-11。

客流预测指标表　　　　　　　　　　　表 2-11

| 客流指标 | 现状 | 2015 年 | 2020 年 | 比现在增长(%) |
|---|---|---|---|---|
| 公交线路(条) | 40 | 1+31 | 2+31 | — |
| 公交全线全日客流(万人次/日) | 65.6 | 47.6 | 70.4 | 7.3 |
| BRT 走廊内全日客流(万人次/日) | 32 | 33.8 | 52.3 | 63.4 |
| BRT 站点全日集散量(万人次/日) | 21.8 | 25.3 | 38.3 | 75.7 |
| 高峰小时单向最大断面客流(万人次/h) | 1.0 | 1.02 | 2.0 | 100 |
| 高峰站点集散量(人次/h/双向) | 3439 | 3932 | 8059 | 134 |

综合考虑全市公交出行比例、走廊公交线路、沿线土地利用开发、轨道线网建设及高校节假日的出行影响,雄楚大街BRT客流规模会出现一定程度的波动变化。2015年BRT线路日客流量为45万~55万人次/日,高峰小时单向断面最大客流为0.9万~1.1万人次/h。2020年BRT线路日客流量为65万~80万人次/日,高峰小时单向断面最大客流1.8万~2.1万人次/h。

c. 工程投资

专项投资范围包括:

a)BRT站台工程(含站台建筑装修工程、站内指示牌工程、低压配电及照明工程、消防工程、车站广告灯箱工程和站台配套服务设施等)、配套设施工程(含自行车接驳工程、施工期间交通疏解、专项研究费用等)。

b)BRT运营调度工程、票务系统工程、安全门系统工程、BRT首末站。

c)BRT主线(18m)专用车辆购置和调度中心土建工程。

不包含的费用有:

a)不包含征地拆迁费用。

b)不包含租用本地通信运营商的网络通信费用以及专用通信管道费用。

c)不包括路口除交通信号优先通信之外的设备及实施(如管道、线缆、立杆、信号机及其实施等)以及现有信号机的改造费用。

其中BRT第一部分第一段(梅家山立交—楚平路段)投资8779.96万元。

(2)前景及建议

目前BRT已经在中国播下火种,或者叫已经树立了典范,像郑州的BRT项目就引来河南省内一些城市参考学习,并在各自城市兴建,此外,盐城、绍兴等中小城市的BRT项目已经开始运营或正在建设中。虽然BRT在中国的部分城市取得了阶段性成功,但目前我国的BRT仍然存在一些问题,在此提出以下建议供国内应用时参考。

①专用车道

是否有专用车道以及专用车道是不是专用,往往是衡量BRT是否真正快速甚至是不是BRT的一个重要标志。从目前来看,很多城市中的BRT都有专用车道,但长短相差太远,有些线路基本上全部都是专用车道(以厦门、常州为代表),而有些线路则只有小部分为专用车道(以北京、杭州为代表)。

各城市的专用道多用隔离墩或护栏隔开,北京、杭州、昆明、济南都或多或少的采用了隔离墩,但无一例外地都被撞得很惨。杭州因为道路宽度不够,一号线开始全部采用8cm的隔离墩进行隔离。这样的隔离并不能明显,尤其是在夜晚及可视度不够的情况下,容易产生交通事故,因出行者交通素质欠缺以及对隔离墩缺乏了解造成多起交通死伤事故,导致杭州后来不得不拆除专用道与辅道交叉口的分道器、路口影响车辆转弯半径的分道器、严重破损的分道器;在二号线方面全部采用仅2cm的金属道钉,某些路口甚至采用双黄线,起到引导作用,但这样的隔离基本上没有作用。济南采用水泥墩固定加护栏的隔离方法,但这样设计的弊端既破坏了城市道路景观,又因固定导致紧急情况下,道路的微调变得困难;北京多采用护栏的形式,但北京的专用车道占整个线路的长度偏少,专用作用不明显,常州、郑州多采用概念隔离,也就是双黄线隔离,广州则是概念隔离和物理隔离两种形式并存。车道专用方面，北京的 BRT 车道建设是与车道拓宽同时进行的，其 BRT 专用道的划定并没有占用原有的道路资源，专用道多为单向两条，其中一条可通行社会车辆；其他城市则没有如此幸运，杭州则在上文提到，不仅普通公交车能进入，出租车一类的社会车辆也能使用；其余城市多为专用车道，仅允许 BRT 及少数普通公交车进入；专用车道位置方面，除杭州的专用车道和 BRT 公交站台设置在道路两旁外，其他城市都设置在道路中间，因此，很多城市进入 BRT 站台多要经过斑马线，设置有人行天桥的仅只有广州等极少数几个城市，广州的 BRT 天桥还设有上行的露天电梯，这在国内来说是绝无仅有的。厦门的 BRT 站台多在高架桥上，但也没有电梯。

② 信号优先

BRT 作为一个系统工程，并不是说有大容量的 BRT 公交车辆以及专用车道就能保证其功能的实现，硬件上的保障只能是一个基础，如果要真正保障 BRT 的准点、快速、大量运输等功能实现，就必须综合各种技术手段以及管理手段，通过各细节方面的小"手术"，从而保证 BRT 不至于成为城市交通的累赘。

厦门 BRT 速度最快，但是这是由于其实施了高架线的缘故，是在新增的道路资源上实施的 BRT，而且保证道路专用，高架上没有红绿灯，也就不存在信号优先的问题。其他城市则没有这个条件，大多数是在已有道路资源上设置 BRT 专用道，是道路资源的重新分配。有专用车道作为前提，要保障 BRT 准点快速，依然不行，这就需要 ITS 系统指挥系统以及公交信号优先来实现。

我们知道，BRT 专用车道只能保证车辆在道路行驶的速度，若没有信号优先，路口不快，整个运行速度就会受到影响，而 BRT 线路一般都设置在交通流量比较大的交通干道，基本上每个路口的红绿灯间隔时间都较其他路口要长，加上一些路口甚至要两个周期通行过去，若通行每个路口的时间都在 1min 以上，快速公交也就没有快速的优势了。

从目前来看，没有任何一个城市完全实现了公交信号优先，公交信号优先首先就需要一个交通控制中心，在这个中心可以视道路交通情况实施信号优先；同时还需要车辆与信号控制器能够相互感应，以实现车辆到达，公交信号才能保证绿灯。目前，国内有实施 BRT 公交信号优先的城市包括广州、常州、大连、厦门（在地面的一部分），济南、郑州都有信号优先的计划，但是目前看来还只是计划；杭州 BRT 连专用车道都不专用，更不用提信号优先了。

值得说明的是，公交信号优先并不是一步到位的事情，就像 BRT 在一个城市的发展进程一样，是在争议和一步步进步中完善的。以广州 BRT 为例，共涉及 20 多个灯控路口，在 SCATS 系统通过对相位和时间的设置来实现 BRT 信号优先。该项目在最开始就明确实施信号优先，但是运行初期系统的运行情况不容乐观，有些站台形成了小火车的状况，引起出行者的不满。但经过一段时间的调试之后，小火车明显缩短。

③ 定位明确

BRT 并不适合所有城市，BRT 在交通系统当中的定位应该被明确：中小城市的大运量客流走廊；大城市仅次于轨道交通的快速客运通道。各城市在选择建设 BRT 时，应充分考虑到自身城市条件，做好做足前期规划，广泛征求市民意见，同时要有面对争议和反对声音的高姿态，在项目运营初期要根据出现的问题及时调整，及时增加应对措施。

④其他

目前建设 BRT 还存在一些细节上的问题,比如:BRT 的干线与支线的链接问题、BRT 站台的线路查询系统设置、前门上,后门下的秩序问题、专用车道的监控问题等都需要进一步完善。

### 2.1.4 货车专用道

1)货车专用车道的建设成本和收费

货车专用车道的概念有相当广泛的吸引力,但这种道路的建设费用非常高昂。总体上来说,货车专用道的建设成本取决于通行权的可得性、地形、为通行大型的车辆而改建跨线桥的需求,需要的入口和出口数量以及一系列其他因素。

大量研究(如美国联邦公路局的公路成本分配研究)分析了不同车型应该分担多少建设成本的问题。这些研究预估了不同车型的成本责任,包括各类车型在不同级别道路行驶时每英里所导致的磨损概率以及每种车辆对道路容量的需求。然而,这些研究并没有解决货车专用车道的成本分担问题,尚需研究如何将货车专用道的建设成本分摊到不同类型的道路使用者,并深入分析影响成本分担方案的重要因素。

货车专用道一般通过收费来回收成本。对此,收费方案的合理性问题也随之产生,诸如哪类使用者应该缴费,收费站收取费用到何种程度时才可以收回设施的所有投资费用。在考虑货车车道的收费选项时,一个核心问题就是使用专用车道的货车和其他继续使用现有道路的车辆需要缴纳费用的相对比例。一些研究认为只有使用新增货车车道的货车才应缴费,美国货车运输协会(ATA)的公路运营总监达伦·罗斯认为:"货车运营者承担着现有道路的基本建设成本,这是公平的"。而另一些研究认为所有车辆都应该缴费,他们认为货车专用道提供了额外的容量。尽管只有货车会使用这些新增道路,但使用现有道路的车辆就不会那么拥挤。此外,还有一些研究认识到这个问题带有争议性,一份在洛杉矶地区的 S.R. 60 旁新增货车专用道的可行性研究总结如下:"尽管通过收费来回收货车专用道的建设成本是最佳方案,但是只有不到 30% 的项目可以通过收费回本。"

建设货车专用车道时,一种合理可行的方法是先分析不同车型道路使用者可能获得的收益类型和量级,进而评估货车专用车道的建设成本该如何分担。就不同车型而言,其所获得的收益影响车主承担费用的意愿。

2)货运公司所能获得的收益

对于货运公司而言,货车专用车道的设置将使其获得三个方面的潜在收益。

(1)货车和小汽车之间发生碰撞事故的概率将大大降低。许多事故发生的原因在于其他类型车辆驾驶员所犯的错误,据美国联邦公路局(FHWA)称:在大型货车与其他类型车辆碰撞的事故类型中,71% 的事故源于其他类型车辆驾驶员的一次或多次操作失误,而大型货车驾驶员的操作并无问题。降低货车发生严重碰撞事故的概率将为货车运输业带来经济收益。

(2)货车专用道可以使得货车更加有效地运行,制动、加速、超车的需求都将降低,从而降低单位里程运行成本。若允许加长组合车辆(总重高达 68.1t 的加长双挂车或三挂车组合货车)使用货车专用车道,装载相同货运量所需的车辆数将会减少,货车的总行驶里程数也会降低。货车总行驶里程数的降低取决于多种因素,包括:货车车道网的覆盖程度、若加长组合车辆使用货车专用道以外的车道将会制定何种规定及对使用这些道路的加长组合车辆和其他类型货车的通行收费费率。根据美国运输部编写的《西部一致性方案分析:关于货车体积和重量的区域性方案》的估计,若在西部地区所有州布设大规模的货车专用道路网,货车的总行程行驶里程数减少25%,但若仅布设小规模的货车专用道路网,则货车总行驶里程数将不会显著降低。

(3)车道承载能力的提高将有助于缓解拥堵现象,从而缩短行程时间,降低行程不确定性。在企业需要低成本及时响应客户需求的现代经济中,及时可靠的货车运输服务是非常重要的。这就在一定程度上解释了为什么货运车辆的时间价格更高。对于大货车来说,美国联邦公路局所应用的时间价值为每车每小时25.24美元,而对于小汽车来说,仅为15.71美元。在美国和欧洲的其他研究中,货车运输范围内的时间估价高达193.8美元,中间值为40美元,平均值为51.8美元。正如美国联邦公路局的《国家的公路、桥梁和运输状况:2002年形势和情况》报告所阐述的那样:经常和非经常性的延误对于货车运输业所造成的影响以及货车运输业对于经济的作用被很大程度地放大。

3)客运车辆所能获得的益处

一般情况下,客运车辆能够以三种方式从货车专用道获益。

(1)安全性将有所改善。根据美国联邦汽车运输安全管理局(Federal Motor Carrier Safety Administration)出版于2005年2月份的《大型货车碰撞事实情况调查2003》(Large Truck Crash Facts 2003)(FMCSA-RI-04-033),在2003年所有涉及大型货车和乘客用车的碰撞事故中,84%的死亡案例都来自客运车辆,而非大型货车。一般而言,在此类碰撞事故中,体积和质量的巨大差异置客运车辆的乘客于严重不利地位。因此,将货车和客运车辆分开可以大幅提高客运车辆出行的安全性,因为在所有客运车辆乘客死亡的案例中,大约12%源于和重型卡车的碰撞事故。

(2)货车和客运车辆分道行驶还能提高驾驶体验。大货车对于客运驾驶员来说无疑是一个威胁,相对小型的客运车被货车前、后、左、右夹在中间的碰撞事故并不鲜见。如果普通车道所有车辆的体积都大致相同,驾驶员将无须因为和大货车共用车道而感到紧张,其驾驶压力将会降低。

(3)货车专用车道也将有助于提高车辆行驶的速度。因为比起大多数客运车辆,货车的加速和制动性能更差,将货车转移到专用车道将极大提高交通繁忙路段的通行能力。据美国交通研究委员会(TRB)编写的《道路通行能力手册2000》(Highway Capacity Manual 2000),依据地形和交通状况而定,一辆组合货车对于道路容量的占用情况等同于1.8~8辆汽车。

4)关于费用承担意愿的估算

估算客车驾驶员所获得益处的方法与估算货车所获得益处的方法有所不同。对于客车驾驶员而言,主要问题在于他们是否愿意花钱来享受前面提及的在没有货车的道路上行驶的好处。

在一篇名为《俄勒冈州运营三拖车货车的非金钱性成本的估量:价值评估方法》的文章中,作者探讨了客货车分车道行驶时客车驾驶员愿意承担的费用数额。他们应用了估算非市场性价格的价值评估分析法,发现俄勒冈州的客车驾驶员愿意每年支付大约35美元(1995年的美元价值,在2014年约等于59美元)来修建货车专用车道以供三拖车货车运行。价值评估法在收益衡量方面是一个相当合适的方法,因为其涉及询问参与者因商品或政策的变化而承担费用的意愿。三拖车货车如图2-11所示。

因为俄勒冈州允许三拖车货车,被调查者了解该研究所涉及的情况,所以该文作者的分析是基于实情的,并非基于假设。该研究的非假设性很重要,对于一个实际问题,准确估计人们为当前并不能获得的商品或服务来承担费用的意愿是很困难的,因为并不存在一个处于运转状态的市场可供参考。在假设的状况下,人们可能不会真实地表达他们承担费用的意愿,原因是他们对该状况并不能充分了解,抑或是将承担费用的意愿毫无保留地表达出来也许并不符合他们的最大利益。此外,在假设情况下可能存在随口表达个人偏好的情况。

图2-11 三拖车货车

5)货车运输业生产力的提高

Herbert Weinblatt 所写的一份题为《体积和重量限制对货车运行成本的影响》(The Effect of Size and Weight Limits on Truck Costs)的工作文件指出:在每吨成本的基础上,与一辆标准的16m(53ft)长、总重为35.412t(78000b)的五车轴组合货车相比:

(1)一辆总重为52.664t(116000b)的七车轴、三挂车(每个挂车长度为8.5m,即28ft)货车的生产力比其高20.1%。

(2)一辆总重为57.840t(127400b)的九车轴、双挂车(每个挂车长度为15m,即40ft)货车(turnpike double:拥有两个长度为40ft拖车的货车)的生产力比其高23.8%。

美国运输部出版的名为《建设加长组合车辆的全国性行驶网络的可行性》(The Feasibility of a Nationwide Network for Longer Combination Vehicles)的一书中指出:建设一个全国性的加长组合货车网络,对于限制容量的货物,生产力将会提高23%~42%,而对于限制重量的货物,生产力将会提高17%~32%。

6)收费机制

估算普通车道使用者和大型货车的潜在收益为不同车型道路用户应承担的道路建设成本分析提供了基础。但仍存在一个棘手问题:这些费用如何支付。美国大多数正在考虑建设货车专用道的州认为建设费至少将部分来源于道路通行费。一旦做出决定要使用道路通行费来建设新道路,下一个要考虑的问题就摆在眼前:是否也在客车车道上设卡收费,还是只在货车车道上收费? 这个问题的答案将决定通行费承担建设成本的比例。

为筹集足够资金建造货车专用道,可考虑发行收益债券,未来通行费收入将会保障债券收益。无论是公共融资还是私人融资,若征收通行费,则存在以下两种主要方案。

(1)方案一:只对使用货车专用道的车辆征收通行费。

(2)方案二:对所有车辆征收通行费。

对使用普通道路的车辆进行收费的原因在于:普通车道上车辆行驶的速度会提高并更加稳定;普通车道的通行环境更加轻松。总之,货车专用车道会使普通车道上的车辆享受到更高质量的服务,因此普通车道上的车辆应为高质量的服务支付额外费用。一直以来,机动车主都不情愿为新增收费车道支付通行费。因此,除非机动车主愿意让货车运行到专用道路上,否则此方案很难获得支持。

在开展货车专用道规划时,需要针对以上两种通行费征收方案进行详尽的分析。

7)在我国的应用现状、前景及建议

(1)应用现状

国内货车专用道实施较少,通常采用车道限制来缓解混行干扰,多见于多车道高速公路上(单向车道数至少 3 条),如:福泉高速公路由原来的四车道拓宽为八车道后,其将内侧两条车道限定为小客车车道,外侧两条车道为客货车道。这种模式也是我国八车道高速公路采取的典型模式。

此外,我国多省也出台了关于分车道行驶的指导性意见。2011 年,陕西省出台《道路交通安全工作的若干意见》,将对西汉、包茂、福银、西商高速公路事故多发路段实行客货分道行驶,预防和减少道路交通事故的发生。同年,浙江省公安厅、省交通运输厅联合发文要求,G15(原甬台温高速公路)、G60(原杭金衢高速公路)、G25(原杭宁高速公路及金丽温高速公路金丽段)、G1513(原金丽温高速公路丽温段)、G15W(原上三高速公路)五条高速公路实行分道行驶和限速管理。

(2)前景及建议

在我国物流需求日益旺盛的背景下,货车对道路的安全运营及车辆的通行效率的影响越来越大,此时修建货车专用道意义重大,整体上货车专用道发展空间巨大。对我国而言,尽管很早就提出了客货分离的概念,但由于交通情况的复杂等原因,对货车专用道配套交通工程的设计与运用研究较少,导致货车专用道难以推广,因此建议结合国外的应用案例开展专项研究,完善相关理论与方法,最终实现货车专用道的推广。

## 2.1.5 匝道管理

1)概述

目前已被证实有效的匝道管理策略主要有以下四种:匝道封闭;匝道控制;特殊用途处理;匝道连接点处理。

上述四个策略的优缺点不尽相同,规划者应仔细分析每个策略,以确定它们是否适用于当前条件。

(1)匝道封闭

匝道封闭对现有交通模式有着很大的潜在影响,若禁止车辆进入匝道,则需要车辆去寻找其他路线进入所选线路。如果存在其他可行选择,极少数情况下才会考虑采取匝道封闭措施。但若存在严重的安全问题,匝道完全封闭是最好的解决方案。临时和定时的封闭能够减少由建造、严重事故、紧急事件或特殊事件导致的车辆冲突。

(2)匝道控制

匝道控制主要通过匝道交通信号控制车辆进入主线的流率,通过减少走走停停的驾驶行为和疏通进入干线设施的车流,使得主线上的交通流变得井然有序,进而合理控制主线上的交通量并有效利用现有的主线通行能力,有效提高干线道路的安全和效率。此外,匝道控制可以减少油耗和车辆尾气排放。

规划者需要了解影响匝道控制策略实施的因素,从而决定是否实施匝道控制。影响匝道控制策略运行机制的因素主要包括:控制策略;控制范围;控制方法;控制算法;队列管理;流量控制。

(3)特殊用途处理

特殊用途处理主要针对不同车型进行"特殊"考虑,旨在提高安全性、改善交通条件或优化特定类型的驾驶行为。处理方法包括设置共乘车辆分流道、独有的共乘车辆匝道和用于施工或紧急车辆的单功能匝道。特殊用途处理必须得到相关政策的支持(如共乘车辆、特殊事件)。

(4)匝道连接点处理

匝道连接点处理主要用于匝道/干线交叉口。一般来说,匝道连接点处理主要用于管理匝道上形成的队列,匝道队列可能会溢回到干线道路。在入口匝道实施匝道连接点策略可以向临近干线分流更多的流量,还可以改善匝道流量和交通处理效率。出口匝道实施连接点处理可减少匝道连接点的队列回流,减少高速公路后面队列出现碰撞的可能。匝道连接点主要实施以下策略来改善交通情况:

①调整信号配时和相位。
②加宽匝道。
③增加或优化交通标志标线。

2)运输管理政策、目的和总体目标

在进行匝道管理规划时,首先应评估相关地区交通管理项目政策、目的和总体目标。对项目目的和目标的评估将有助于规划者选择最佳匝道管理策略,只有在匝道管理策略支持运输管理系统政策、目的和目标的情况下,才能考虑是否实施。匝道管理策略的规划过程如图2-12所示。

匝道管理策略通常用于减少交通拥堵、交通冲突及提高车辆行驶时间的可靠度。行驶速度、行驶时间、延误和事故率的改善均是可观测的。

尽管匝道管理策略一般用来处理安全和行驶问题,但也可以用于支持地方、区域或国家的政策。例如,在匝道实施共乘车辆策略可以为提倡公交优先提供支持。共乘车辆策略为公交提供绿色通道,准许这些车辆绕开停靠在匝道或高速公路设施上的队列。

3)现状/未来情况

在对相关地区交通管理项目政策、目的和总体目标进行评估之后,规划者应对当前或未来几年的情况进行分析和预测,在此基础上确定存在的问题及匝道管理策略是否适用。在筛选匝道管理策略时,规划者对匝道上、匝道附近高速公路合流点和临近干线沿线情况的分析十分关键,有助于更精确地评估问题的本质,进而提出最优匝道管理策略。

4)匝道管理策略选择的依据

在进行匝道管理规划时,可以从以下几个角度对最优策略进行选择。

(1)安全性

当干线公路或干线公路附近/匝道口/交织区的事故率较高时,可以考虑采取匝道管理策略,尤其是涉及匝道车辆运行的交通事故,如:匝道上游、合流点、分流点和交织区的追尾事故。这些地点的高事故率表明进出干线公路的车辆对干线公路运营的安全性产生了不利影响。例如:匝道入口车辆排队所产生的扰动可能会降低干线公路/匝道口区域的车速,导致匝道/干线公路合流点上游区域汽车追尾事故、合流点侧向刮擦事故或变更车道碰撞事故发生的可能性提升;同样地,当匝道上的车辆排队长度延伸至干线公路时,尝试驶出干线公路的车辆可能未到达匝道就被迫停车等待排队车辆消散,这导致出口匝道出现瓶颈,随后引起干线公路交通拥堵并导致安全性降低。

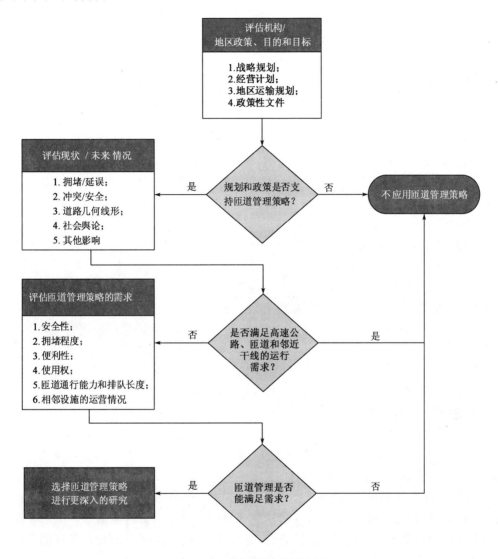

图 2-12　匝道管理策略的规划过程

交通安全状况可通过事故数及事故类型分析得出,其分析应包括实施匝道管理策略的高速公路全线。分析结果可以用于确定匝道管理项目的作用范围。

(2)拥挤致因

交通事故是导致干线公路拥挤的主要因素之一。其他因素还包括匝道上车辆排队溢出、交通瓶颈、几何设计缺陷和需求增加(如驶入需求超过目前通行能力)。在进行匝道管理规划时,需充分了解并掌握拥挤的发生原因。

(3) 道路服务水平

服务水平(LOS)和运行速度是决定是否采用匝道控制策略的良好指标。服务水平较差的道路是匝道控制或其他匝道管理策略实施的首选对象。而低运行车速则在某种程度上暗示了一个问题,即运行车速较低的原因可能是某个匝道或多个匝道驶入的交通流是以车队形式进入的。这种情形的道路也可作为采取匝道管理措施的备选对象。

服务水平较低的匝道也可能会被纳入实施匝道管理策略的备选名单中。匝道服务水平主要受到两个因素的影响:

①由于车队进入主线造成高速公路/匝道合流点的拥挤。

②匝道自身通行能力。

(4) 插队

瓶颈路段常常引发一种不良驾驶行为——插队,当驾驶员驶出干线公路后,又在下游驶入匝道重新驶入干线公路,以此来避免瓶颈路段的车辆排队。插队行为对仍留在干线公路行驶的驾驶员来说是不公平的,并且会导致拥堵从当前点转移到下游地点。在规划阶段确定驶入匝道的策略非常重要,解决插队的一种办法就是对经常性瓶颈路段的下游匝道进行驶入控制。

(5) 便利性

匝道管理策略可使车辆运行更便利,其有助于减少拥堵和行程时间,延误次数的减少有助于提升汽车驾驶员的整体驾驶体验,减小驾驶员在经历出行延误时的压力。

(6) 特殊运输和应急车辆使用权

匝道拥堵会妨碍特殊运输车辆按照预定计划到达站点,严重的延误会造成驾驶员情绪不稳定,还有可能导致特殊运输代理业务和投资的减少,当驾驶员寻找其他低效率的交通工具时,反过来又增加了拥堵问题。同样,匝道及其附近的拥堵会降低应急车辆在交通事故处理中的往返效率,导致受伤人员不能及时得到适当治疗。这两种情况下,匝道使用优先权可以更好地服务于公众。

(7) 匝道通行能力和排队长度

在筛选匝道管理策略之前,匝道通行能力和排队长度就应被纳入考虑的范围内。在匝道仪控的情况下,匝道必须拥有足够的通行能力和队列容量来实现匝道控制。通常需要对匝道的通行能力进行观测或计算。如果匝道通行能力足够,那么规划者必须以米为计量单位观测排队长度,然后再考虑如何对其进行管理。如果排队影响了相邻干线的运行,那么需要通过匝道连接点处理(如交通渠化、拓宽和信号配时等)来减少控制操作带来的影响。

5) 在我国的应用现状、前景及建议

(1) 应用现状

①上海

截至2011年底,上海中心城快速路路网里程数稳定在141.0km,基本采用高架形式。至2009年,上海浦西地区快速路88个入口匝道中有70多个实施了匝道控制,除了武宁路实施了匝道调节控制,其他都为匝道开关控制,其中部分入口预留了汇入控制功能。浦东中环8个匝道及A1的11个匝道实施匝道控制,其中17个入口匝道为开关控制,并预留远期汇入控制功能,1个入口匝道实施自适应汇入控制,1个出口匝道实施可变车道控制。近期,在杨高路上匝道,汇入南浦大桥的入口处,浦东张扬路上匝道与进入杨浦大桥的主线,设置了挑杆信号灯控制。上述匝道控制在关联道路上布设"固定文字+可变文字"可变信息标志,在匝道入口及高架路段上设置了交通流情报信息板,目前系统运行良好。上海市快速路出入口控制系统开关控制较多,有交通引导信息发布/交通监控设备、电子警察设备。2005年上海快速路匝道实施控制系统后,交通量和平均车速均有一定程度的提升,特别是在内环高架内圈武夷路入口匝道实施自适应汇入控制后,更是取得了很好的控制效果,充分体现了汇入控制的优越性。试验区域主线流量提高了1.1%~23.2%;主线平均车速提高了11.1%~84.6%,主线拥堵时间减小了22.8%~76.5%,缩短了主线车辆排队长度,改善了快速路主线的交通状态。上海快速路出入口控制系统改善了快速路主线的交通状态,同时,快速路控制系统的交通信息和诱导设施均衡了交通需求,提高了快速路系统和区域路网的服务水平。

②北京

北京快速路由二、三、四、五环和11条联络线组成,长达360km,承担着全市50%以上的交通流,快速路出入口密集,平均间距仅为318m,是世界上最复杂、控制难度最大的快速路。北京快速路为地面快速路,两侧设置地面辅路,快速路出入口加减速车道较短,从辅路汇入分流。针对这一结构和特点,北京市公安交管局自主研发了快速路出入口交通流特性分析、快速路多节点OD建模技术和给予主辅路占有率映射算法的交通控制策略,以及城市快速路交通控制技术。基于上述技术建成的快速路交通控制系统,利用设置在快速路主要出入口的信号灯,依据对快速路主辅路流量信息的检测实施占有率控制,智能控制快速路出入口的开启和关闭。北京的地面快速路+辅路形式使得其匝道控制与上海有很大的不同。出入口控制方式包括入口开关控制、入口汇入控制、出口辅路信号控制,配有交通监控系统。北京快速路出入口控制系统有效提高了北京快速路网的承载能力、交通管控能力和城市抗风险能力,快速路网日均时速提高6.92%。

(2)前景及建议

匝道控制主要采用在入口匝道处及出口匝道相连辅路上设置信号灯的方式,调节进出快速路的交通流,使匝道交通流进出有度、有序,避免快速路上形成交通瓶颈。为达到此目的,在进行匝道信号控制时应从城市快速路的交通特性、控制策略、配时方法及协调效果几方面加以考虑。

出入口控制方法的效果取决于多种因素,交通特性、道路条件、匝道分布等多种因素都会影响到控制算法的适用性。即使是同样的控制算法,其控制参数的取值往往也会在很大程度上影响控制的效果。从本质上讲,入口匝道控制是对主线交通与入口匝道交通进行调节,方案的可行性与当地道路交通条件紧密相关。所以国内各地在应用匝道控制时,需结合自身的实际情况,选择符合需求的快速路出入口的控制系统。

## 2.2 管控车道规划方法

### 2.2.1 管控车道规划总体过程

管控车道规划将可能通过历经几年甚至几十年的项目或行动来执行。项目的执行次序必须明确。首先要审核区域交通规划,找出短期、中期和长期的管控车道运营管理优先项目,然后以此为出发点评价各个运营管理项目的成本和效益,确定是否有阻碍执行的体制或技术问题。此外,评价应考虑到每一个项目的资金可得性、机构和公众的支持,以及其他会影响项目实施次序的关键因素。然后设计项目和行动(例如:计划准备、详细说明、评估和其他合同文件/工作命令),随后执行(包括整合、测试和验收活动、员工培训和文件提供),使管控车道运营管理规划真正实施。

"管控车道规划"是一系列相互协调、相互联系的策略、过程和活动,旨在明确目标。在制订管控车道规划时,应充分考虑如图2-13所示系列过程。

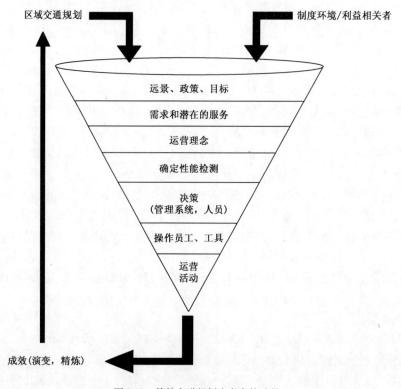

图2-13 管控车道规划应考虑的过程

## 2.2.2 HOV车道

1) HOV车道出行方式选择模型

(1) 预测步骤

利用非集计行为模型预测的主要步骤如下:

①明确问题

首先应当讨论预测交通项目、评价政策等使用的数据、时间费用等内容。由于非集计行为模型多用于详细政策研究,因此需要更为详尽地讨论模型中包含的政策变量以及为此所用的数据。

②设计预测系统

将一系列的决策行为作为一个整体结构表现,需要设计说明变量、数据的划分、选择方案以及集计方法等预测体系。

③收集、整理数据

建立非集计行为模型需要以个人为单位的行为数据、社会经济变量的数据以及每个人所对应的服务变量等数据。这些数据的收集、整理都与非集计行为模型的作业有所不同。

④分析数据

作为建立详细的记述现象模型的准备工作,对数据的整理统计分析极其重要。以此为基础,可以初步确定哪些因素应该作为变量带入模型,而哪些因素对选择结果影响较小。

⑤建立模型

根据上述分析结果,确定模型的形式。

⑥非集计数据的预测精度分析

通过模型的统计量,参数的符号、大小等,确认非集计数据对现状的描述程度。如果对现状再现的能力不够时,通过更变模型的结构或变更数据的分组,来增加模型的精度。

⑦预测未来需求量

计算各个分组模型的未来比例,换算成集计预测值,得到规划中的所需要的预测值。

(2)数据调查

①选择主体分组

非集计模型研究的是出行者个人的出行行为,因此所需数据为出行者个人或家庭的属性数据及个人出行数据。这使数据调查的工作量从传统交通规划或经济调查的宏观调查扩展至微观的居民日出行调查。

首先建立非集计行为模型时,需要将行为的主体分为几个群体,分割后的群体称为组。其理由如下:

a. 集计行为模型表现个人行为原理时,假设每个人具有相同的效用函数和参数。但在现实中,效用函数的值、形式和参数因人而异。这时就必须根据样本的性质分组,建立相同性质的模型。

b. 为了用非集计行为模型预测未来值,最好是得到所有影响变量的未来值或各变量的分布。但这一般不可能,为此预测时常将各个分组的说明变量的平均值带入模型,求出替代方案中的选择概率。为了减少误差,应当尽量在集计阶段,利用分组使各样本均质化。

常见的分组标准有:社会经济特征(职业,性别,年龄),地区特性,出行特性(行为目的)以及选择方案特性等。从目前分组的目的来看,最终标准应当根据数据分析的结果及模型的说服力决定。

因此,在建立非集计行为模型时,分组是一个很重要的步骤,但应当注意的是,不可单纯地为了提高模型对现状说服力而增加分组数量,容易产生以下问题:

c. 本来有可能表现各种群体差异的变量,构筑统一的模型。分组的结果替代了这些变量,从而降低了比较性。

d. 实际上,分组意味着将原来的数据分割后构筑模型。当分组增加时,所需样本就增加,反之如果只增加分组数量不增加样本数量,可能导致由于分组数增加提高的预测精度与由于样本量的减少降低的预测精度相互抵消。

e. 随机抽取的样本可能由于以后的分组,而产生空间分布不均匀。

f. 说明变量未来值的预测,随分组的精细而难度增加,因此即使模型说服力较高,也未必能增加预测模型的实用性。

g. 分组细化、同一分组内的数据均质化未必会增加模型的精度。这是因为极端均质化后，决定行为的不再是效用函数的固定项，而是取决于随机项。

②调查范围

在调查项目时，首先应明确探讨的问题，通过对调查对象的现象系统（相关变量、相互关系以及变量的值域）进行预见性分析，确定调查的范围。

从总体上来说，非集计行为模型需要同时调查以下3方面的数据：

a. 选择方案相关数据。首先需要了解选择怎样的方案，选择时如何进行比较，替代选择方案的范围。主体必须从比较选择对象的选择方案中划定明确范围。

b. 选择主体的属性与状态相关数据。即使对于相同的选择范围、选择了相同的方案，不同的选择主体也有着不同的效用，其不同部分可通过选择主体的属性来说明。

c. 选择方案的特性相关数据。非集计行为模型是根据各个替代方案的效用大小来确定选择的结果。在建模时，需要计算实际中未被选择的方案的效用。因此需要调查未被选择方案的特性变量。通常称那些与选择方案有关的变量为服务水平变量（LOS）。LOS调查项目是希望分析的项目和以假设为基础定制的项目。

③调查方法

非集计模型的交通调查可以分为已完成的选择性行为的调查和在假设条件下，选择主体如何选择的以及如何考虑的选择一项调查。前者称为行为调查 RP（Revealed Preference），后者称为意向调查 SP（Stated Preference）。

RP 调查最大的特点在于调查的内容是已经发生过的事情。其调查目的是想了解被调查者在某选择状态下的选择结果及选择条件。在想象的可测性方面常存在以下问题：

a. 选择方案的模糊性。这是由于有时选择的状态要追溯到过去，而被调查者因记忆模糊所致。

b. 替代方案的模糊性。对替代方案的条件不够了解、信息量因人而异导致被选择方案的信息模糊不清。

SP 调查最大的特点在于调查的内容是尚未发生的事情。其调查目的是对某已选择状态，了解被调查者在这一选择状态下的选择结果。在研究新的交通服务、交通政策时SP调查被频繁利用。如在某些地方建立磁悬浮列车、高速轮船、直升机以及合乘私家车（Carpooling）等以前并不存在的交通服务或者城市建立停车泊位证明制度、交通拥堵收费制度等从前没有实行过的新政策时，使用SP调查可以很好地建立模型。RP 和 SP 对比如表2-12所示。

**SP 数据与 RP 数据的特征比较** 表2-12

| SP 调查 | RP 调查 |
| --- | --- |
| △可处理当前不存在的替代方案 | ☆不能处理当前不存在的方案 |
| △可将某一属性效果和其他属性效果分开 | ☆属性间的作用存在多重共线性 |
| △可设计属性、水平值及属性间转换关系 | ☆属性、水平值及属性间的转换关系确定 |
| △可完全控制选择方案 | ☆分析人员必须假定存在选择方案 |
| △可从一个回答者得到多个数据，能用小样本进行有效统计分析，不需要大规模的调查 | ☆从一个回答者只能得到一个数据 |
| ☆回答值未必和实际行动一致 | △变量的测量不存在误差 |

注：△表示优点；☆表示缺点。

应该说,两种调查方法各有利弊,而且各自的侧重点不同。RP调查侧重于获得出行背景数据和现状基础出行数据;而SP调查侧重于获得假定方案下被调查者的意愿选择数据。目前的交通需求管理策略评价以及先进交通设施、技术的应用等工作既需要用大样本量的基础数据进行现状交通问题的反映与诊断,又需要应用针对目标方案的意向选择数据进行方案分析、比较和优选,同时方案的实施效果预测也要应用RP调查所获得的出行背景数据和现状基础出行数据及SP调查所得的意向选择数据。因此,RP与SP结合的调查方法成为交通需求管理策略评价和先进的交通技术应用等领域研究的新热点。

总结以往研究,设计了RP和SP相结合的调查流程(图2-14)。

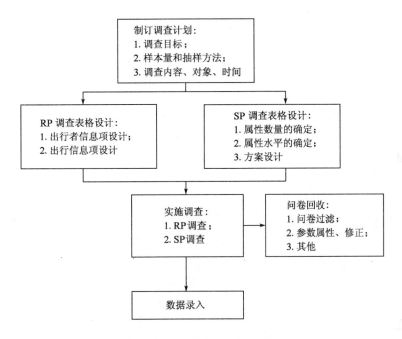

图2-14 RP和SP结合调查方法流程图

2)交通方式选择预测模型建立

(1)效用函数确定

在具体形式上,效用函数的固定项$V_{in}$可以有线性函数、对数线性函数等多种函数。考虑到结果分析和参数标定方便,目前通常采用线性函数作为效用函数的表达形式,即:

$$V_{in} = \boldsymbol{\theta} \boldsymbol{X}_{in} \sum_{k=1}^{k} \theta_k X_{ink}, i \in J_n \quad (n=1,\cdots,N) \tag{2-4}$$

式中:$\boldsymbol{\theta}$——未知的参数向量,$\boldsymbol{\theta} = (\theta_1, \theta_2, \cdots, \theta_k)$;

$\boldsymbol{X}_{in}$——出行者$n$的选择方案$i$的影响因素向量,$\boldsymbol{X}_{in} = (X_{in1}, \cdots, X_{ink}, \cdots, X_{inK})$。

得出选择概率函数$P_{in}$表达形式为:

$$P_{in} = \frac{\exp(\boldsymbol{\theta} \boldsymbol{X}_{in})}{\sum_{j \in A_n} \exp(\boldsymbol{\theta} \boldsymbol{X}_{in})} = \frac{1}{\sum_{j \in A_n} \exp[\sum_{k=1}^{k} \theta_k (X_{jnk} - X_{ink})]} \quad (i = A_n) \tag{2-5}$$

(2)方案及特性变量选择

①方案选择

在进行方式选择预测时可以采用多项 logit 模型(Multinominal Logit Model,MNL),MNL 模型作为 logit 类模型的基本形式,在非集计的交通方式划分中有良好的应用前景。

MNL 模型允许选择方案的集合 $A_n$ 因人而异,这就需要分析对象样本总体中的可能的选择方案的集合。出行者 $n$ 的选择方案集合 $A_n$ 的并集定义如下:

$A = UA_n$。确定并集 $A$ 的方法因目的而异,是确定参数的前提。MNL 模型的建模就是估计该并集 $A$ 的共同参数的值并对其进行检验。

快速路出行主要方式为小汽车和公交车,结合 HOV 专用车道使用限制,选择方案 $A$ = {1人小汽车,2人小汽车,3人以上小汽车,公交车},假设 2 人以上小汽车可以使用 HOV 车道。

②特征变量选择

通常,特征变量的选择和具体问题有关。因此,应选取能改变方案效果的变量。根据这一原则,可对变量进行分类,减少待估计参数数量从而降低模型求解难度,提高模型计算效率。变量可分为常变量、个人属性变量与选择项特有变量三类,选择特性变量应该遵循以下原则:

a. 变量能明确描述选择方案的特征。

b. 变量应当尽量包括可以调节的政策变量。

c. 变量之间应当独立。

d. 变量不宜过多。

就目前而言对离散选择模型的变量选取尚未有严格的界定原则与参照标准,多凭借经验和常识来选取。基于以上原则,选择如图 2-15 所示特征变量。

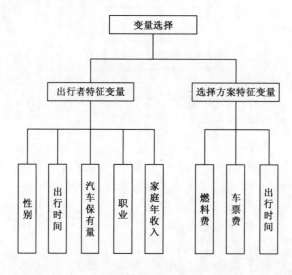

图 2-15 特征变量选择

(3)参数标定

考虑到 MNL 模型的结构特点,标定时采用极大似然估计法。极大似然估计法是利用已知的总体的概率密度或概率分布及样本,根据概率最大的事件在一次试验中最可能出现的原理,寻求总体的概率密度或概率分布中所含未知参数的估计方法。主要应用无约束非线性规划方法求解极大似然函数。

①确定对数极大似然函数

设样本数为 $N$、$\delta_{in}$ 为概率变量，$\delta_{in}$ 为 1 的概率。$\delta_{1n},\cdots,\delta_{in},\cdots,\delta_{jn}$ 同时实现的概率为：

$$P_{1n}^{\delta_{1n}}P_{2n}^{\delta_{2n}}\cdots P_{in}^{\delta_{in}}\cdots P_{jn}^{\delta_{jn}} = \prod_{i \in A_n} P_{in}^{\delta_{in}} \tag{2-6}$$

因此，出行者 $1,\cdots,n,\cdots,N$ 的同时的概率 $L^*$ 为：

$$L^* = \prod_{n=1}^{N}\prod_{i \in A_n} P_{in}^{\delta_{in}} \tag{2-7}$$

上式为 MNL 的似然函数，其对数似然函数 $L$ 为：

$$L = \sum_{n=1}^{N}\sum_{i \in A_n}\delta_{in}\ln P_{in} = \sum_{n=1}^{N}\sum_{i \in A_n}\delta_{in}\left(\theta X_{in} - \ln\sum_{i \in A_n}e^{\theta X_{in}}\right) \tag{2-8}$$

使 $L$ 达到最大的参数 $\hat{\theta}$ 为 $\theta$ 的极大似然估计值，其中 $\hat{\theta}=(\theta_1,\cdots,\theta_k)$。

利用 $P_{in}$ 的定义式和 $\sum_{i=1}^{I_n}\delta_{in}=1$，可以求得如下方程式：

$$\sum_{n=1}^{N}\sum_{i \in A_n}(\delta_{in}-P_{in})X_{ink}=0 \quad (k=1,\cdots,K) \tag{2-9}$$

②最优估计值 $\hat{\theta}$

最优估计值 $\hat{\theta}$ 的计算，最具代表性且又应用最广的方法为牛顿—拉普松(NR)法和 DGP 法，本节重点介绍 NR 法。NR 法的基本表达式为：

$$\text{Min} f(x) \quad (x \in E) \tag{2-10}$$

式中，$f(x)$ 为二次可微实函数。

NR 法的基本思想是，用一个二次函数局部地近似 $f(x)$，然后求出此近似函数的极小点，从而得到迭代公式。

由于最优估计值计算量较大，一般利用 Spss 软件计算。

(4) $t$ 值计算与检验

检验非集计模型的常用方法，通常有符号检验、$t$ 值检验、显著性检验、命中率、极大似然比等方法。

选择 $t$ 值检验可以由以下公式获得：

$$t_k = \frac{\hat{\theta}_k}{\sqrt{v_k}} \tag{2-11}$$

式中：$\hat{\theta}_k$——第 $k$ 个变量所对应的参数 $\theta_k$ 的估计值；

$v_k$——第 $k$ 个对角元素。

当 $t$ 值的绝对值大于 1.96，在 5% 的显著水平上，可以拒绝假设 $H_0:\theta_k=0$。

另外，如果 $t$ 值的绝对值小于 1.96，在 5% 的显著水平上，不能放弃 $\theta_k=0$ 的假设。即当 $|t_k|>1.96$ 时，有 95% 的把握认为相应的变量 $x_{ink}$ 是对选择概率产生影响的因素。相反 $|t_k|\leqslant$

1.96时在95%的可靠水平上认为相应的变量$x_{ink}$不对选择概率产生影响。这时,希望将变量$x_{ink}$从影响原因中排除后,再重新估计参数。

总结以上基于MNL的HOV车道交通方式选择模型具体计算流程图如图2-16所示。

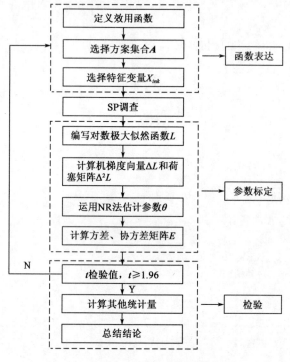

图2-16　MNL模型计算流程

3) HOV影响下的MMA交通分配模型

利用出行方式选择模型或其他方法预测HOV车道设置的可行性,以及设置的形式是改变原有车道为HOV车道、新增HOV车道或仅HOV车道高速路等。目前普遍采用多方式多类型交通分配(Multi-modal & Multi-class Model for Traffic Assignment,MMA)模型研究共乘车道设置的可行性。

多方式多类型交通分配(MMA)是为大城市应用设计的,并能够用于州际或区域运输的标准分配模型。需要注意,大多数多方式多类型交通分配模型仅仅是多种方式,而在TransCAD软件中,这种模型是多方式和多种类型同时进行分配的模型。

MMA模型是一种基于广义费用的分配模型,它允许按照特殊模式和用户级别同时将出行分配到道路网。这种模型能够准确地描述所有类型收费设施和HOV设施的影响。每种级别和方式都有不同的独立路网、拥堵影响(小汽车当量)、时间价值(Value of Time)以及出行费用。

(1) 数据准备

①小汽车当量

小汽车当量(PCU)通常用于将较大车辆转化成相对于标准小汽车数量,以便考虑不同车辆类型加载到路网上时对交通的影响。例如,较大、重型车辆相对于小汽车占用更多的物理道路空间,并且加速和减速性能稍差。对每种方式,TransCAD都能够指定小汽车当量系数。

②排除集

指定每种方式的不包含路段。例如,能够从卡车方式中排除不满足桥梁净空和载重要求的路段,或者在独乘车辆方式中排除共乘路段。为确定排除集,需要在线层创建排除方式路段的选择集。

③固定费率和按里程计算费率

在进行多方式多类型分配时,同时考虑固定费率和按里程计算费率两种方式:

a.固定费率是指在通过路网的某一路段时的成本费用。它与流量无关,所以这有别于出行时间成本。固定费率同出行时间、通行能力以及路段其他基本属性一样,以线层属性的方式添加。用户可以为每一种方式设定不同的费率。

b.按里程计算费率指按照出行路径的进口节点和出口节点计算费率。这种费率的计算方法对于在出入口设置收费站的道路作用很大。你需要设定一个节点到节点间的费用矩阵,矩阵行和列的 ID 分别代表出发地和目的地的节点编码,矩阵中每个格的值代表出发地到目的地的费用。图 2-17 是一个费率矩阵表和收费设施位置图。

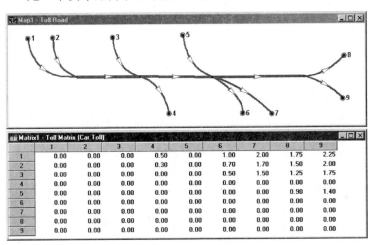

图 2-17　费率矩阵表和收费设施位置图

需要定义线段作为固定费率或按照里程收费路段。可以通过建立单独的选择集来定义路段,然后,将这些选择集作为网路设置对话框的一个特殊的选择集。

a.时间价值。每种方式每种类型能够给定自己的时间价值(VOT)。在交通分配中,根据不同的收入类型,每种收入类型能够通过 MMA 方法分配,而且能够设定不同的时间价值。另一个例子是对商业车辆和私人小汽车同时进行交通分配,在这个情况下,用户可以为商业车辆运输分配更大的时间价值。

因为 MMA 方法是一种针对广义费用的分配方法,因此,它能够同时考虑费率成本和时间成本。MMA 方法需要为每种方式定义一个时间价值以完成基于广义费用的交通分配。

b.OD 矩阵文件。必须为每一种方式和类型给定一个起讫点出行矩阵。所有的出行矩阵在同一个矩阵文件中给定,但是矩阵文件中单独给出对应于每种方式的流量矩阵。

(2)流量延误函数

在交通分配模型中,包含多种预设的流量延迟函数,其中包括美国公路局的(BPR)函数、

Akcelik 函数、加拿大 EMME/2 锥形拥堵函数以及 Israel 运输规划研究所（IITRP）函数。因为 MMA 方法应用广义费用函数，在涉及时间成本的操作中仅使用流量延误函数。

MMA 模型的广义费用函数是：

$$\mathrm{gc}_{\mathrm{OD}}^{m} = \sum_{i \in A_{\mathrm{OD}}^{m}} \{\mathrm{VOT}^{m} \cdot \mathrm{VDF}[t_{\mathrm{a}}, c_{\mathrm{a}}, \sum_{m} \mathrm{PCE}^{m} \chi_{\mathrm{a}}^{m}, \cdots] + \mathrm{FT}_{\mathrm{a}}^{m}\} + \sum_{m \in A_{\mathrm{OD}}^{m}} \mathrm{MT}_{m}^{i} \quad (2-12)$$

式中：$\mathrm{gc}_{\mathrm{OD}}^{m}$——方式 $m$ 起讫点间的广义费用；

$m$——方式；

$a$——路段；

OD——起讫点；

$A_{\mathrm{OD}}^{m}$——方式 $m$ 起讫点间最短路径的集合；

$\mathrm{VOT}^{m}$——方式 $m$ 时间价值；

$t_{\mathrm{a}}$——路段 $a$ 自由流行程时间；

$c_{\mathrm{a}}$——路段 $a$ 通行能力；

$\mathrm{FT}_{\mathrm{a}}^{m}$——路段 $a$ 上方式 $m$ 固定费率；

$\mathrm{MT}_{m}^{i}$——在路段 $i$ 方式 $m$ 的费率；

VDF——流量延误函数；

$\chi_{\mathrm{a}}^{m}$——路段 $a$ 上方式 $m$ 的流量；

$\mathrm{PCE}^{m}$——方式 $m$ 的小汽车当量值。

4）共乘车道的选择

如表 2-1 所示，若预测出的高峰小时共乘车辆流量在 400~800pcu/h 之间时，即可考虑采用共乘车道。

### 2.2.3 HOT 车道

1）交通需求预测和 HOT 车道项目

交通需求模型能够用于评估 HOT 车道项目的定价标准和载客率准入标准。现有的 HOT 车道交通模型需要考虑来自于一般交通流量以及那些愿意付费使用的驾驶员。

在最差的情况下，需求预测至少需要考虑 HOT 车道通行时间的差别，以估算使用 HOT 车道所节约的通行时间。如果所节约的时间成本超过了驾驶员的时间成本，则会引导驾驶员进行车道选择。

考虑到 HOT 车道通常没有本地的经验可以借鉴（我国尚无已建成的 HOT 车道），需要通过问卷调查的方式对一些模型假设的输入进行确定，尤其是那些和时间成本、需求影响以及成本决算相关的因素，这些因素都将会对出行模式和出行路径产生影响。

当出行估计模型采用的是类比的方式，仍然需要通过市场调查的手段，如采用邮件调查、采访调查、关注群体调查等，了解他们的出行方式、人口统计学信息、是否愿意支付费用等以及其他会吸引出行的因素。偏好调查问题提出了关于出行方式的现款支付和时间成本问题，能够帮助确定哪一类驾驶员会选择 HOT 车道，包括收费弹性需求对象。最终的目的是明确现有车道和 HOT 车道的用户市场占有率。

无论是采用哪种复杂的预测模型或者是类比技术，都不能建立覆盖所有因素的需求预测模型,建议交通出行预测给出一定时间内的出行总量范围,而不是简单的绝对值。

2) HOT 车道定价和交通需求

正如其他运输收费项目一样,费率对于项目使用率的影响非常直接。定价策略的轻微变化也会对项目使用率产生很大影响。一个有效的定价策略在保证项目使用率的基础上可确保服务水平。

定价层可以在实际运营过程中进行调整以实现预期结果。然而当项目还处于规划阶段时,这些影响只能通过建模的方式来估计。加利福尼亚州 SR-14 公路的相关研究阐述了这种定价和运营的优势。具体考虑了以下的定价和运营策略:

(1) 2+ 车辆和 0.1 美元/mile,即:实载人数 2+ 车辆免费使用 HOT 车道,其他车辆按照每英里 0.1 美元进行收费。

(2) 3+ 车辆和 0.1 美元/mile,即:实载人数 3+ 车辆免费使用 HOT 车道,其他车辆按照每英里 0.1 美元进行收费。

(3) 2+ 车辆和 0.2 美元/mile,即:实载人数 2+ 车辆免费使用 HOT 车道,其他车辆按照每英里 0.2 美元进行收费。

表 2-13 数据说明了不同的定价策略条件下,在早高峰情况下特定道路的 HOT 车道流量。

高峰情况下特定道路的 HOT 车道流量　　　　　表 2-13

| 方案 | SR-14 HOT 车道早高峰时段车流量 |
| --- | --- |
| 2 + $0.10/mile 2233 | 1179 辆收费车辆,1054 辆免费车辆 |
| 3 + $0.10/mile 2101 | 1730 辆收费车辆,372 辆免费车辆 |
| 2 + $0.20/mile | 520 辆收费车辆,1211 辆免费车辆 |

SR-14 道路的研究结果表明:当车载率的比例维持在 2+,收费标准增加到 0.2 美元/mile 时,HOT 车道的使用人数下降了 22%,主要集中在收费用户数量的减少,使用 HOV 车道的成本超过了单乘客车辆驾驶者的预期。

SR-14 的研究结果充分表明了需求变化。这种变化说明在进行状态预测时,需要进行敏感性分析以计算预期收入的范围,利用图表等进行谨慎的假设,尤其是项目的建设资金主要来自于项目收入和潜在的 HOT 车道收益。

3) 素描规划方法估计 HOT 车道收费收入

本节主要介绍能够用于收入预测的素描规划方法,尤其是在 HOT 车道项目的初始阶段。该方法是一种较为简单的预测方法,但是仍然能够有效、准确地估计 HOT 车道的交通量和收费收入。

素描规划方法考虑了项目分析过程中可能遇到的几种问题:

(1) 完全新建的 HOT 车道被建在与现有的一般道路相邻的位置。

(2) 当前的 HOV 车道被转换成为 HOT 车道。

(3) 新建 HOV 车道,但在条件允许时具备转成 HOT 车道的能力。

图 2-18 反映了实际的 HOT 车道可能采用的运营以及定价制度。首先应采集一般道路高峰小时交通量并确定道路服务水平。利用该信息估计高峰时刻拥堵延时,按照小时价值定量化描述这些延时成本。随后,根据 HOV 车道的通行能力,单乘客车辆在自由流状态的临界点被移到 HOT 车道上,根据一般道路的拥堵状况以及单乘客车辆的拥堵成本进行 HOT 车道收

费。应按照电子收费账户的市场占有率估计HOT车道的收入。

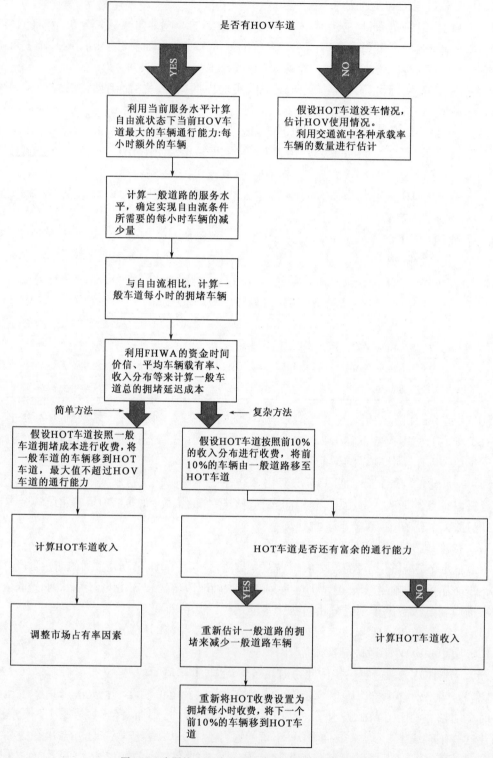

图2-18 实际的HOT车道可能采用的运营以及定价制度

HOT 车道收费能够反映一般道路上单乘客车辆的收入水平,那些十分关注时间成本,有钱的驾驶员首先会进入 HOT 车道,紧接着会估计 HOT 车道是否还有能力接受更多车辆,这种迭代过程一直持续,直到满足一种平衡条件。这种演化过程被称为"最优收费"过程,是一种准确反映现实收费过程的流程。

美国 HOT 车道项目经验表明,交通量和收费收入的预测大多存在偏高的现象。过度估计收入可能会导致公众的质疑,甚至导致项目的失败。因此,建议在交通量和收费收入的估计过程中尽量采用保守态度。

### 2.2.4 BRT 车道

1) BRT 规划流程

"BRT 规划"是一个总体性概念,由一些最常见的规划组成。

(1) 概念研究

公共交通规划,常常是一个迭代过程,而不是一个直线的,一步接一步的过程。如果在建立基本的概念大纲之前投入过多的资源进行详细设计,可能导致不必要和昂贵的重复工作。如果一个城市只按顺序进行,那很可能在决策了一个不同方式后,需要重做大量细致的工作。例如,后来的造价分析可能表明之前的设计与预期的投资规模不吻合。对 BRT 系统的基本特征先进行简要设定,有利于将焦点放在后面的分析和规划上。因此,概念研究是一个以较低成本完成较大收益,极具成本效益的前期研究活动。

对这些类型项目所做的决定,将有助于详细规划设计阶段以及知会各方面需要继续努力完成完整的规划设计。概念研究也将有助于政治官员对该项目有一个更好的远景概念。某些情况下,概念研究的结果可约束咨询设计部门的合同在设计方面的"职责"。

概念研究可以在几个月内完成。重点是整个规划过程的快速概观。然而,一个概念研究可以提供足够的细节,以便于政治和技术决策者对系统规模、造价、特征等大方面做出决策。在概念研究阶段经常需要考虑的基本问题包括:

①最可能实施 BRT 系统的走廊。
②干线—支线接驳服务还是直接式服务模式。
③服务频次目标。
④预期的乘客票价。
⑤系统潜在的商业和管理结构。
⑥预期的造价估算。
⑦预期的运营成本估算。
⑧了解潜在的融资渠道。
⑨预期的来自私营运营商的合作程度。
⑩列出主要利益相关群体,包括组织或者个人。
⑪潜在的设计特征(车站、专用道、终点站、车辆、售检票系统等)。

(2) 预可行性研究

预可行性研究工作通常是在城市评估公共交通改善方案时的探索性阶段。因此,预可行性研究中 BRT 系统可能只是作为众多公共交通模式的一种选择。在很多情况下,将预可行性研究工作内容定位为最终获得政府对公共交通改善措施的政治支持。预可行性研究阶段可能包括以下几个工作方面：

①确定主要交通运输走廊。

②前期的客流数据摘要和大运量运输相关研究。

③粗略估计一种新的运输系统带来的潜在效益（对交通、经济、环境、社会公平和城市形态的影响）。

④对其他城市现有系统的考察和技术访问。

⑤仿真录像或者建立模型，显示未来的新系统与本地情况如何结合的效果。

因此，预可行性研究阶段通常不包括很多的设计和分析工作。但是其结果往往会决定交通改善项目能否赢得政治支持要素。

(3) 可行性研究

可行性研究通常包括下列要素：

①项目的大概规模（如走廊长度等）。

②预测的使用新系统的乘客需求。

③初始的造价估算。

④系统在经济上的节省效益估计（时间节省、燃料使用减少、排放量减少和健康效益等）。

可行性研究工作也许会对多种公共交通运输模式进行比较，包括增强型的公交服务、快速公交 BRT、轻轨（LRT）等。每一种技术手段都需要经过本地运营状况、设计需求和融资能力的检验。

(4) 交通需求建模

预测的乘客需求数字将影响系统规模的决策，其通常贯穿于 BRT 规划的各个阶段。

(5) 利益相关者分析和沟通计划

一个新的集运系统意味着一系列引人注目的改变，包括对城市形态的改变，对本地经济竞争力的影响以及运输行业的运营和就业情况。对许多人来说，这样大的变化会引人注目，甚至引起公然反对。需要制订与关键群体之间的沟通计划（如现有的运营商、小车车主和政府部门），以确保决策过程公众知情。

(6) 详细的 BRT 规划设计

其涵盖 BRT 工程的各方面内容，该部分规划内容的重点是运营设计、物理设计和与其他交通方式的整合。

(7) 商业和制度规划

该规划将确定公共部门和私营部门之间的合同关系和架构。在商业规划中多花费一点努力就可以为私营部门和运营商提供足够的刺激和动力来维持高质量的乘客服务。

(8) 详细工程设计

一旦决定了 BRT 规划中的各物理设计层面，就可以开展详细的工程设计。利用特定的软件辅助设计工具，工程设计人员可对系统各物理细节进行设计。

(9) 融资规划

尽管绝大多数城市都负担得起 BRT 系统建设费用，有些城市仍然可能将外部融资渠道作为备选方案。

2)公共交通调查

现状调查调研是获取公交运行数据,掌握现状公交运行状况的重要手段。通过现状调查与分析,可以达到以下目的:

①识别现状主要公交走廊情况。

②了解主走廊内设施供给分布,现状供需缺口,并支撑快速公交网络布局的构建。

③验证走廊内各公交设施所能承担的运能及站点集散能力。

④了解试验线路建设条件,找出实施关键点与建设模式相互校核。

公共交通调查主要包括居民出行调查数据,公共交通(轨道、常规公交)运行数据、公交卡数据等(图2-19),力图从不同角度掌握公共交通运行状况。

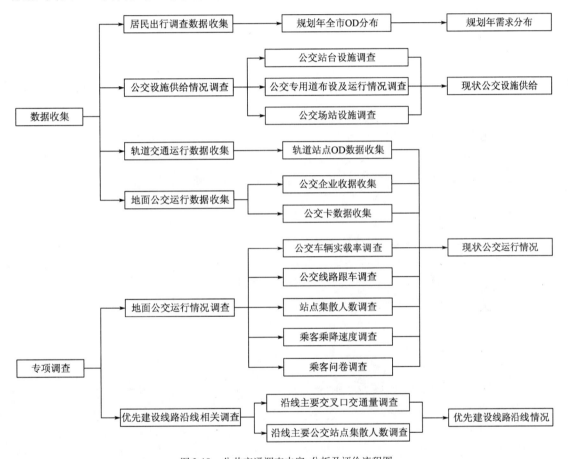

图 2-19 公共交通调查内容、分析及评价流程图

(1)主要公交走廊情况设施供给情况调查

对主要公交走廊的公交设施进行排查,摸清现状公交设施的供给情况,包括公交专用道的设置情况、深港湾车站的设置情况、多级子站台的设置情况等。

(2)现状主要公交走廊公交运行情况调查

调查内容主要包括公交车辆实载率调查、公交车辆跟车调查、主要公交站点集散人数调查、乘客乘降速度调查、公交站点及车内乘客问卷调查。

①公交车辆实载率调查

观测早晚高峰时段途经断面公交车辆数量及车辆实载率,掌握客流变化情况。

②公交车辆跟车调查

通过记录车辆到达各个站点的时刻以及各个站点上下客人数计算主要公交走廊公交车辆行程车速以及线路客流分布特征。

③主要公交站点集散人数调查

选取公交热点区域,调查高峰时段站点上下车乘客数量,调查站点宜分布在商业区、办公区、大型居住区、换乘枢纽等不同类型区域。

④乘客乘降速度调查

选取不同售票模式、不同车站及不同类型的公交车辆,详细记录车辆进出站全过程的每个时间段以及各个车门的上下客人数,从而测算乘客的平均上下车速度。

⑤公交站点及车内乘客问卷调查

调查内容主要包括乘客平均候车时间、到达公交站点步行距离、公交站点距离出行目的地距离、对候车环境的满意程度、对车内环境的满意程度、对出行时间的满意程度、选择公交出行的主要原因等问题。

(3)优先建设线路沿线相关调查

对优先建设线路的道路情况、沿线开发情况进行实地踏勘。组织调查沿线交叉口以及主要出入口交通流量,充分了解线路沿线道路条件及交通运行情况。

3)公共交通需求预测

(1)选择模型软件

拥有交通模型软件是建立公共交通模型的第一步。交通模型软件的发展极大的辅助了人们对交通供求情况的预测,而且既省力又精确。但随着软件种类的增多,很多设计人员不知该如何选择。当然,没有哪个软件是一定正确的,一系列的不同情况将主导软件选择过程。比如市政人员和当地专家对哪个软件更熟悉,软件的操作难度,精确程度和模型的总体目标等。表2-14列出了目前市面上常用的软件。

**交通模型软件的选择** 表2-14

| 软件名称 | 销售商 | 评价 |
| --- | --- | --- |
| Emme/2 | INRO Consultants Inc. | 总体较好 |
| Cube/Trips | Citilabs | 总体较好 |
| TransCAD | Caliper Corporation | 容易使用,与GIS整合较好 |
| Visum | Ptv/ITC | 总体较好 |
| Amsun2 | | 适用于交叉口设计微观仿真模型 |
| Paramics | SIAS | 小型软件,对于交通设计仿真非常有用 |
| Vissim | Ptv | 小型软件,仿真功能号,与VISUM很好地整合 |
| QRS Ⅱ | AJH Associates | 造价低但是在PT分配上功能弱 |
| TMODEL | TModel Corporation | 造价低但是在PT分配上功能弱 |
| aturn | Atkins-ITS | 对于拥堵车辆分配功能好,但是无PT分配功能 |

一般规划设计 BRT 系统最强大的软件是 Emme/2，Cube/Trips，Visum 与 TransCAD 的紧密结合。有些有经验的人喜欢用 Emme/2，因为它很灵活，更容易写子程序，也叫做宏命令，但是 Emme/2 没有视窗界面（还在开发中），而且制图功能较差。越来越多的设计顾问人员现在将 Emme/2 和有很好 GIS 能力的软件结合起来使用，比如 TransCAD，Saturn，TMODEL，QRSII。但是这些软件或是没有公共交通分配软件包，或是建立公共交通模型的功能弱，所以不建议在 BRT 规划中使用。

Amsun2，Paramics 和 Vissim 可以高度模仿出行状况，特别是车辆的。这些都是主要研究路口和车站时间延误的很好软件。这些软件只能用来建立大的客流需求模型，不适宜用来分析 BRT 线路。

(2) 确定系统区域和研究区域

通常研究 BRT 系统的区域就是目前已有公交及辅助客运系统的区域。如果决策者已经事先选好了第一条 BRT 走廊，那么这条走廊沿线区域就是研究的区域。

为了分析研究范围的出行特征，整个区域，甚至某些区域超出了研究区域，都需要划分为若干小区(图 2-20)。由于要将所有的出行起点和终点的数据都进行采集和在该分区系统中进行编码，所以建立这些小区是最重要的第一步。通常小区划分是以人口普查区或既有的人口普查时或者之前出行调查时采用的行政分区为基础。使用人口调查或者既有行政分区的好处还在于能够增加这些不同类型数据的兼容性。

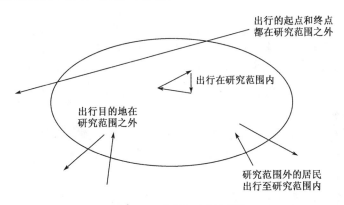

图 2-20　待研究区域示意图

然而，建立模型需要的数据与人口调查需要的数据不完全相同。后者有时将各人口调查区域合并成较大分区，有时将其分为几个更小的分区。建立交通模型通常不需要考虑研究区域以外的地方，所以设计者通常会将这些以外的地方划分为几个大区域。这种合并只是简单需要将各区的数据相加即可做到。

通常模型设计者需要关于市中心区域及拟建 BRT 走廊沿线的较为详细信息。所以他们有时会根据可得到的人口调查数据，或是通过看航拍图片做出的判断，将人口调查区域细分为几个更小的区域。有时，人们生活和上班的地方会集中在几个地方，这时进行区域细分就十分重要，以便将这种地理上的集中区域显现出来。

应该划分为多少小区，每个区应该多大，在做这样的决定时需要在准确性、时间和成本三者间进行权衡。小区划分的数量和规模也与数据的收集及使用方式有关。比如在雅加达，修建 BRT 系统时需要将走廊沿线分为 500 个区域进行研究。在小一些的城市只要 300 个分区就够了。

表 2-15 列出了不同城市划分小区的数量。值得注意的是,有些城市,如伦敦,为了粗略或者精确分析的不同需要,将城区分为几个不同等级的分区。

**模型研究通常需要划分的区域数量** 表 2-15

| 地 点 | 人口(百万) | 分区数目 | 备 注 |
| --- | --- | --- | --- |
| 波哥大(2000 年) | 6.1 | 800 | BRT 项目 |
| 雅加达(2002 年) | 9.0 | 500 | 正常分区 |
| 伦敦(1972 年) | 7.2 | 2252<br>~1000<br>~230<br>52 | 精确分区<br>GLTS 正常分区<br>GLTS 分区<br>交通行政区 |
| 马赛(2001 年) | 1.5 | 562 | 正常分区 |
| 蒙特利尔岛(1980 年) | 2.0 | 1260 | 精确分区 |
| 渥太华(1978 年) | 0.5 | ~120 | 正常分区 |
| 圣地亚哥(1986 年) | 4.5 | ~260 | 分区,策略性研究 |
| 华盛顿(1973 年) | 2.5 | 1075<br>134 | 正常分区<br>区级 |

(3)交通模型结构

交通模型是利用数学模型来模拟出行的特性,主要包括对分区出行量、出行空间分布、出行方式划分和道路的交通状况的模拟以及评价模型。通过对出行的模拟和分析,可以了解居民出行与道路交通及土地利用的关系,正确分析未来交通需求状况,测试评价方案的合理性,制订合理的交通发展策略。

模型系统在公交出行(包括轨道公交出行方式)方面做了深入全面的研究,其中包括了轨道服务对总体出行特征诸如出行分布和主要方式划分(即选择小汽车/出租车或公交)的影响。交通模型体系主要包括以下内容:

①交通小区及道路网络模型

交通小区及道路网络是以数据的形式对实际的道路网络进行模拟,是交通模型的重要基础。小区划分的大小及界线、道路网络的范围和路段参数能够直接影响交通模型的准确性和真实性。

②土地利用与出行端点模型

根据各交通小区的土地利用情况预测该小区的出行发生量和吸引量。出行发生量和吸引量主要与土地开发类型、居住人口数、岗位数等因素有关。

③出行分布模型

出行矩阵是指各类小区间的出行数量矩阵。

④出行分配模型

出行分配是指将各区之间出行量分配到道路网络上,得到路网的模拟交通量。为了保证模型预测的准确性,需要比较分析分配流量和观测流量,并对模型进行反复校正。建立并核对好交通模型后,依据未来环境的改变修改相应的参数,就可以对未来路段的流量做出预测。交通预测模型框架图如图 2-21 所示。

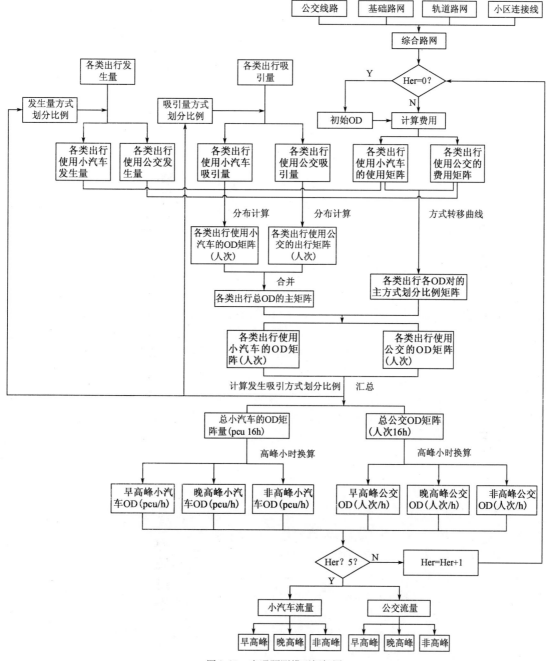

图 2-21 交通预测模型框架图

(4)发生吸引模型

①出行分类

出行分类是建立模型的关键一步,影响居民出行的主要因素包括户口类型、小汽车拥有情况、收入、所处区位、出行目的,如果将所有这些因素一一进行交叉分类,总出行分类将达到上百种,模型会变得非常复杂,难以把握和操作,经过反复的分析比较和简化,通常可定义 7 类出行,并贯穿于建模的前三个阶段(发生、分布和主要方式划分)。这 7 类出行(按出行目的划分)由如下 6 类基于家的出行及一类特殊的集体户居民的出行组成:

  a. HBWL:基于家庭的工作出行(低收入家庭)。
  b. HBWM:基于家庭的工作出行(中收入家庭)。
  c. HBWH:基于家庭的工作出行(高收入家庭)。
  d. HBS:基于家庭的上学出行。
  e. HBO:基于家庭的其他出行。
  f. NHB:非基于家庭的出行。
  g. COL:集体户居民的出行。

基于家的出行,根据"小车拥有"情况又被划分为两类:

a. 拥有小车家庭成员的出行(CA)。即家中成员至少拥有一辆私家车或一辆公司车的住户的出行(摩托车未在此类)。

b. 没有小车家庭成员的出行(NC)。即家中成员没有私家车或公司车的住户的出行。

总而言之,根据出行目的(7 类)和小车拥有情况(2 类)共划分出 13 种出行。集体户(COL)的出行均被划归到没有小车出行类。

上述分类已经基本可以反映居民收入、居住类型、机动车拥有、出行目的等因素对居民出行的影响。此外,为了考虑区位的影响,我们还将全市按出行强度分为八大类区域,并根据各区域出行强度的差异,采用相应的修正系数。

②发生模型

影响出行生成的主要因素包括:城市发展水平与城市化进程;小汽车拥有率;居民收入;家庭人口构成(就业人口、学生、其他)。发生模型通常通过交叉分类,计算各类出行的机动化出行总量模型公式如下:

$$P_i = \sum_{j=1}^{m}(p_{ij} \cdot \sum_{k=1}^{n}\alpha_{ijk}) \qquad (2\text{-}13)$$

式中:$P_i$——$i$ 区的总发生量;

  $p_{ij}$——$i$ 区 $j$ 类人口数;

  $\alpha_{ijk}$——$i$ 区 $j$ 类人口 $k$ 出行目的的机动化出行率。

③出行吸引模型

出行吸引量按如下方式分类进行预测:基于家的工作出行吸引根据就业区的位置进行计算,基于家的其他出行(HBO)、非基于家的出行(NHB)吸引将根据商业和办公区的分布进行计算,基于家的上学出行(HBS)根据学位分布进行计算。一般地,中心区或次中心区的岗位吸引率会高于其他地区,因此,在吸引量计算过程中,根据吸引强度采用不同的参数进行计算。

出行吸引模型公式如下:

$$A_i = \sum_{j=1}^{m}(E_{ij} \cdot \alpha_j \cdot W_{ij}) \qquad (2\text{-}14)$$

式中:$A_i$——$i$ 区的基家工作、基家其他和非基家吸引总量;

  $E_{ij}$——$i$ 区 $j$ 类工作岗位数;

$\alpha_j$——$j$ 类工作岗位平均机动化吸引率;

$W_{ij}$——$i$ 区 $j$ 类工作岗位吸引权重。

(5) 出行分布模型

出行分布模型是根据各交通小区的出行产生量、吸引量计算各小区间的出行交换量,得到出行的 PA 矩阵。

出行分布模型基本上可分为两大类:增长系数法和综合法。增长系数法是基于现状出行起终点的一种增长趋势模型。综合法则是将出行空间阻抗因素与地区特性一并考虑的一种概率模型。综合分布模型可以根据广义的出行阻抗的定义,通过分析现状的出行分布与广义出行阻抗之间的综合关系,把不同的规划对策和各种交通系统改善方案以及出行费用等考虑进去。最广泛使用的出行综合分布模型就是重力模型。该模型假定两小区之间的出行量与起点小区的发生量和终点小区的吸引量成正比,而与起点小区到终点小区的阻抗成反比。小区之间的出行阻抗通常指距离或出行时间等。通常使用广义的出行阻抗(综合行程费用效用)重力模型来计算出行分布。

综合行程费用效用重力模型公式如下:

$$P_{\text{OD}} = \frac{\text{FF} \cdot \text{GC}^a \cdot e^{b\text{GC}}}{\sum \text{FF} \cdot \text{GC}^a \cdot e^{b\text{GC}}} \tag{2-15}$$

式中:$P_{\text{OD}}$——某一 OD 对分布量占总发生量的比例;

FF——与距离相关的阻抗(min);

GC——综合行程费用效用(min,包括时间和金钱花费);

$a$——需标定的参数;

$b$——需标定的参数。

其中综合行程费用效用的函数形式为:

$$G_C = G_T + G_C \tag{2-16}$$

式中:$G_T$——行程时间(min);

$G_C$——行程费用(min),计算公式见式(2-16)。

$$G_C = \frac{kC}{\text{VOT}} \tag{2-17}$$

式中:$C$——付费现金;

VOT——时间价值;

$k$——缩放系数。

(6) 方式划分模型

方式划分模型按其在交通量预测模拟程序的不同组合位置,可以分为四种类型:

① 与出行生成模型结合,即一开始就按不同的交通方式统计各自的出行生成量。

② 在出行生成和出行分布之间进行交通方式划分,即假定出行生成量和交通方式暂时没有关系,而在计算出行分布之前先完成划分工作。

③ 与出行分布模型结合,即把交通方式划分作为出行分布程序的一部分与分布模型同时进行。

④ 在出行分布和交通分配之间进行交通方式划分,即在交通分配之前完成交通方式划分。

(7)出行分配模型

推算出未来年高峰时段车辆的出行矩阵后,便需要将各小区间的出行分配在道路网上,最终得到各路段的车辆流量及转向数据。

交通分配的核心问题是路线选择,不同的路线选择原则得出不同的交通分配模式。交通分配模式一般分为平衡分配和非平衡分配两大类。目前应用较多的平衡分配主要包括两种分配模式,即系统最优和用户平衡。这两种模式都源于 Wardrop 提出的两个流量分配原理。其中系统最优原理假定驾驶员为系统利益而合作,使系统总行程时间最小;而用户平衡原理则定义为:在交通网络中的用户了解网络全部状态并且总是选择对自己费用最小的路线。达到平衡状态时,任意 OD 之间,各条被使用的路线的费用相等且不大于未被使用路线的费用。

小汽车和公交出行的费用计算方法分别简述如下。

①小汽车的出行费用

小汽车的出行费用除了取决于行程时间的道路路阻之外,还包括道路收费和运行费用。运行费用是根据道路长度计算出油耗等指标,再转换为以分钟计的费用,道路收费则按路网模型设定计算。

有关金钱费用要根据时间价值换算成时间费用,对不同收入等级存在不同的转换系数。需要首先按中等收入将其换算成时间,再做三次附加选项分配,分别得到这三部分的时间费用,然后再将其换算回金钱费用。最后,计算不同收入等级的时间费用。

②公交(PT)方式的出行费用

公交车行程时间计算方法为:按小汽车在道路上的行驶时间乘以 1.2 计算公交车的行驶时间,然后对没有公交专用道的大巴,每个车站加 1.2min 延误,有公交专用道的,每个车站加 1min 延误,对中巴每个车站加 1min 延误计算新的车速。

综合费用的计算过程与小汽车相似,通过三次公交附加分配得到总时间费用、上车费用(车票)。在总时间费用中,已包括了候车时间、车内行驶时间。

$$公交出行费用 = 总时间费用 + 上车费用(车票) \qquad (2\text{-}18)$$

## 2.3 本章小结

整体上,管控车道规划是一系列相互协调、相互联系的策略、过程和活动,其可能通过历经几年甚至几十年的项目或行动来执行。项目的执行次序必须明确。第一步是要审核区域交通规划,找出短期、中期和长期的管控车道运营管理优先项目,然后以此为出发点评价各个运营管理项目的成本和效益,确定是否有阻碍执行的体制或技术问题。此外,评价应考虑到每一个项目的资金可得性、机构和公众的支持,以及其他会影响项目实施次序的关键因素。然后设计项目和行动(例如:计划准备、详细说明、评估和其他合同文件/工作命令),随后执行(包括整合、测试和验收活动,员工培训和文件提供),使管控车道运营管理规划真正实施。

# 第3章 几何设计

本章主要介绍管控车道的几何设计。给出了管控车道几何设计中常见的考虑因素,但并不对每种特殊情形给出特定值。研究了美国得克萨斯州、加利福尼亚州和联邦公路局对管控车道的几何设计要求,并与国内道路几何设计要求进行了对比分析。

## 3.1 概 述

管控车道一般作为常规道路的一部分,或与常规车道平行布置,其几何设计的设计要素、设计标准和控制要素等通常与常规车道的要求相同。国外多个州都规定,管控车道的几何设计要求基本与常规道路设计要求一致,但当无法满足常规道路设计要求时,在保证安全的前提下可降低设计要求,并应取得相关部门许可。

管控车道增加了车道类型、收费标准、准行人员数、准行车辆、开放时间等多种通行相关信息,当在原有道路上划分车道作为管控车道时,原几何设计可能不满足管控车道的特殊要求,因此原有道路设计要素并不完全适用,可将原设计特征进行折减。

原理想设计标准包含了所有的最佳设计要素,通常反映了满足设计规范的永久设施或新设施的要求。当因路权或其他限制而无法满足原设计标准时可使用折减特征进行设计。但折减设计并非永久设施的理想设计情形,而是基于可靠设计经验根据具体情形考虑的。折减设计的重点在于使用更严格的管控措施以弥补几何设计的折减。本章中给出的折减值并非标准值,设计人员应根据实际情形具体分析。

管控车道必须同时考虑设计和运营。路权等条件标示了设计范围,但也可能限制了运营措施的类型。为了提高管控车道的整体利用率,关键是对设计的所有因素进行详细分析,最终得出优化设计。管控车道的设计可分为完整设计和折减设计,完整设计中各设计要素均符合要求,仅需要少量运营设施,而折减设计中某些要素低于设计要求,因此更加重视运营措施。图3-1 表示设计和运营共同组成有效管控车道的关系。

表3-1 列出了对管控车道进行完整设计和折减设计时分别应采取的运营措施。折减设计必须符合地方规范、国家规范和实际情形,并在每个设施处标明桩号。

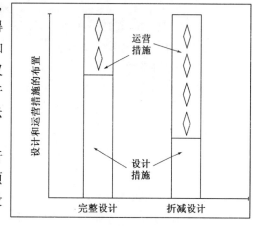

图3-1 管控车道设施中设计和运营的平衡

完整设计和折减设计的运营措施　　　　表 3-1

| 设计标准 | 运营措施水平 | 运营措施示例 |
|---|---|---|
| 完整设计 | 低 | 1. 尽量减少强制措施；<br>2. 警察、公交驾驶员、巡逻车或管理人员的视野开阔；<br>3. 驾驶员使用手机打出的电话；<br>4. 路侧公用电话的汇报；<br>5. 商业交通信息的汇报；<br>6. 不需要车流信号控制；<br>7. 统一限速设置 |
| 折减设计 | 高 | 1. 完整设计的所有项；<br>2. 自动车辆识别（AVI）或车辆感应探测器；<br>3. 闭路电视照相机；<br>4. 高级运输管理系统或综合运输管理系统；<br>5. 管控车道宽度较小时，限制了转弯半径的专用拖车；<br>6. 信息可变的标志牌（CMSs）（即电子显示屏）；<br>7. 入口的匝道信号控制；<br>8. 重要的强制措施；<br>9. 在瓶颈处设置较低的限速值 |

表 3-1 表明，当使用完整设计标准时，可通过肉眼观察、机动车驾驶员用手机打电话、路侧电话亭汇报或商业交通信息汇报等方式监控管控车道的交通状况。当使用折减设计时，除上述手段外，还需要更多的 ATMs 或 ITMs 技术。当标准设计要求降低时（如减少管控车道宽度），也可使用特殊或专用拖车以保证通行顺畅。图 3-2 给出了得州休斯敦市 US 290 号公路某护栏隔离潮汐管控车道宽度减少时前方设置的信号标牌。

图 3-2　得州休斯敦市 US 290 号公路护栏隔离车道的宽度折减

## 3.2　设　计　车　型

道路上通行车辆的物理和运行特征是管控车道设计的关键控制因素。因此，需测试所有类型车辆，建立通用的分类体系，并根据设计在每种分类中选择合适的代表车型。设计车型所选的均为具有代表性质量、尺寸和运行特征的车辆，用于为指定车辆分类并建立公路设计控制体系。几何设计时,每种设计车型比同类型的大多数车辆具有更大的物理尺寸和更长的最小转弯半径。

设计车型直接影响不同管控车道的几何设计。加速和减速车道以及转弯半径应基于公交或其他较大设计车型设计,线形应基于小汽车的停车视距设计。通常不根据较大设计车型进行线形设计,因为这些车辆驾驶员的视线较高,视距较远。但在长下坡视线受限处应根据较大设计车型进行竖向线形设计,因为此时大型车辆的速度可能会超过小汽车。

当管控车道在非高峰期或事故管理时可行驶通用车型,则应使用半挂车作为设计车型。此外,当管控车道可能行驶卡车时,应确保所有设施(包括入口和出口)的位置和平曲线均按半挂车车型设计。

表 3-2 为得州的管控车道设计车型。

**得州管控车道设计车型尺寸**(单位:m)　　　　　　　　　　　　　　表 3-2

| 设计车型(符号) | 总高 | 总宽 | 总长 | 悬挂 前 | 悬挂 后 | 轴距 WB1 | 轴距 WB2 |
|---|---|---|---|---|---|---|---|
| 小汽车(P) | 1.3 | 2.1 | 5.8 | 0.9 | 1.5 | 3.4 | — |
| 小货车 | 2.0 | 2.3 | 5.2 | 0.7 | 1.2 | 3.2 | — |
| 城际大巴①(公交-40 或公交-12) | 3.7 | 2.6 | 12.2 | 1.8 | 1.9* | 7.3 | 1.1 |
| 城际大巴①(公交-45 或公交-14) | 3.7 | 2.6 | 13.7 | 1.8 | 2.6* | 8.1 | 1.2 |
| 市内公交①(市内公交) | 3.2 | 2.6 | 12.2 | 2.1 | 2.4 | 7.6 | — |
| 铰接公交①(A 公交) | 3.4 | 2.6 | 18.3 | 2.6 | 3.1 | 6.7 | 5.9 |
| 州际半挂卡车②(WB-67 或 WB-20**) | 4.1 | 2.6 | 22.4 | 1.2 | 1.4~0.8* | 6.6 | 13.2-13.8 |

注:①悬挂从串轴的后轴算起。
　　②为 1982 年路面交通援助法案(STAA)中追溯授权的挂车 16.2m 的设计车型。
　　*实际精确尺寸可能根据车辆制造商不同。
　　**管控车道允许卡车通过时,应选择合适的设计车型。

AASHTO 绿皮书中将设计车型分为 4 种:小汽车;公交车;卡车;游艺车。小汽车包括以下类型:运动型轿车、SUV、商务车、小货车和轻型货车。公交车包括长途客运车(大客车)、市内公交车、校车和铰接式公交车。卡车包括单厢卡车、牵引车半挂车的组合卡车、带半挂车和全挂车组合的牵引卡车。游艺车包括房车、拖房车的小汽车、拖船的小汽车、拖船的房车和拖车的房车。当公路上允许行驶自行车时,还应将自行车作为设计车型。

AASHTO 绿皮书中一般将标准公交车、铰接公交车、合乘小汽车和班车作为主要的允许设计车型。

表 3-3 给出了 AASHTO 绿皮书的 20 种设计车型尺寸。在道路设计中,应考虑行驶概率较高的最大的设计车辆,或特定位置处具有特殊特征的设计车辆,以确定平交处的半径和道路转弯半径等关键设计要素。选择设计车型时还可考虑以下因素:

(1)当主要交通汇向停车场时,可选择小汽车。
(2)对于住宅街道和公园道路的平交设计,可使用双轴单厢卡车。
(3)对于汇集街道和其他可能通行较大单厢卡车的车道,可使用三轴单厢卡车。
(4)州际公路和城市道路相交处,指定用于公交行驶而非大型卡车的车道,可使用城市公交车。

**AASHTO 绿皮书设计车型尺寸**

表3-3

| 设计车型 | 符号 | 整体 高 | 整体 宽 | 整体 长 | 悬挂 前 | 悬挂 后 | 尺寸（m） $WB_1$ | $WB_2$ | $S$ | $T$ | $WB_3$ | $WB_4$ | 主轴与后串轴中心距离 |
|---|---|---|---|---|---|---|---|---|---|---|---|---|---|
| 小汽车 | P | 1.30 | 2.13 | 5.79 | 0.91 | 1.52 | 3.35 | — | — | — | — | — | — |
| 单厢卡车 | SU-9 | 3.35~4.11 | 2.44 | 9.14 | 1.22 | 1.83 | 6.10 | — | — | — | — | — | — |
| 单厢卡车（三轴）| SU-12 | 3.35~4.11 | 2.44 | 12.04 | 1.22 | 3.20 | 7.62 | — | — | — | — | — | — |
| 公 交 车 ||||||||||||||
| 长途客车（大客车）| BUS-12 | 3.66 | 2.59 | 12.36 | 1.93 | 2.73[①] | 7.70 | — | — | — | — | — | — |
| 长途客车（大客车）| BUS-14 | 3.66 | 2.59 | 13.86 | 1.89 | 2.73[②] | 8.69 | — | — | — | — | — | — |
| 市内公交车 | CITY-BUS | 3.20 | 2.59 | 12.19 | 2.13 | 2.44 | 7.62 | — | — | — | — | — | — |
| 传统校车（65 pass.）| S-BUS 11 | 3.20 | 2.44 | 10.91 | 0.79 | 3.66 | 6.49 | — | — | — | — | — | — |
| 大校车（84 pass.）| S-BUS 12 | 3.20 | 2.44 | 12.19 | 2.13 | 3.96 | 6.1 | — | — | — | — | — | — |
| 铰接公交车 | A-BUS | 3.35 | 2.59 | 18.29 | 2.62 | 3.05 | 6.71 | 5.91 | 1.89[②] | 4.02[②] | — | — | — |
| 组 合 卡 车 ||||||||||||||
| 中级半挂车 | WB-12 | 4.11 | 2.44 | 13.87 | 0.91 | 1.37[①] | 3.81 | 7.77 | — | — | — | — | 7.77 |
| 州际半挂车 | WB-19* | 4.11 | 2.59 | 21.03 | 1.22 | 1.37[①] | 5.94 | 12.5 | — | — | — | — | 12.50 |
| 州际半挂车 | WB-20** | 4.11 | 2.59 | 22.40 | 1.22 | 1.37[①] | 5.94 | 13.87 | — | — | — | — | 13.87 |
| "双底"半挂车/挂车 | WB-20D | 4.11 | 2.59 | 22.04 | 0.71 | 0.91 | 3.35 | 7.01 | 0.91[③] | 2.13[③] | 6.86 | — | 7.01 |

续上表

| 设计车型 | 符号 | 整体 | | | 悬挂 | | 尺寸 (m) | | | | | | 主轴与后串轴中心距离 |
|---|---|---|---|---|---|---|---|---|---|---|---|---|---|
| | | 高 | 宽 | 长 | 前 | 后 | WB₁ | WB₂ | S | T | WB₃ | WB₄ | |
| 落基山双半挂车/挂车 | WB-28D | 4.11 | 2.59 | 29.67 | 0.71 | 0.91 | 5.33 | 12.19 | 1.37 | 2.13 | 6.86 | — | 12.34 |
| 三半挂车/挂车 | WB-30T | 4.11 | 2.59 | 31.94 | 0.71 | 0.91 | 3.35 | 6.86 | 0.91④ | 2.13④ | 6.86 | 6.86 | 7.01 |
| 收费公路双半挂车/挂车 | WB-33D* | 4.11 | 2.59 | 34.75 | 0.71 | 1.37① | 3.72 | 12.19 | 1.37⑤ | 3.05⑤ | 12.19 | — | 12.34 |
| 游艺车 | | | | | | | | | | | | | |
| 房车 | MH | 3.66 | 2.44 | 9.14 | 1.22 | 1.83 | 6.10 | — | — | — | — | — | — |
| 挂车为房车 | P/T | 3.05 | 2.44 | 14.84 | 0.91 | 3.66 | 3.35 | — | 1.52 | 5.39 | — | — | — |
| 挂车拖船 | P/B | — | 2.44 | 12.8 | 0.91 | 2.44 | 3.35 | — | 1.52 | 4.57 | — | — | — |
| 房车后拖船 | MH/B | 3.66 | 2.44 | 16.15 | 1.22 | 2.44 | 6.10 | — | 1.83 | 4.57 | — | — | — |

注：1. 由于车辆制单位提供并制造，表中的公制单位已由英尺换算为米，1982年在路面交通援助法案（STAA）中采用。
2. *挂车为14.63 m的设计车型，1982年在路面交通援助法案（STAA）中特许采用。
3. **挂车为16.15 m的设计车型，1982年有效车辆轴距，从前向后依次排列。
4. WB₁，WB₂，WB₃和WB₄为有效铰接点的距离。
5. S为后轴到牵引点到或铰接点的距离。
6. T为牵引点到铰接点的距离面下一轴的中心或后串联轴中心的距离。
① T为后轴到串联轴的悬挂长度。
② 组合尺寸为5.91 m，且清晰截面为1.22 m宽。
③ 组合尺寸为3.05 m。
④ 组合尺寸为3.05 m。
⑤ 组合尺寸为3.81 m。

AASHTO 中主要根据交通量和道路类型确定设计车型。当公路与低交通量的乡村公路或交通量低于 400ADT 的镇/当地道路相交时，可根据预计用途使用大校车(84 座)或传统校车(65 座)作为设计车型。校车也可用于某些郊区街道平交的设计。

对于高速公路匝道终点处与主路的交叉，或对于州公路与承载大量交通工业街的交叉，或对于大型卡车的出入口，通常可使用 WB-20 卡车作为最小设计车型。设计转弯性能时可使用 WB-19，但当考虑车辆总长时应使用 WB-20，例如可用于计算公铁平交处的视距。

AASHTO 还超前研究开发了若干大于以上所列的特殊设计车型，总长可达 39.41m。当前卡车交通的设计还不需要这些较大设计车型。但当在特定场合需要使用这些设计车型时，其尺寸和转弯性能可参见 NCHRP 报告 505。

加利福尼亚州还考虑了摩托车进入 HOV 车道行驶的可能，1982 年出版的联邦路面交通援助法案(STAA)中允许摩托车在 HOV 车道上行驶，但要保证不会出现安全风险。如果工程分析表明摩托车在 HOV 车道上会比在混流车道上行驶产生更大的安全隐患，则应考虑限制摩托车在 HOV 车道上行驶。根据联邦公路管理条例，禁止摩托车行驶需美国交通部的批准，建议各地区应向交通运营总部咨询相应情况。

中国尚未规定管控车道对应的特定设计车型，但可参照公路或市政标准进行对比，如《公路工程技术标准》(JTG B01—2014)的 3.2 章规定了公路工程的设计车型，尺寸见表 3-4。

《公路工程技术标准》(JTG B01—2014)设计车型尺寸(单位:m)　　　　表 3-4

| 车辆类型 | 总长 | 总宽 | 总高 | 前悬 | 轴距 | 后悬 |
|---|---|---|---|---|---|---|
| 小客车 | 6 | 1.8 | 2 | 0.8 | 3.8 | 1.4 |
| 大型客车 | 13.7 | 2.55 | 4 | 2.6 | 6.5+1.5 | 3.1 |
| 铰接客车 | 18 | 2.5 | 4 | 1.7 | 5.8+6.7 | 3.8 |
| 载重汽车 | 12 | 2.5 | 4 | 1.5 | 6.5 | 4 |
| 铰接列车 | 18.1 | 2.55 | 4 | 1.5 | 3.3+11 | 2.3 |

注：铰接列车的轴距(3.3+11)m：3.3m 为第一轴至铰接点的距离，11m 为铰接点至最后轴的距离。

## 3.3　设 计 车 速

设计车速定义为："用于对道路某段规定最小几何设计要素的车速"。这些设计要素包括竖曲线、平曲线和视距。其他因素如路面和路肩宽度、侧向净距等通常与设计车速无直接关系。

选择设计车速的影响因素包括地形特征、经济、环境、交通量类型、道路功能类别以及位于农村或城区。平原或丘陵道路的设计车速大于山区。此外，景观也可作为选择设计车速的考虑因素。

所选设计车速应与道路预计行驶车速一致。驾驶员会根据其对道路物理条件的预期和交通量调整行驶速度。当限速原因很明显时，驾驶员比无明显限速原因时更易于接受较低的设计车速。

在相同地形条件下，承载较大交通量的道路比较少交通量的道路有更高的设计车速，尤其是当车辆运营和其他的成本节省足以补偿路权和建造增加的成本时。但是，当地形条件使驾驶员倾向以较高车速行驶时,不应对二级公路使用较低设计车速。

根据以上考虑,应尽可能使用较高设计车速。当道路任意截面的设计车速为定值时较为理想。但在项目的施工图设计阶段,在工程、经济、环境或其他方面可能因特殊情形无法按设计车速确定的最小要素进行设计。最易出现的情形为部分或主要水平视距的限制,例如由桥护栏、桥柱、挡土墙、声屏障、边坡和中分带护栏产生的限制。

大多数情况下,管控车道和相邻常规车道的设计车速相同。但是由于管控车道设施的几何或其他限制,管控车道的设计车速可能低于相邻常规车道。管控设施的设计车速与受设施限制的最大车速有关,《得州管控车道手册》规定应能满足大多数驾驶员需求(例如最大车速的85%)。

得州公路设计手册(RDM)表明,高速公路的设计车速应反映了非高峰时段的运营条件,表3-5给出了理想的和最小的设计车速。表3-6总结了NCHRP HOV体系手册中不同类型管控车道的设计车速,这是针对潜在设计车速的一般规定。但是,特殊管控设施的设计车速还应考虑使用人群、在线或离线工作站的使用、坡度以及当地条件。

管控设施入口设计车速(单位:km/h) 表3-5

| 设　　施 | 理想设计车速 | 最小设计车速 |
| --- | --- | --- |
| 主线—市区 | 110 | 80 |
| 主线—郊区 | 110 | 110 |

管控车道设施的设计车速示例(单位:km/h) 表3-6

| 管控车道类型 | 理想设计车速 | 折减设计车速 |
| --- | --- | --- |
| 护栏隔离 | 110 | 80 |
| 同向车流 | 100 | 80 |
| 反向车流 | 80 | 50 |

匝道或直接连接的设计车速应与平交口或临街道路的设计车速直接相关。根据RDM,匝道连接的设计应保证车辆离开或进入高速公路时的车速至少不小于高速公路设计车速的50%(70%为常用,80%为理想),且匝道的设计车速不应小于相交临街道路的设计车速。HOV车道中匝道连接的设计车速应约为主线设计车速的70%,或在55~80km/h范围内。该规定适用于上桥的跨线匝道以及连接出口匝道和当地道路。如果设置了专用的潮汐车道,则平面入口位置处可使用该规定,或根据实际位置和高速公路的运行特征设计较高的车速。

在AASHTO绿皮书中,认为城区主要道路的车辆运行速度为30~75km/h。速度下限适用于穿过住宅区的当地和合流街道以及穿过繁华商业区的主干道。速度上限适用于偏远郊区的高级主干道。对于穿过繁华商业区的主要街道,即使车辆速度较低,也需在各个交叉路口设置协调的信号控制系统。许多城市对运行速度为20~40km/h的情形规定了信号控制街道的长度。

在郊区不太拥挤的条件下,通常采用限速区或控制方式以限制较高车速。在这些区域,沿主干道的人群或交叉道路的车辆尽管不频繁,但仍要考虑与行驶车辆发生碰撞的潜在风险。当穿行驾驶员离开市区时可能逐渐加速,或当其进入市区时仍以高速行驶。根据实际情形,穿行交通应尽快通行,但也要限制车速以减少碰撞,避免影响当地交通。

标示出的限速值并非驾驶员所能行驶的最高速度。实际上，该限值通常仅为根据大量车辆样本测量的交通车速的85%。驾驶员通常可以在这85%的车速基础上浮动15km/h。如果路边限速值并非严谨确定，则不应设置限速区。此外，应根据交通工程研究确定限速区，限速区应与沿路条件和横截面一致，且应具有合理的强制能力。

AASHTO规定城区主干道的公路通常运行速度为30~70km/h。因此主干道的合适设计车速应为50~100km/h。城区主干道的设计车速应主要取决于明显交叉的空间、中分带横截面的类型、沿行车道外侧是否有路缘石和边沟以及街道入口的类型和数量。重建城区主干道通常应按至少50km/h的运行速度进行设计。

对于主干道，除高速公路以外的乡村主干道应根据地形、驾驶员期望和重建项目中现有设施的线形确定60~120km/h的设计车速。平原地区通常使用100~120km/h的设计速度，丘陵地区通常使用80~100km/h的设计速度，山区通常使用60~80km/h的设计速度，当使用较低设计速度时，应选择合适的设计因素。

高速公路的设计速度不应小于80km/h。在大多数城区高速公路上，尤其是开发中区域，可设置100km/h以上的设计速度而不需增加多少成本。当高速公路走廊带相对较直时，道路特征和立交位置可与较高设计速度一致。在这些条件下，设计速度为110km/h，更高的速度则几乎与设施的整体质量相关。对于乡村高速公路，设计速度应为110km/h。在山区，可使用80~100km/h的设计速度。

AASHTO中当地乡村道路的最小设计速度见表3-7，乡村汇流道路的最小设计速度见表3-8。

**AASHTO中当地乡村道路的最小设计速度**　　表3-7

| 地形 | 规定设计交通量(pcu/d)的设计速度(km/h) | | | | | |
|---|---|---|---|---|---|---|
| | 低于50 | 50~250 | 250~400 | 400~1500 | 1500~2000 | 2000及以上 |
| 平原 | 50 | 50 | 60 | 80 | 80 | 80 |
| 丘陵 | 30 | 50 | 50 | 60 | 60 | 60 |
| 山区 | 30 | 30 | 30 | 50 | 50 | 50 |

**AASHTO中乡村汇流道路的最小设计速度**　　表3-8

| 地形 | 规定设计交通量(pcu/d)的设计速度(km/h) | | |
|---|---|---|---|
| | 0~400 | 400~2000 | 高于2000 |
| 平原 | 60 | 80 | 100 |
| 丘陵 | 50 | 60 | 80 |
| 山区 | 30 | 50 | 60 |

加州《道路设计手册》(HDM)中规定：州路权范围内的当地街道，包括建造后会废弃的设施(如临街道路)，其最小设计车速应符合AASHTO规范的要求，符合设施的功能类别。当地机构拥有设施的管辖权时，可采用当地机构批准的规范，即使设计超出了AASHTO规范。

当本地设施连接高速公路或快速路时(如匝道终点交叉)，本地设施的设计车速最小应为55km/h。但条件允许时设计车速应为75km/h。

应尽量避免减少贯穿州路权的当地设施的设计车速，且应考虑近期设施升级或改善的所有可能。

表3-9给出了不同条件下设计车速的适用范围。

**HDM的设计车速适用范围** 表3-9

| 条 件 | 设计车速(km/h) |
|---|---|
| 限制进入类型 | |
| 山区的高速公路和快速路 | 80~130 |
| 城区的高速公路 | 90~130 |
| 乡村的高速公路和快速路 | 110~130 |
| 城区的快速路 | 80~110 |
| 传统道路 | |
| 乡村: | |
| 　平原 | 90~110 |
| 　丘陵 | 80~100 |
| 　山区 | 60~80 |
| 城区: | |
| 　干道 | 60~100 |
| 　额外开发的干道 | 50~70 |
| 当地设施(在州路权范围内) | |
| 横穿高速公路或快速路、连接传统公路或横贯州设施的设施 | AASHTO[①] |
| 连接高速公路或快速路的设施 | 55$^M$/75$^A$ |

注:1.①表示当设施位于州路权之外且未指定适用的当地标准,则最小设计车速应为50km/h。

2. M表示强制性,A表示咨询性。

我国《公路工程技术标准》(JTG B01—2014)中对设计车速规定(表3-10)如下:

(1)设计车速的选用应根据公路的功能与技术等级,结合地形、工程经济、预期的运行速度和沿线土地利用性质等因素综合论证确定,并应符合以下规定:

**《公路工程技术标准》(JTG B01—2014)设计车速** 表3-10

| 公路等级 | 高速公路 | | | 一级公路 | | | 二级公路 | | 三级公路 | | 四级公路 | |
|---|---|---|---|---|---|---|---|---|---|---|---|---|
| 设计车速(km/h) | 120 | 100 | 80 | 100 | 80 | 60 | 80 | 60 | 40 | 30 | 30 | 20 |

①高速公路设计速度不宜低于100km/h,受地形、地质等条件限制时,可以选用80km/h。

②作为干线的一级公路,设计速度宜采用100km/h;受地形、地质等条件限制,可采用80km/h。作为集散的一级公路,设计速度宜采用80km/h;受地形、地质等条件限制,可采用60km/h。

③高速公路和作为干线的一级公路的特殊困难局部路段,且因新建工程可能诱发工程地质病害时,经论证,该局部路段的设计速度可采用60km/h,但长度不宜大于15km,或仅限于相邻两互通式立体交叉之间的路段。

④作为干线的二级公路,设计速度宜采用80km/h;受地形、地质等条件限制,可采用60km/h。作为集散的二级公路,设计速度宜采用60km/h;受地形、地质等条件限制,可采用40km/h。

⑤三级公路设计速度宜采用40km/h;受地形、地质等条件限制,可采用30km/h。

⑥四级公路设计速度宜采用30km/h;受地形、地质等条件限制,可采用20km/h。

(2)公路设计应采用运行速度进行检验。相邻路段运行速度之差应小于20km/h,同一路段运行速度与设计速度之差宜小于20km/h。

(3)公路限制速度应根据设计速度、运行速度及路侧干扰与环境等因素综合论证确定。

另外在条文说明中也提到：设计速度是确定公路几何设计指标并使其相互协调的基本要素。一经选定，公路的所有相关要素如平曲线半径、视距、超高、纵坡、竖曲线半径等指标均与其配合以获得均衡设计。目前，基于设计速度的路线设计已被所有设计人员所掌握，因此保持《公路工程技术标准》（JTG B01—2003）版的规定。

(1)高速公路的设计速度不宜低于100km/h，目的是保证高速公路的安全与舒适。国内外高速公路的运营实践表明：设计速度低于驾驶员的期望差异较大，运行过程中极易诱发交通事故，而且复杂地形条件下的高速公路大多选在一个区域走廊带内，待经济发展需改造时，提升线形指标很困难，故将80km/h作为高速公路设计速度的最低要求。

(2)高速公路和作为干线一级公路的特殊困难局部路段，经论证可以采用60km/h的设计速度，其含义是包括技术、经济、安全、环保和社会等方面的综合比选论证，而非传统意义的技术经济论证。论证通过后，才能作为特殊困难的路段考虑，并且要求小于一个设计路段的长度，即小于15km；同时考虑到个别越岭路段地形条件受限时，往往可能大于15km，针对这一特定条件将其放宽到相邻两互通式立体交叉之间的路段，但应注意线形衔接和交通工程设施的配合。

条文说明中还提到公路类别较低的公路宜选用较低设计速度的理念，即一级公路和二、三级公路应按公路在路网中的交通功能选择设计速度，只有当受地形、地质等条件限制时，才可以降低一档即20km/h。

## 3.4 车辆最小转弯半径

车辆的最小转弯半径是指当转向盘转到极限位置，汽车以最低稳定车速转向行驶时，外侧转向轮的中心在支承平面上滚过的轨迹圆半径。该值与汽车机动性能相关，可据此设计转弯时的最小车道宽度、横向净距、竖向净高、公交站以及平曲线等相关要素。

影响几何设计的关键尺寸为最小的中心线转弯半径（CTR）、轴距、外—外轨迹宽度、内侧后胎轨迹。AASHTO假设车辆转弯时速度小于15km/h，可以尽量减少驾驶员特性（如驾驶员转弯时车速）和车轮滑移角的影响。

每种设计车型转弯路径的边界为前悬挂的外侧轨迹和内侧后轮路径。最急转弯假设外侧前轮紧随由车辆转向性能确定的最小中心线转弯半径。

得州规定当车速小于8km/h时，多数城区公交的最小转弯半径（内侧后轮）约为7.6m，外侧前轮半径为12.8m。当内侧半径增加时，该路径宽度减少，但仍是重要影响因素。车速较低（16km/h）时15.2m的设计最小半径（内侧车轮轨迹）比较理想，这也适用于大多数城市公交。当半径低于该最小值时，应使用组合曲线或缓和曲线以避免增加外侧半径导致车辆悬空。这种情形可能发生在管控车道匝道和当地街道交叉处，也可能发生在匝道和主线设施交叉处。当管控车道按挂车设计时，推荐半径可不同。

卡车和公交车的几何设计要求通常比小汽车更严格，因为卡车和公交车更宽、轴距更长、最小转弯半径更大，这些尺寸影响到平曲线和横截面的设计。单厢卡车和公交比大多数组合车辆的最小转弯半径要小，但因其更容易超出前车行驶轨迹，较长的组合车辆需要更大的转弯路径宽度。

表3-11给出了AASHTO不同设计车型的外侧和内侧车轮的最小半径以及中心线转弯半径(CTR)。

**AASHTO中设计车型的最小转弯半径**(单位:m)  表3-11

| 设计车型 | 小汽车 | 单厢卡车 | 单厢卡车（三轴） | 长途客车（大客车） | 市内公交 | 传统校车（65座） | 大①校车（84座） | 铰接式公交 | 中间半挂车 |
|---|---|---|---|---|---|---|---|---|---|
| 符号 | P | SU-9 | SU-12 | BUS-12 | BUS-14 | CITY-BUS | S-BUS11 | S-BUS12 | A-BUS | WB-12 |
| 最小设计转弯半径 | 7.26 | 12.73 | 15.60 | 12.70 | 13.40 | 12.80 | 11.75 | 11.92 | 12.00 | 12.16 |
| 中心线②转弯半径（CTR） | 6.40 | 11.58 | 14.46 | 11.53 | 12.25 | 11.52 | 10.64 | 10.79 | 10.82 | 10.97 |
| 最小内侧半径 | 4.39 | 8.64 | 11.09 | 7.41 | 7.54 | 7.45 | 7.25 | 7.71 | 6.49 | 5.88 |

| 设计车型 | 州际半挂车 | "双底"组合 | Rocky Mtn Double | 三半挂车/挂车 | 付费道路双半挂车/挂车 | 房车 | 拖房车的小汽车 | 拖船的小汽车 | 拖船的房车 |
|---|---|---|---|---|---|---|---|---|---|
| 符号 | WB-19* | WB-20** | WB-20D | WB-28D | WB-30T | WB-33D* | MH | P/T | P/B | MH/B |
| 最小设计转弯半径 | 13.66 | 13.66 | 13.67 | 24.98 | 13.67 | 18.25 | 12.11 | 10.03 | 7.26 | 15.19 |
| 中心线②转弯半径（CTR） | 12.50 | 12.50 | 12.47 | 23.77 | 12.47 | 17.04 | 10.97 | 9.14 | 6.40 | 14.02 |
| 最小内侧半径 | 2.25 | 0.59 | 5.83 | 16.94 | 2.96 | 4.19 | 7.92 | 5.58 | 2.44 | 10.67 |

注:1. 表中数值四舍五入至小数点后2位。
2. *46.63m挂车的设计车型,于1982年在路面交通援助法案(STAA)中采用。
3. **16.15m挂车的设计车型,于1982年在路面交通援助法案(STAA)中追溯采用。
①校车有42~84座,对应的轴距为3.35~6.10m。最小转弯半径为8.58~11.92m,最小内侧半径为5.38~7.1m。
②该转弯半径由设计人员根据对可能转弯路径的调查取值,取车辆前轴中心线的轨迹。当确定最小转弯路径时,CTR近似等于最小设计转弯半径减去1/2车辆前轴宽。

《公路工程技术标准》(JTG B01—2014)中直接规定了车道几何设计的相关参数,并没有给出车辆最小转弯半径值,但《车库建筑设计规范》(JGJ 100—2015)中有汽车库内汽车的最小转弯半径,见表3-12。

**汽车库内汽车的最小转弯半径**  表3-12

| 车型 | 最小转弯半径(m) | 车型 | 最小转弯半径(m) |
|---|---|---|---|
| 微型车 | 4.50 | 中型车 | 7.20~9.00 |
| 小型车 | 6.00 | 大型车 | 9.00~10.50 |
| 轻型车 | 6.00~7.20 | | |

## 3.5 横 向 净 距

美国加州 HDM 对横向净距的规定如下：

(1) 一般规定。所有路侧目标物的横向净距应基于工程师的判断确定，尽量使路侧目标物和行车道边缘的距离最大。工程师的判断应在横向净距范围和有限的经费开支之间达到平衡。

某些柔性目标如砂桶、金属梁护栏、分离木柱等可能会侵占安全区。当这些目标用于减少事故危害时，应尽量增加目标至行车道边缘的距离。

净距为行车道边缘至障碍物的最近点（通常为底部）。水平距离应大于下文(3)"最小净距"中列出的值，以满足停车视距要求。

(2) 净安全区(CRZ)。路侧环境必须安全。净安全区是无障碍物，在行车道边缘外相对平坦(1:4 或更平)或有缓坡的区域，可为冲出道路范围的车辆提供缓冲区。AASHTO"路侧设计指南"中给出了详细的设计要求。我国规范没有此项规定，因此不详细描述。

(3) 最小净距。下列最小净距适用于所有在净安全区内的目标。

① 在所有高速公路和快速路上（包括辅路、匝道、和汇流道路）的所有目标如桥护栏和混凝土护栏、砂桶、金属梁护栏等的最小横向净距应等于表 3-13 中列出的公路标准路肩宽度。当标准路肩宽度小于 1.2m 时，最小横向净距应取 1.2m。桥头护栏连接需要特殊处理以保证标准路肩宽度。

HDM 中铺装路肩标准宽度　　　　　　表 3-13

| 道路类型 | | 铺装路肩宽度(m) | |
|---|---|---|---|
| | | 左 | 右[8] |
| 高速路和快速路 | 2 车道[①] | — | 2.4[⑥] |
| | 4 车道[①] | 1.5 | 3.0 |
| | 6 车道及以上[①] | 3.0 | 3.0 |
| | 辅道 | — | 3.0 |
| | 高速路之间的连接 | | |
| | 单车道和 2 车道的连接 | 1.5 | 3.0 |
| | 3 车道的连接 | 3.0 | 3.0 |
| | 单车道的匝道 | 1.2[②] | 2.4 |
| | 多车道的匝道 | 1.2[②] | 2.4[③] |
| | 未分离的多车道 | — | 3.0 |
| | 集散道路 | 1.5 | 3.0 |
| 传统公路 | 分离的多车道 | | |
| | 4 车道 | 1.5 | 2.4 |
| | 6 车道及以上 | 2.4 | 2.4 |
| | 车速小于 75km/h 的城区以及有路缘石的中分带 | 0.6[④] | 2.4[⑦] |

续上表

| 道路类型 | | 铺装路肩宽度(m) | |
|---|---|---|---|
| | | 左 | 右⑧ |
| 传统公路 | 未分离的多车道 | — | 2.4⑦ |
| | 2车道 | | |
| | 重铺装、修复和重建结构 | 见HDM307.3 | |
| | 新结构 | 见HDM307.2 | |
| | 慢行车道 | — | 1.2⑤ |
| 当地设施 | 临街道路 | 见HDM310.1 | |
| | 横穿州设施的当地设施 | 见HDM308.1 | |

注：①2个方向的总车道数，包括分离的道路。当4车道的某一侧增加一条车道时(如卡车爬坡车道)，则该侧路肩应为3m。
②可减至0.6m。在城区和/或匝道有监测处，1.2m为理想值。
③条件受限时，在从单车道过渡而来的无监测匝道的2车道截面，可减至0.6m或1.2m(城区首选)。
④当标示限速值小于60km/h时，可忽略路肩，但当排水流向带路缘石的中分带时例外。
⑤仅用于爬坡车道或超车车道的右侧。
⑥首选3.0m的路肩。
⑦当允许停车时，首选3.0~3.6m的路肩。
⑧与桥台挡墙、挖方挡土墙和声屏障相邻的路肩应为3.0m宽。

②墙的最小横向净距，如桥台挡墙、挖方边坡挡土墙和声屏障等应不小于3.0m。

③在传统公路、临街道路、城市街道和乡村道路(均无路缘石)上，最小横向净距应为标准路肩宽度。当标准路肩宽度小于1.2m时，最小横向净距应取1.2m。

在有路缘石的传统道路上，尤其是市内，最小横向净距应为从路缘石侧面至障碍物0.5m。在路缘石道路截面，沿交叉掉头路线的路缘石和靠近行车道边缘处的最小净距应为1m，以考虑车辆可能会偏离前车轨迹。当人行道紧邻路缘石时，固定障碍应位于人行道外侧以保证行人通行顺畅。

《得州管控车道手册》规定：理想横向净距为1.5m，但条件受限时，对于管控车道和常规车道可采用0.6m的最小横向净距，横向净距起算点为最近的护栏、信号柱或其他障碍物。横向净距只允许临时(例如管控设施在施工或重建中)低于最小值，此时车速也应相应下降，或当无法避免时在极短距离内低于最小横向净距。

国内没有侧向净距的要求，但《公路工程技术标准》(JTG B01—2014)中给出路肩宽度应符合表3-14的规定，并应符合下列规定。

《公路工程技术标准》(JTG B01—2014)中的路肩宽度  表3-14

| 公路等级(功能) | | 高速公路 | | | 一级公路(干线功能) | |
|---|---|---|---|---|---|---|
| 设计速度(km/h) | | 120 | 100 | 80 | 100 | 80 |
| 右侧硬路肩宽度(m) | 一般值 | 3.00(2.50) | 3.00(2.50) | 3.00(2.50) | 3.00(2.50) | 3.00(2.50) |
| | 最小值 | 1.50 | 1.50 | 1.50 | 1.50 | 1.50 |
| 土路肩宽度(m) | 一般值 | 0.75 | 0.75 | 0.75 | 0.75 | 0.75 |
| | 最小值 | 0.75 | 0.75 | 0.75 | 0.75 | 0.75 |

续上表

| 公路等级（功能） | | 高速公路 | | 一级公路（干线功能） | | |
|---|---|---|---|---|---|---|
| 公路等级（功能） | | 一级公路（集散功能）和二级公路 | | 三级公路、四级公路 | | |
| 设计速度（km/h） | | 80 | 60 | 40 | 30 | 20 |
| 右侧硬路肩宽度（m） | 一般值 | 1.50 | 0.75 | — | — | — |
| | 最小值 | 0.75 | 0.25 | | | |
| 土路肩宽度（m） | 一般值 | 0.75 | 0.75 | 0.75 | 0.50 | 0.25（双车道） |
| | 最小值 | 0.50 | 0.50 | | | 0.50（单车道） |

注：1. 正常情况下，应采用"一般值"；在设爬坡车道、变速车道及超车道路段，受地形、地物等条件限制路段及多车道公路特大桥，可论证采用"最小值"。
　　2. 高速公路和作为干线的一级公路以通行小客车为主时，右侧硬路肩宽度可采用括号内数值。

高速公路和一级公路应在右侧硬路肩宽度内设右侧路缘带，其宽度为0.50m。

高速公路和一级公路采用分离式断面时，应设置左侧硬路肩，其宽度不应小于表3-15的规定值。左侧硬路肩宽度包含左侧路缘带宽度。

**《公路工程技术标准》(JTG B01—2014)中分离式断面**
**高速公路和一级公路左侧路肩宽度**　　　　　　　　　表3-15

| 设计速度（km/h） | 120 | 100 | 80 | 60 |
|---|---|---|---|---|
| 左侧硬路肩宽度（m） | 1.25 | 1.00 | 0.75 | 0.75 |
| 右侧硬路肩宽度（m） | 0.75 | 0.75 | 0.75 | 0.50 |

八车道及以上高速公路宜设置左侧硬路肩，其宽度应不小于2.5m。左侧硬路肩宽度包含左侧路缘带宽度。

## 3.6 竖向净高

通常用通过管控车道设施的最高车辆的高度确定竖向净高。一般来说，公交是在管控车道上行驶的最高车辆，因此通常用于确定竖向净高。如果管控车道可以行驶卡车，则应由卡车设计车型控制竖向净高。得克萨斯州规定对于高速公路上的管控车道，高速公路使用5m的最小竖向净高时，相邻管控车道也可使用该值。当条件受限时，根据AASHTO绿皮书，可使用4.4m的最小竖向净高，该值包括将来可能进行路面重铺的裕量0.20m。该值也可用于上跨道路的加宽，但要注意横坡会导致加宽道路边缘的竖向净高减小。

HDM规定了不同情形的竖向净高：
（1）主要结构。
①高速公路和快速路上的所有结构，除了临时结构：州道路设施（如主车道、路肩、匝道、分流—合流道路、变速车道）的最小竖向净高为路基以上5.1m。
②高速公路和快速路上的临时结构：州道路设施的最小净距为路基以上4.9m。
③传统公路、绿化道路和当地设施的所有项目：最小竖向净高应为行车路面以上4.6m，路肩以上4.5m。

(2)次要结构。人行天桥的最小竖向净高应比州道路的主要结构标准大 0.5m。标志标牌结构的最小竖向净高应为州道路路基以上 5.5m。

(3)乡村州际公路和城区单路线。州际公路系统的该部分由所有乡村州际公路和城区的单路线组成,HDM 中对这些路线有详细描述,并对其最小竖向净高给出了特殊注意。该系统中结构的竖向净高应满足上文高速公路和快速路的标准。除了上文所列标准外,当该系统中任意部分以上的竖向净高小于 4.9m 时,应由 FHWA 进行额外核定,且必须由华盛顿的交通管理指挥部运输工程局(MTMCTEA)批准。竖向净高小于 4.9m 时,必须以向 FHWA 提交设计超标事实单以获得批准。任何州际公路上的竖向净高小于 4.9m 时,需要 FHWA/MTMCE 的通知公告。

(4)一般信息。上文所述和表 3-16 中给出的标准为所列设施和项目的州际公路系统的最小允许值。为了满足竖向净高标准,高速公路和快速路上的所有项目,除临时项目以外,均应满足"新建结构"标准。

**HDM 中的竖向净高**(单位:m)　　　　　　　　　　　表 3-16

| 设施和项目类型 | 行车道 | 路肩 |
| --- | --- | --- |
| 高速公路和快速路,新结构、新增车道、重建和修整结构 | 5.1 | 5.1 |
| 高速公路和快速路,临时结构 | 4.9 | 4.9 |
| 传统公路和当地设施上的所有项目 | 4.6 | 4.5 |
| 标志结构 | 5.5 | 5.5 |
| 人行道和次要结构 | 标准 +0.5 | |
| 乡村和单州际路线系统上的结构* | 见 3.6(3) | |

注:*加利福尼亚按起止点将道路划分为不同的路线系统。

当经设计例外许可后,可根据实际情况,基于经济性、环保性、路权或工程师的判断考虑使用小于上文所述的净距。典型示例为当结构在两侧受已有较低结构保护,或当包含现有结构的项目无法调整为当前标准时,可允许使用较低值。在任何情形下都不应将竖向净高减至 4.6m(行车道以上)以下或 4.5m(路肩或州公路的任何部分以上)以下。

应避免降低现有竖向净高,且应对涉及结构移除和更换的项目考虑增加竖向净高的可行性。将竖向净高降至 5.1m 以下或竖向净高增加时均应尽可能早地咨询项目协调员、地区工程师和区域经理的意见。

(5)联邦援助参与。联邦援助参与项目一般仅限于使用最大的竖向净高,除非有其他控制,例如需对脚手架设置竖向净高,或竖向净高由多结构交叉中的相邻结构控制。

①公路设施。

a.高速公路和快速路为 5.3m。

b.其他公路为 4.8m(路肩上为 4.7m)。

c.对于人行道,取上述值 +0.7m。

②铁路设施。

a.无电气化系统时,铁路以上 7.1m。

b.有 25kV 电气化系统时,铁路以上 7.4m。

c.有 50kV 电气化系统时,铁路以上 8.0m。

这些竖向净高包括了将来在铁轨上铺设道砟的预留值。对于联邦援助参与项目,对现有公铁立交结构进行重建或修整以匹配电气化是不可行的。当铁路系统无电气化时,必须制订方案规定在合理的时间框架内完成目标铁路段电气化,以保证大于7.1m的竖向净高。

《公路工程技术标准》(JTG B01—2014)中各级公路的建筑限界应符合图3-3的规定,并应符合下列规定:

(1)设置加(减)速车道、紧急停车带、爬坡车道、错车道、慢车道、车道隔离设施等路段,行车道应包括该部分的宽度。

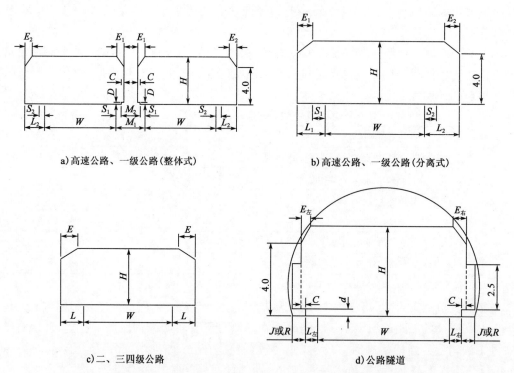

a)高速公路、一级公路(整体式)　　　　b)高速公路、一级公路(分离式)

c)二、三四级公路　　　　d)公路隧道

图3-3 《公路工程技术标准》(JTG B01—2014)中各级公路的建筑限界(尺寸单位:m)

$W$-行车道宽度;$L_1$-左侧硬路肩宽度;$L_2$-右侧硬路肩宽度;$S_1$-左侧路缘带宽度;$S_2$-右侧路缘带宽度;$L$-侧向宽度。二级公路的侧向宽度为硬路肩宽度。三、四级公路的侧向宽度为路肩宽度减去0.25m。设置护栏时,应根据护栏需要的宽度加宽路基;$L_左$-隧道内左侧侧向宽度;$L_右$-隧道内右侧侧向宽度;$C$-当设计速度大于100km/h时为0.5m,小于或等于100km/h时为0.25m;$D$-路缘石高度,小于或等于0.25m。一般情况下,高速公路可不设缘石;$M_1$-中间带宽度;$M_2$-中央分隔带宽度;$J$-检修道宽度;$R$-人行道宽度;$d$-检修道或人行道高度;$E$-建筑限界顶角宽度,当$L≤1m$时,$E=L$;当$L>1m$时,$E=1m$;$E_1$-建筑限界顶角宽度,当$L_1<1m$时,$E_1=L_1$;或$S_1+C<1m$时,$E_1=S_1+C$;当$L_1≥1m$或$S_1+C≥1m$时,$E_1=1m$;$E_2$-建筑限界顶角宽度,$E_2=1m$;$E_左$-建筑限界左顶角宽度,当$L_左≤1m$时,$E_左=L_左$;当$L_左>1m$时,$E_左=1m$;$E_右$-建筑限界右顶角宽度,当$L_右≤1m$时,$E_右=L_右$;当$L_右>1m$时,$E_右=1m$;$H$-建筑限界高度

(2)八车道及以上的高速公路(整体式),设置左侧硬路肩时,建筑限界应包括左侧硬路肩宽度。

(3)一条公路应采用同一建筑限界。高速公路、一级公路、二级公路的建筑限界应为5.0m,三级公路、四级公路的建筑限界应为4.5m。

(4)人行道、自行车道、检修道与行车道分开设置时,其建筑限界应为2.5m。

(5)路基、桥梁、隧道相互衔接处,其建筑限界应按过渡段处理。

## 3.7 停车视距

视距是指在车辆正常行驶中,驾驶员从正常驾驶位置能连续看到公路前方行车道范围内路面上一定高度障碍物,或者看到公路前方交通设施、路面标线的最远距离。这里的距离是指沿车道中心线量得的长度。简而言之,视距是驾驶员对前方道路的可视范围。道路的视距应有足够的长度以保证车辆以设计车速行驶时能在到达路线前方的固定障碍物前及时停下。尽管可视距离越远越好,但道路任意点的视距应至少满足平均水平以下的驾驶员或车辆的及时停车要求。

驾驶员的前视距离是道路上车辆安全有效行驶的保障。道路上机动车驾驶员的行车路径和车速受驾驶员控制,但不同驾驶员的能力、熟练度以及经验差异较大。设计视距应足够长,以使驾驶员有时间执行操作避免撞上障碍物。双车道的道路还需具有足够的视距长度,以使驾驶员使用对向车道临时超车而不会撞上对面车辆。双车道的乡村道路在交通频繁的交叉路口也应这样设置行车视距及长度。另一方面,在双车道的城市道路或主干道上几乎没有行车视距的实际数据。有足够视距超车或通过交叉口的道路的视距长度部分应与道路功能和服务水平协调。

中国公路视距主要包括:停车视距、超车视距、会车视距及识别视距等。而 AASHTO 将视距分 4 类:

(1)停车视距,适用于所有道路。
(2)超车视距,仅适用于双车道道路。
(3)复杂条件下的决策视距。
(4)确定设计视距的标准。

停车视距是以下两个距离的和:
(1)从驾驶员发现障碍到踩下刹车的时间内车辆行驶的距离。
(2)从踩下刹车到车辆完全停住时车辆行驶的距离。这两个距离分别被称作制动反应距离和制动距离。

### 3.7.1 制动反应时间

制动反应时间是驾驶员发现前方有障碍物的时刻到驾驶员实际踩下刹车时刻之间的时间间隔。在特定条件下,如紧急情形下布置的反光标志或闪光灯,驾驶员碰到这些情形要立即反应。在大多数其他条件下,驾驶员不仅要看到障碍物,还应参照道路或其他物体(例如墙、护栏、树、灯柱或桥)识别其为固定障碍还是移动障碍。这种决定需要时间,而所需时间很大程度取决于与障碍物的距离、驾驶员的视力、反应速度、环境可见度、道路类型和条件以及障碍物的性质。车速和道路环境也可能影响反应时间。通常驾驶员以设计车速行驶时会比以较低车速行驶时更警觉。当驾驶员在市内道路行驶时会与停放车辆、车道和交叉道路产生无数潜在冲突,而在有进入限制的设施内行驶时不会有这些情形,因此驾驶员在市内道路行驶时更警觉。

Johansson 和 Rumar 基于对 321 名预知将踩刹车驾驶员的统计对反应时间进行了研究。

反应时间的平均值为 0.66s,10% 的驾驶员为 1.5s 或更长。这些发现与早期对警觉驾驶员的评估研究相符。另一份研究表明反应时间的平均值为 0.64s,而 5% 的驾驶员需要 1s 以上的反应时间。在第三份研究中,制动反应时间范围为 0.4~1.7s。在 Johansson 和 Rumar 的研究中,当不告知驾驶员前方有障碍时,驾驶员的反应时间将增加 1s 以上,甚至超过 1.5s。这类增加表明实验室和道路测试中,警觉条件下反应时间为 0.2~0.3s 的驾驶员在普通条件下的反应时间可能为 1.5s。

驾驶员的最小制动反应时间可为 1.64s,其中 1s 为驾驶员对意外事件的反应时间,0.64s 为警觉驾驶员的行为时间。由于上文的研究使用简单的预先布置的信号,不能完全表现道路条件的复杂性。即使在这种简单条件下,有些驾驶员仍需 3.5s 以上的反应时间。由于道路的实际条件比研究中的模拟更复杂,且驾驶员的反应时间差异较大,因此反应时间的标准值应大于 1.64s。设计中的制动反应时间的时长应足以包括大多数道路条件下几乎所有驾驶员的反应时间。近期研究均表明停车视距采用 2.5s 的制动时间囊括了大多数驾驶员的能力,包括老年驾驶员。2.5s 的制动反应时间推荐设计标准超过了所有驾驶员反应时间的 90%,且用于表 3-17 中制动距离的计算。

2.5s 的制动反应时间对于比试验室和道路测试更复杂的条件也适用,但仍不适用于实际驾驶中突发事件的复杂情形。在平交口或匝道终点出现的道路突发事件等更复杂情形下的更长反应时间见 3.8 节"决策视距"。

### 3.7.2 制动距离

车辆在水平道路上以设计车速行驶时,制动距离按下式计算:

$$d_B = 0.039 \frac{v^2}{a} \tag{3-1}$$

式中:$d_B$——制动距离(m);
$v$——设计车速(km/h);
$a$——减速度(m/s²)。

文献研究表明当在道路上遇到意外障碍需要停车时,大多数驾驶员的减速度大于 4.5m/s²。约 90% 驾驶员的减速度大于 3.4m/s²。这种减速度下,驾驶员在湿路面上的刹车操作可将车停在车道内且车辆仍受控。因此 3.4m/s²(适用于大多数驾驶员)是确定停车视距的减速度推荐阈值。该减速度阈值表明大多数车辆刹车系统和大多数道路的轮胎—路面摩擦力对应的减速度至少为 3.4m/s²。大多数湿滑路面的摩擦力和大多数车辆刹车系统效率对应的刹车减速度超过该值。

### 3.7.3 设计值

停车视距为刹车反应时间内车辆行驶距离与车辆从制动到完全停止的时间内行驶距离之和。假设条件下水平道路不同车速的计算距离见表 3-17,公式如下:

$$SSD = 0.278vt + 0.039\frac{v^2}{a} \tag{3-2}$$

式中:SSD——停车视距(m);
 $v$——设计车速(km/h);
 $t$——制动反应时间(s),取2.5s;
 $a$——减速度(m/s²)。

当设计处有使用先例时,才能使用低于表3-17所示值的停车视距。使用较长停车视距增加了驾驶员纠错的机会,尤其是对于湿滑路面以设计车速行驶的车辆更明显。新路面的初始及后期摩擦系数均应达到表3-17使用的减速度要求。

AASHTO水平道路上的停车视距    表3-17

| 设计车速(km/h) | 制动反应距离(m) | 水平制动距离(m) | 停车视距 计算值(m) | 停车视距 设计值(m) |
|---|---|---|---|---|
| 20 | 13.9 | 4.6 | 18.5 | 20 |
| 30 | 20.9 | 10.3 | 31.2 | 35 |
| 40 | 27.8 | 18.4 | 46.2 | 50 |
| 50 | 34.8 | 28.7 | 63.5 | 65 |
| 60 | 41.7 | 41.3 | 83 | 85 |
| 70 | 48.7 | 56.2 | 104.9 | 105 |
| 80 | 55.6 | 73.4 | 129 | 130 |
| 90 | 62.6 | 92.9 | 155.5 | 160 |
| 100 | 69.5 | 114.7 | 184.2 | 185 |
| 110 | 76.5 | 138.8 | 215.3 | 220 |
| 120 | 83.4 | 165.2 | 248.6 | 250 |
| 130 | 90.4 | 193.8 | 284.2 | 285 |

注:制动反应距离按2.5s计算;视距由3.4m/s²的减速度计算。

### 3.7.4 纵坡停车效应

当道路处于纵坡时,计算制动距离的公式(3-1)修正为下式:

$$d_B = \frac{v^2}{254\left[\left(\dfrac{a}{9.81}\right) \pm G\right]} \tag{3-3}$$

式中:$d_B$——纵坡上的制动距离(m);
 $v$——设计车速(km/h);
 $a$——减速度(m/s²);
 $G$——纵坡,高/长(m/m)。

在该式中,$G$为斜坡坡率的百分比值。其他符号如前定义。上坡段的停车距离小于水平路段,而下坡段的停车距离大于水平路段。不同坡度的停车视距见表3-18,表中数值由公式(3-3)替换公式(3-2)的第二项得出。这些调整后的视距值使用表3-17中用于水平道路的设计车速和制动反应时间,并针对湿滑路面条件计算。

**AASHTO 纵坡处的停车视距** 表3-18

| 设计车速 (km/h) | 停车视距（m） | | | | | |
|---|---|---|---|---|---|---|
| | 下坡坡度 | | | 上坡坡度 | | |
| | 3% | 6% | 9% | 3% | 6% | 9% |
| 20 | 20 | 20 | 20 | 19 | 18 | 18 |
| 30 | 32 | 35 | 35 | 31 | 30 | 29 |
| 40 | 50 | 50 | 53 | 45 | 44 | 43 |
| 50 | 66 | 70 | 74 | 61 | 59 | 58 |
| 60 | 87 | 92 | 97 | 80 | 77 | 75 |
| 70 | 110 | 116 | 124 | 100 | 97 | 93 |
| 80 | 136 | 144 | 154 | 123 | 118 | 114 |
| 90 | 164 | 174 | 187 | 148 | 141 | 136 |
| 100 | 194 | 207 | 223 | 174 | 167 | 160 |
| 110 | 227 | 243 | 262 | 203 | 194 | 186 |
| 120 | 263 | 281 | 304 | 234 | 223 | 214 |
| 130 | 302 | 323 | 350 | 267 | 254 | 243 |

在有纵坡的道路上，对向行驶的车辆分别对应上坡和下坡，因此道路任一点的视距随方向不同而不同，尤其对于起伏地区的直路。作为通用规则，下坡视距大于上坡视距，这能为坡度的设计提供参考。

### 3.7.5 视距影响因素

视距取决于驾驶员视点高度、目标物的高度和驾驶员视距范围内的障碍物高度和侧向位置。

1）驾驶员视点高度

对于所有小汽车的视距计算，AASHTO一般假设驾驶员的视线高为1.08m。该值基于研究结果，即平均车高已降至1.30m，平均视线高降至1.08m。由于各种因素限制了小汽车高度的进一步降低，而竖曲线长度的相对增加会导致进一步的变化，因此停车视距和超车视距均可使用1.08m作为合适的驾驶员视点高度。对于大型卡车，驾驶员视点高度从1.80～2.40m不等。设计中推荐卡车驾驶员的视线高于道路路面2.33m。而HDM的停车视距驾驶员视点高度取路面以上1.07m。《公路工程设计标准》(JTG B01—2014)中对小客车停车视距采用的驾驶员视点高度为1.2m，载重货车停车视距采用的驾驶员视点高度为2.0m。小客车超车视距采用的驾驶员视点高度为1.2m，载重货车采用的驾驶员视点高度为2.0m。

2）目标物高度

对于停车视距和决策视距的计算，目标物的高度取路面以上0.60m。对于超车视距计算，目标物的高度取路面以上1.08m。

(1) 停车视距目标。基于研究表明，低于0.60m的目标很少与车辆发生撞击，因此取0.60m为目标物高度，并认为0.60m的目标物代表可能与车辆发生撞击的最小目标。0.60m的目标表示汽车的前照灯和尾灯的高度。计算停车视距时使用小于0.60m的目标高度会产生更长的竖向凸曲线,而不会引起碰撞概率和严重程度的降低。目标高度低于0.60m会增加建设成本,因为要设置更长的竖向凸曲线需要更多开挖量。且目前仍不确定驾驶员意识将发生撞击的能力是否能增加,因为大多数驾驶员无法识别低于0.60m的目标,而高速设计中推荐的停车视距高估了驾驶员的能力。HDM的停车视距目标高度为0.15m。《公路工程设计标准》(JTG B01—2014)中视点前方路面上障碍物顶点高度为0.10m。

(2)超车视距目标。超车视距中目标的高度为1.08m。该目标高度基于1.33m的车辆高度,代表了当前小汽车车辆高度的15%的容差值小于0.25m,对于需其他驾驶员可视并识别的车辆高度而言为近似最大值。超车视距的计算也应考虑夜间情形,因为对面车辆的前灯被看见时的距离在夜前比白天更远。目标高度等于驾驶员视点高度使得超车视距的设计变成相互的(即当超车驾驶员能看到对面车辆时,对面车辆的驾驶员也能看到超车车辆)。《公路工程设计标准》(JTG B01—2014)中视点前方路面上障碍物顶点高度为0.60m,即对向车辆(小客车)的前灯高度。

(3)平交视距目标。在确定超车视距时,驾驶员在平交视线范围内的目标为另一辆车。因此,平交视距的设计与超车视距设计使用的目标高相同,为1.08m。

(4)决策视距目标。停车视距使用的0.60m的目标高度也适用于决策视距,理论依据也一样。

HDM的停车视距见表3-19,但当连续长下坡的坡度陡于3%且长于2km时,该表中的停车视距应增加20%。

**HDM中的视距标准** 表3-19

| 设计车速(km/h) | 停车视距(m) | 设计车速(km/h) | 停车视距(m) |
| --- | --- | --- | --- |
| 30 | 30 | 90 | 160 |
| 40 | 50 | 100 | 190 |
| 50 | 65 | 110 | 220 |
| 60 | 85 | 120 | 255 |
| 70 | 105 | 130 | 290 |
| 80 | 130 | | |

《得州管控车道手册》认为:管控车道设施的设计应保证通行的所有类型车辆(如公交、卡车、货车、小汽车)均有足够的停车视距。因为小汽车的驾驶员视线较低,因此常用小汽车作为确定停车视距的设计车型。应根据RDM确定不同行驶速度下的停车视距。表3-20列出了《得州管控车道手册》中根据TxDOT确定的停车视距值。设置护栏时,应检查护栏是否影响停车视距。表3-21列出了《得州管控车道规划、运营和设计指南》中对管控车道给出的停车视距。

**《得州管控车道手册》中的停车视距(TxDOT RDM)** 表3-20

| 设计车速(km/h) | 制动反应距离(m) | 水平制动距离(m) | 停车视距(m) | |
| --- | --- | --- | --- | --- |
| | | | 计算值 | 设计值 |
| 50 | 34.8 | 28.7 | 63.5 | 65 |
| 60 | 41.7 | 41.3 | 83.0 | 85 |
| 70 | 48.7 | 56.2 | 104.9 | 105 |
| 80 | 55.6 | 73.4 | 129.0 | 130 |

续上表

| 设计车速<br>（km/h） | 制动反应距离<br>（m） | 水平制动距离<br>（m） | 停车视距(m) | |
|---|---|---|---|---|
| | | | 计算值 | 设计值 |
| 90 | 62.6 | 92.9 | 155.5 | 160 |
| 100 | 69.5 | 114.7 | 184.2 | 185 |
| 110 | 76.5 | 138.8 | 215.3 | 220 |
| 120 | 83.4 | 165.2 | 248.6 | 250 |
| 130 | 90.4 | 193.8 | 284.2 | 285 |

注：制动反应距离的反应时间为2.5s，减速时加速度为3.4m/s²。

**《得州管控车道规划、运营和设计指南》中的停车视距**　　表3-21

| 管控车道设计速度（km/h） | 停车视距(m) | |
|---|---|---|
| | 折减值 | 理想值 |
| 50 | 60 | 65 |
| 70 | 85 | 105 |
| 80 | 110 | 130 |
| 100 | 145 | 185 |
| 110 | 185 | 220 |

《公路工程设计标准》（JTG B01—2014）中的停车视距见表3-22。

**《公路工程技术标准》（JTG B01—2014）中停车视距**　　表3-22

| 设计速度（km/h） | 120 | 100 | 80 | 60 | 40 | 30 | 20 |
|---|---|---|---|---|---|---|---|
| 停车视距（m） | 210 | 160 | 110 | 75 | 40 | 30 | 20 |

由于一些情况下还满足不了货车停车视距的要求，根据"公路货车停车视距专题"研究结果，该标准规定："高速公路、一级公路以及大型车比例较高的二、三级公路，应采用货车停车视距对相关路段进行检验"。货车的停车视距应符合表3-23的规定。

**《公路工程技术标准》（JTG B01—2014）中的停车视距和货车停车视距**　　表3-23

| 设计速度（km/h） | 120 | 100 | 80 | 60 | 40 | 30 | 20 |
|---|---|---|---|---|---|---|---|
| 停车视距（m） | 210 | 160 | 110 | 75 | 40 | 30 | 20 |
| 货车停车视距（m） | 245 | 180 | 125 | 85 | 50 | 35 | 20 |

货车停车视距在下坡路段，应随坡度大小进行修正，其值如表3-24所示。

**《公路工程技术标准》（JTG B01—2014）中货车停车视距**　　表3-24

| 纵坡坡度（%） | | 设计速度（km/h） | | | | | | | | | |
|---|---|---|---|---|---|---|---|---|---|---|---|
| | | 120 | 110 | 100 | 90 | 80 | 70 | 60 | 50 | 40 | 30 | 20 |
| 下坡方向 | 0 | 245 | 210 | 180 | 150 | 125 | 100 | 85 | 65 | 50 | 35 | 20 |
| | 3 | 265 | 225 | 190 | 160 | 130 | 105 | 89 | 66 | 50 | 35 | 20 |
| | 4 | 273 | 230 | 195 | 161 | 132 | 106 | 91 | 67 | 50 | 35 | 20 |

续上表

| 纵坡坡度(%) | | 设计速度(km/h) | | | | | | | | | |
|---|---|---|---|---|---|---|---|---|---|---|---|
| | | 120 | 110 | 100 | 90 | 80 | 70 | 60 | 50 | 40 | 30 | 20 |
| 下坡方向 | 5 | — | 236 | 200 | 165 | 136 | 108 | 93 | 68 | 50 | 35 | 20 |
| | 6 | — | — | — | 169 | 139 | 110 | 95 | 69 | 50 | 35 | 20 |
| | 7 | — | — | — | — | — | — | 70 | 50 | 35 | 20 |
| | 8 | — | — | — | — | — | — | — | — | 35 | 20 |
| | 9 | — | — | — | — | — | — | — | — | — | 20 |

此外还规定:积雪冰冻地区的停车视距宜适当增长。考虑到在这些路段行驶的车速会有较大幅度的降低,也可不再调增。但对重要干线公路,可根据各地要求的必须保证安全的最低车速适当调增停车视距。

## 3.8 决策视距

国外设计一般认为,停车视距通常足以保证有能力和警觉的驾驶员能在常规环境下紧急刹车。但是,当驾驶员必须做出复杂或即时决策时,如信息难以吸收或需要执行预料之外的异常操作时,可能需要更长的距离。受限的停车视距可不考虑执行躲避操作的车辆,这通常涉及较低风险且应该停车。即使是有MUTCD中标准交通控制设施的补充,停车视距也可能无法提供足够的可视距离使驾驶员对前方警示做出有效反应。在很多位置均需使用较长的视距。在这些情形下,决策视距提供了驾驶员需要的更佳可视距离。

决策视距是驾驶员在当前道路视线受阻的环境下发现前方预料之外或难以感知的信息源或条件,识别条件或潜在威胁,选择合适车速和路径,执行并最终完成复杂机动所需要的距离。由于决策视距为驾驶员在当前或降低的车速下提供了额外的纠偏余地并有足够距离操作车辆避让而非简单停车,其价值远大于停车视距。

在信息接收、决策制定或控制操作等方面可能出现错误处,驾驶员需要决策视距。这些情况包括需要异常或预料以外驾驶操作的平交位置、横截面变化处如收费广场和车道下降处以及因信息源头太多(如道路元素、交通、交通控制设施和广告标志)而视作"视觉噪音"的集中需求区。

表3-25中的决策视距可为关键位置提供视距值,也可作为评估视距合适性的标准。由于有额外的机动空间,应在关键位置处考虑决策视距,或将关键决策点移至有足够决策视距位置处。如果因平曲线或竖曲线限制无法满足决策视距,或无法重置决策点,则应用适当的交通控制设施为可能碰撞的情形提供警示。

决策视距标准根据经验值归纳确定,适用于大多数情形。且根据乡村或城市道路而不同,也根据避让机动类型而不同。表3-25列出了设计不同情形的决策视距值。从表中可以看出,在乡村道路以及在应当停车的位置处适用于更短的距离。

对于表3-25中所列的避让反应,预反应时间大于停车视距所需的制动反应时间,以保证驾驶员在关键位置处有额外的时间侦测和认知前方道路或交通情形、识别其他机动,以及开始反应。决策视距的预机动时间范围为 3.0~9.1s。

**AASHTO 的决策视距**　　　　表 3-25

| 设计车速(km/h) | 决策视距(m) | | | | |
| --- | --- | --- | --- | --- | --- |
| | 避让反应类型 | | | | |
| | A | B | C | D | E |
| 50 | 70 | 155 | 145 | 170 | 195 |
| 60 | 95 | 195 | 170 | 205 | 235 |
| 70 | 115 | 325 | 200 | 235 | 275 |
| 80 | 140 | 280 | 230 | 270 | 315 |
| 90 | 170 | 325 | 270 | 315 | 360 |
| 100 | 200 | 370 | 315 | 355 | 400 |
| 110 | 235 | 420 | 330 | 380 | 430 |
| 120 | 265 | 470 | 360 | 415 | 470 |
| 130 | 305 | 525 | 390 | 450 | 510 |

注:1. 避让反应 A:在乡村道路上停车,$t=3.0$s。
　　2. 避让反应 B:在市区道路上停车,$t=9.1$s。
　　3. 避让反应 C:在乡村道路上变化车速/路径/方向,$t$ 为 10.2~11.2s。
　　4. 避让反应 D:在郊区道路上变化车速/路径/方向,$t$ 为 12.1~12.9s。
　　5. 避让反应 E:在市区道路上变化车速/路径/方向,$t$ 为 14.0~14.5s。

公式(3-4)反映了避让反应 A 和 B 级别下设计车速下的制动距离加上预反应分量。在避让反应 C、D 和 E 中,制动分量换成基于反应时间 3.5~4.5s 之间的反应距离,这随着公式(3-5)中车速的增加而减少。

避让反应 A 和 B 的决策视距按下式计算:

$$DSD = 0.278vt + 0.039\frac{v^2}{a} \tag{3-4}$$

式中:DSD——决策视距(m);
　　　$t$——预反应时间(s),见表 3-25 的注;
　　　$v$——设计车速(km/h);
　　　$a$——驾驶员减速度(m/s²)。

避让反应 C、D 和 E 的决策视距按下式计算:

$$DSD = 0.278vt \tag{3-5}$$

式中:DSD——决策视距(m);
　　　$t$——总预反应和反应时间(s),见表 3-25 的注;
　　　$v$——设计车速(km/h)。

加州 HDM 认为在特定位置处,可能需要比停车视距更长的视距以保证驾驶员有充足时间思考,不会因紧迫做出错误操作。

即在快速路和高速公路上,应在车道下降处和在平交、分流、路侧休息区、远景点和检查站的出匝道端处使用表 3-26 中的决策视距。

决策视距根据 1070mm 的视点高度和 150mm 的障碍物高度确定。

HDM 的决策视距　　　　　　表 3-26

| 设计车速(km/h) | 决策视距(m) | 设计车速(km/h) | 决策视距(m) |
|---|---|---|---|
| 40 | 110 | 90 | 275 |
| 50 | 145 | 100 | 315 |
| 60 | 175 | 110 | 335 |
| 70 | 200 | 120 | 375 |
| 80 | 230 | | |

《公路工程技术标准》(JTG B01—2014)中也有识别视距(Identifying Sight Distance)的规定：互通式立交、服务区、停车区、客运汽车停靠站等各类出、入口应满足识别视距要求。此处的识别视距与国外的决策视距(Decision Sight Distance)类似。

识别视距是指车辆以一定速度行驶中，驾驶员自看清前方分流、合流、交叉、渠化、交织等各种行车条件变化时的导流设施、标志、标线，做出制动减速、变换车道等操作，至变化点前使车辆达到必要的行驶状态所需要的最短行驶距离。在公路各类出入口区域，由于驾驶员需要及时辨识出(入)口位置、适时选择转换车道、进行加(减)速驶入(驶出)等操作，存在交通流交织和冲突等现象。因此，公路互通式立交、避险车道、爬坡车道、停车区、服务区等各类出入口区域应满足识别视距要求。

不同设计速度对应的识别视距如表 3-27 所示。

《公路工程技术标准》(JTG B01—2014)的识别视距　　　　　　表 3-27

| 设计速度(km/h) | 120 | 100 | 80 | 60 |
|---|---|---|---|---|
| 识别视距(m) | 350(460) | 290(380) | 230(300) | 170(240) |

注：括号中为行车环境复杂、路侧出入口提示信息较多时应采取的视距值。

## 3.9　超车视距

超车视距是针对双车道而言的概念，双车道上车辆可能会频繁超越行驶较慢的车辆，超车时会使用对面车道。每方向有 2 个以上车道的道路或街道不需考虑超车视距，超车行为应在原行车方向内的行驶范围内完成。因此，禁止超车时越过 4 车道整体路面的中心线，或越过 4 车道道路的中分带。

### 3.9.1　设计标准

如果超车与反向交通不干扰，则超车驾驶员对前方道路有足够的清晰视距，因此超车驾驶员能决定何时开始并结束超车行为而不影响对面车辆。合理的设计应使驾驶员超车时看到对面车辆太近，能中断超车，回到正确车道上。

AASHTO 的设计最小超车视距基于 MUTCD 的最小视距取值，作为双车道的非超车区的限值。当道路上有交通控制时(即超车或非超车区标志)，设计惯例应最有效。双车道道路上超车的潜在风险最终取决于驾驶员对开始和结束超车行为的判断依据：一是可用超车视距为驾驶员提供的前方视线情况；二是超车和非超车区的标志。近期研究表明 MUTCD 的双车道超车视距标准结果仅产生极少的撞车事故。

### 3.9.2 设计值

表 3-28 列出了超车视距设计值,图 3-4 将其与停车视距进行对比。从图 3-4 的对比看出,双车道上超车所需的视距大于沿道路连续的停车视距。

AASHTO 双车道公路的设计超车视距　　　　　表 3-28

| 设计车速(km/h) | 假设车速(km/h) | | 超车视距(m) |
|---|---|---|---|
| | 被超车辆 | 超车车辆 | |
| 30 | 11 | 30 | 120 |
| 40 | 21 | 40 | 140 |
| 50 | 31 | 50 | 160 |
| 60 | 41 | 60 | 180 |
| 70 | 51 | 70 | 210 |
| 80 | 61 | 80 | 245 |
| 90 | 71 | 90 | 280 |
| 100 | 81 | 100 | 320 |
| 110 | 91 | 110 | 355 |
| 120 | 101 | 120 | 395 |
| 130 | 111 | 130 | 440 |

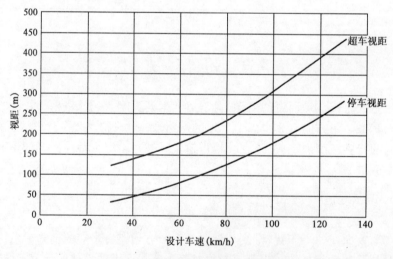

图 3-4　超车视距和停车视距的设计值对比

研究表明,表 3-28 中的超车视距和现场调查的超车行为一致。该研究使用了两个理论模型计算超车驾驶员的需求视距,两个模型均假设当超车驾驶员在到达可以完成超车行为的关键位置处之前,若对面来车并可能发生碰撞时,驾驶员将放弃超车而转回自己车道继续尾随被超车车辆。Glennon 模型假设关键位置在完成行为的超车视距等于放弃行为所需的视距处。

而 Hassan 模型假设关键位置在完成或放弃行为的超车视距相等处,或在超车车辆和被超车辆齐平时,以先发生状态为准。

双车道的最小超车视距与驾驶员的行为一致。超车时的实际驾驶行为差异较大。为了适应这些驾驶行为的差异,超车视距的设计标准应适应大多数驾驶员的行为,而不是平均值的驾驶员。Glennon 和 Hassan 模型中应用的假设如下:

(1)超车车速和对面车速相同,且为道路的设计车速。

(2)被超车辆以匀速前进,且超车和被超车辆的车速差为 19km/h。

(3)超车车辆具有足够的加速度使其在到达关键位置处时具有与被超车辆的规定车速差,这一般出现在超车进程的 40% 处。

(4)超车和被超车辆长度为 5.8m。

(5)超车驾驶员决定放弃超车的感知反应时间为 1s。

(6)如果放弃超车,则超车车辆的减速度为 $3.4m/s^2$,停车视距标准中也使用该减速度。

(7)对于已完成或放弃的超车,超车和被超车辆的行驶间隔为 1s。

(8)超车车辆返回原先车道时,超车车辆和对面车辆的最小间距为 1s。

设计中使用的超车视距应基于一辆小汽车超过另一辆小汽车。当多车超车时,即多辆车超车或被超时,按原视距确定最小设计标准不合适。研究表明,当超车或被超车辆有一辆或者两辆均为卡车时,应使用更长的视距。在设计中,当出现多车超车的情形,或超车行为涉及卡车时,应使用更长的视距。

### 3.9.3 超车路段的设置间隔和长度

超车的足够视距应在双车道的道路上按间距设置。每个超车路段应尽量长,且沿道路长度方向的视距等于或大于最小超车视距。高速道路上的超车路段的间隔和长度原则上取决于地形条件、设计车速以及成本。对于街道来说,平交的间距是首要考虑条件。

直接根据物理限制和成本约束规定超车路段的设置间隔并不实际。在常规设计中,几乎在整个高速路和所选街道上均设为超车段,因为设计者对其重要性的评价较高,设置意图明显,且仅需增加极少成本。在陡峭山区,某些双车道高速路上按间隔设置符合停车视距要求的 4 车道路段或超车车道代替符合超车视距的要求的双车道路段通常会更经济。

表 3-28 所示的超车视距仅够单车超车。设计中仅有很少超车路段时,可能无法提供充分的超车机会。即使在低交通量道路上,当到达超车路段时,超车驾驶员发现对面车道有来车时,则无法使用超车段,或至少无法立即超车。

HCM 表明双车道有另一种超车视距标准,可能为数英里或更长。沿该长度的合适超车视距表明了大于最小超车视距的长度的百分比。与该百分比相关的能力分析表明了线形和横断面是否需要高速以适应设计每小时交通量(DHV)。当在整个长度范围内分析有超车行为的道路视距时,应评估新的设计标准。当道路可能出现高交通量且仍能保证高服务水平时,应设置更紧凑或几乎连续的超车视距。

设计中可使用 HCM 和其他交通模型确定服务水平,服务水平可使用任意可行的设计方法根据超车视距提供。由设计提供的服务水平应与道路机构对项目的期望服务水平相比,如果没达到期望服务水平,则应考虑调整设计提供更大超车视距的可行性和实践性。在双车道道路中,短于 120~240m 的超车路段对改善交通操作效率的作用很小。当确定大于最小超车视距的道路长度百分比时,短于表 3-29 中最小长度的超车路段不予考虑。

交通操作分析中的最小超车区长度　　　　表 3-29

| 85%的车速或标示或法定的车速限制(km/h) | 最小超车区长度(m) | 85%的车速或标示或法定的车速限制(km/h) | 最小超车区长度(m) |
| --- | --- | --- | --- |
| 40 | 140 | 90 | 240 |
| 50 | 180 | 100 | 240 |
| 60 | 210 | 110 | 240 |
| 70 | 240 | 120 | 240 |
| 80 | 240 | | |

HDM 认为任意位置处的超车视距为驾驶员视线高于铺装路面 1070mm 时,能看到路上高度为 1300mm 目标的顶部时的最远距离。不同设计速度下的计算超车视距见表 3-30。

HDM 中的超车视距　　　　表 3-30

| 设计车速(km/h) | 超车视距(m) | 设计车速(km/h) | 超车视距(m) |
| --- | --- | --- | --- |
| 30 | 217 | 90 | 605 |
| 40 | 285 | 100 | 670 |
| 50 | 345 | 110 | 728 |
| 60 | 407 | 120 | 792 |
| 70 | 482 | 130 | 855 |
| 80 | 541 | | |

当可能发生超车时,应设计 2 车道的公路,尤其是当卡车或游艺车的交通量较大时。超车应在切线平曲线上完成,纵坡为定值或略微的凹曲线。驾驶员通常很反感在长凸曲线上超车,且凸曲线要满足超车视距要求也不现实,因为需调整凸曲线,成本太高。凸曲线的超车视距比停车视距长 7~17 倍。

设置超车视距的位置一般在平曲线和不需设置凸曲线的竖曲线组合处。

仅在 2 车道道路考虑超车视距。在关键位置处,使用设置了停车视距的 3 或 4 车道超车断面可能比设置了超车视距的 2 车道更经济。

白天和夜间均可在凹曲线上超车,因为整个曲线均可看到车前灯。

《公路工程技术标准》(JTG B01—2014)中认为超车视距是指在需要临时占用对向车道完成超车的公路上,后车超越前车过程中,自开始驶离原车道起,至可见对向来车并能超车后安全驶回原车道所需的最短行驶距离。《公路工程技术标准》(JTG B01—2014)中的超车视距见表 3-31。

二、三、四级公路会车与超车视距　　　　表 3-31

| 设计速度(km/h) | 80 | 60 | 40 | 30 | 20 |
| --- | --- | --- | --- | --- | --- |
| 会车视距(m) | 220 | 150 | 80 | 60 | 40 |
| 超车视距(m) | 550 | 350 | 200 | 150 | 100 |

由于高速公路和一级公路采用分向分道行驶,不存在会车和对向超车等需求,因此,高速公路和一级公路应满足停车视距要求。对于二、三、四级公路,由于一般采用双向行驶的交通组织方式,其行车特征是超车时经常要占用对向车道,为保证行车安全,该标准中规定:"双车道公路应间隔设置具有超车视距的路段"。

公路是三维的空间实体,公路视距除受到平、纵、横等几何指标、参数和平纵组合等影响外,还可能受到路侧填挖方边坡、护栏等的遮挡影响。通过对我国部分山区高速公路进行视距检验评价发现:在平、纵等主要几何指标满足对应标准、规范指标要求的情况下,仍可能存在视距不良(不足)的情况。该标准规定对于公路平面和纵断面指标较低、平纵线形组合复杂路段,应进行对应的视距检验。对于视距不良路段或区域,应采取相应的技术措施予以改善。

## 3.10 超 高

根据力学原理,当车辆在曲线上行驶时会承受离心力。在有超高的路段,离心力由平行于超高表面和轮胎与路面侧摩擦的车辆重量分量抵抗。仅用超高来平衡离心力是不现实的,因为对于任意给定的曲率半径,一种超高只匹配一种设计车速。在任意其他车速时,都会产生指向曲线中心的向外或向内的侧向力,该侧向力必须由侧向摩擦抵抗。

### 3.10.1 一般规定

如果车辆没有打滑,可通过以下公式计算受力情形,用于在特定车速下设计能舒适行驶的曲线:

$$离心力 = e + f = \frac{0.0079v^2}{R} = \frac{v^2}{127R} \tag{3-6}$$

式中:$e$——超高(m/m);
$f$——侧摩擦因数;
$R$——曲线半径(m);
$v$——车速(km/h)。

标准超高的设计使得必须由轮胎摩擦抵消的离心力部分不超过允许限值。图 3-5 给出了不同车速对应的摩擦系数。该系数适用于波特兰水泥混凝土路面和沥青路面。

### 3.10.2 超高标准

表 3-32 给出了不同公路条件下的最大超高。

基于设计人员根据某种条件选择的 $e_{max}$,应在曲率半径的给定范围内使用表 3-32 的超高值。如果允许使用低于标准的超高值,则应用图 3-5 基于曲线半径和最大舒适车速来确定超高。

最大舒适车速由图 3-5 给出的公式计算。代表了因离心力对驾驶员产生明显不适的曲线路段上的舒适车速。设计中使用 AASHTO 推荐的图 3-5 中的表列侧摩擦系数。由 AASHTO 出版的《公路街道几何设计策略》一书中所述"一般来说,研究表明新轮胎和湿混凝土路面之间的最大侧摩擦系数范围为车速30km/h时0.5,车速100km/h时0.35。"因此设计侧摩擦系数为当即将发生侧向滑动时的值的1/3。

使用图3-5前,设计者必须确定三种变量的相对重要性。当允许使用非标准超高值时,应根据超高值和所需曲线半径使用图3-5。然后必须确定求出的最大舒适车速是否满足条件,或是否需要进一步调整半径和超高。

对于小半径曲线,当车速小于75km/h时,标准超高值会导致非常小的侧向推力。这为大多数驾驶员提供了最大程度的舒适性。

当同时设置平坡和超高过渡段时,会对路面排水产生不利影响,因此半径大于或等于3000m的水平曲线可不设超高。

曲线上的超高横坡延伸至行车路面的整个宽度和路肩,但在较低侧的路肩处不应小于曲线的最小路肩横坡。

在乡村2车道的公路上,超高应和行车路面的整宽以及路肩在同一个平面上,但过渡段例外。

**标准超高值**(超高值单位为m/m,曲线半径单位为m)　　　表3-32

| 匝道、2车道传统道路、临街道路(1) | | 高速公路、快速路、多车道传统道路 | | 当考虑雪和冰条件时(海拔高于900m) | | 城区道路 (55~75km/h) | | 城区道路 (小于55km/h) | |
|---|---|---|---|---|---|---|---|---|---|
| $e_{max}=0.12$ | | $e_{max}=0.10$ | | $e_{max}=0.08$ | | $e_{max}=0.06$ | | $e_{max}=0.04$ | |
| 曲线半径范围 | e值 | 曲线半径范围 | e值 | 曲线半径范围 | e值 | 曲线半径范围 | e值 | 曲线半径范围 | e值 |
| 189及以下 | 0.12 | | | | | | | | |
| 190~259 | 0.11 | | | | | | | | |
| 260~334 | 0.10 | 334及以下 | 0.10 | | | | | | |
| 335~409 | 0.09 | 335~409 | 0.09 | | | | | | |
| 410~489 | 0.08 | 410~489 | 0.08 | 489及以下 | 0.08 | | | | |
| 490~579 | 0.07 | 490~579 | 0.07 | 490~579 | 0.07 | | | | |
| 580~669 | 0.06 | 580~669 | 0.06 | 580~669 | 0.06 | 179及以下 | 0.06 | | |
| 670~824 | 0.05 | 670~824 | 0.05 | 670~824 | 0.05 | 180-304 | 0.05 | | |
| 825~1064 | 0.04 | 825~1064 | 0.04 | 825~1064 | 0.04 | 305~459 | 0.04 | 149及以下 | 0.04 |
| 1065~1369 | 0.03 | 1065~1369 | 0.03 | 1065~1369 | 0.03 | 460~609 | 0.03 | 150~304 | 0.03 |
| 1370~5999 | 0.02 | 1370~5999 | 0.02 | 1370~5999 | 0.02 | 610~2134 | 0.02 | 305~1524 | 0.02 |
| 大于5999 | (2) | 大于5999 | (2) | 大于5999 | (2) | 大于2134 | (2) | 大于1524 | (2) |

注:1. 其他管辖权下的临街道路见HDM202.7。
    2. 使用标准路拱截面。

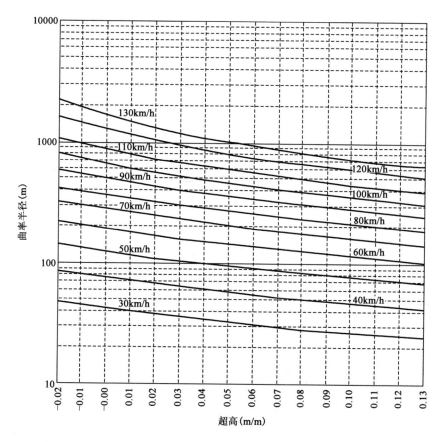

| 车速(km/h) | 侧摩擦系数 $f$ |
|---|---|
| 30 | 0.17 |
| 40 | 0.17 |
| 50 | 0.16 |
| 60 | 0.15 |
| 70 | 0.14 |
| 80 | 0.14 |
| 90 | 0.13 |
| 100 | 0.12 |
| 110 | 0.11 |
| 120 | 0.09 |
| 130 | 0.08 |

说明：本图并非用于确定标准超高值或曲线半径。本图应用于帮助确定最大舒适车速。使用该图取代标准时必须进行书面说明。

$$e+f=\frac{0.0079v^2}{R};$$

式中：$e$——超高；
$f$——侧摩擦系数；
$v$——车速(km/h)；
$R$——半径(m)

图 3-5 平曲线上的最大舒适车速

## 3.10.3 限制条件

在限制车速区或匝道/街道平交为控制因素时，可能需要设置小于表 3-32 或图 3-5 中的超高值。其他典型位置为靠近地方道路连接处且为小半径曲线的匝道，或在平交或有上跨结构的环形连接处。

### 3.10.4 超高过渡段

1）一般规定

超高过渡段一般由路拱横坡和超高横坡组成，见图3-6和图3-7。

|  | 公式 | 术语释义 |
|---|---|---|
| 2车道道路 | $L=750e$ | $L$ 为超高缓和段(m) |
| 多车道和支线连接匝道 | $L=150De$ | $e$ 为超高(m/m) |
|  |  | $D$ 为旋转轴距最外侧车道边缘的距离(m) |
| 多车道 | $L=750e$ |  |
| 单车道 | $L=600e$ |  |
| 最小值 $L=45m$ |  | 最大值 $L=153m$ |
| $L$ 实际取值为距计算值最近的能被3整除的数 |  |  |

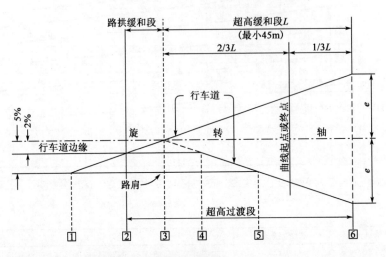

超高缓和段长度

| 超高值 $e$ (m/m) | 2车道公路和多车道匝道 | 单车道匝道 | 长度 $L$ (m) 不同宽度 $D$ 值的多车道公路和支路连接 | | | | | | |
|---|---|---|---|---|---|---|---|---|---|
|  |  |  | 7.2m | 10.8m | 14.4m | 15.3m | 18m | 18.9m | 22.5m |
| 0.02 | 45 | 45 | 45 | 45 | 45 | 45 | 54 | 57 | 69 |
| 0.03 | 45 | 45 | 45 | 51 | 66 | 69 | 81 | 84 | 102 |
| 0.04 | 45 | 45 | 45 | 66 | 87 | 93 | 108 | 114 | 135 |
| 0.05 | 45 | 45 | 54 | 81 | 108 | 114 | 135 | 141 | 153 |
| 0.06 | 45 | 45 | 66 | 96 | 132 | 138 | 153 | 153 |  |
| 0.07 | 54 | 45 | 78 | 114 | 153 | 153 |  |  |  |
| 0.08 | 60 | 48 | 87 | 132 |  |  |  |  |  |
| 0.09 | 69 | 54 | 99 | 147 |  |  |  |  |  |
| 0.10 | 75 | 60 | 108 | 153 |  |  |  |  |  |
| 0.11 | 84 | 66 | 120 |  |  |  |  |  |  |
| 0.12 | 90 | 72 | 129 |  |  |  |  |  |  |

注：对于未列出的宽度 $D$ 值，使用上述公式。

图3-6 超高过渡段

超高过渡段应按图3-6中所示的图和表格数据进行设计，以满足安全、舒适和景观要求。超高过渡段的长度应基于超高值和旋转面的组合，并考虑图3-6底部的表列超高长度。

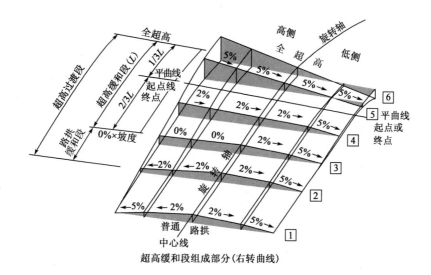

图 3-7 超高过渡段术语和定义

路拱缓和段： 从横坡为正常路拱2%到横坡为0%的距离。

超高缓和段(L)： 从横坡为0%到横截面为完整超高的距离。

超高过渡段： 从横坡为正常路拱2%到横截面为完整超高的距离。路拱缓和段加上超高缓和段长度即为超高过渡段长度。

在切线上的%： 超高缓和段(L)不在曲线上的长度百分比(2/3L)。

在曲线上的%： 超高缓和段(L)在曲线上的长度百分比(1/3L)。在切线上的%与在曲线上的%之和必须为100%。

应标明行车道路和路肩剖面的边缘,且应利用平滑曲线消除因超高过渡段和道路竖曲线之间的相互作用造成的边缘不规则。行车路面和路肩剖面的边缘表明从排水角度来讲不建议且应尽量避免平坦区域。

2) 缓和段

超高段的2/3应位于切线上,1/3位于曲线上。这导致整个超高的2/3在曲线的起点或终点。也可因需要根据平坦处或不可视的凹曲线或凸曲线调整而变化,或因与现有道路匹配而变化。

3) 限制情形

在限制情形如山区的2车道公路、交叉匝道、汇流道路、临街道路等处,当曲线半径、长度以及曲线之间切线较短时,可能无法满足超高和/或过渡段标准值。在这种情形应使用最大超高和过渡段长度,但横坡的变化量每20m不应超过4%。

4) 桥梁上的超高过渡段

应避免在桥梁上设置超高过渡段。

5) 路肩过渡段

路肩平面绕相邻行车道边缘或行车道旋转。路肩超高过渡段应平滑且与相邻路段的过渡段协调。

### 3.10.5 组合曲线的超高

组合曲线的超高应根据图3-8进行设计。

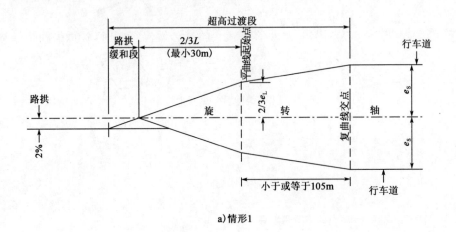

a)情形1

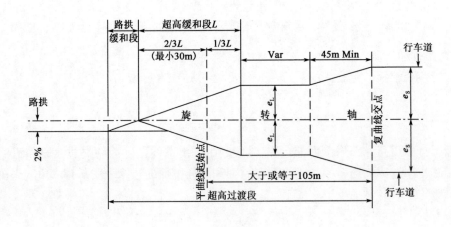

b)情形2

图3-8 组合曲线的超高

$L$-超高缓和段长度(m);$e_S$-小半径曲线的超高(m/m 或百分比);$e_L$-大半径曲线的超高(m/m 或百分比)

### 3.10.6 城市街道和乡村道路的超高

在州路权之内的当地街道和道路的超高(不论是否有与州际设施的连接)应符合 AASHTO 标准,且根据所考虑设施进行功能性分类。如果当地机构有权对当地设施使用超出 AASHTO 标准的规范,则应使用当地机构的标准。

AASHTO 中认为,平曲线上应设置超高上限。当考虑道路雪、冰因素时,超高值应使车辆在结冰路面停车或缓慢行驶时不会向曲线中心滑动。排水较差时,路面会产生积水,进而造成路面湿滑。当侧向摩擦因积水的润滑作用减至需求值以下时,车速较高时会发生侧滑(尤其是后轮)。当超高值较大而车辆慢速行驶时,会产生反向侧向力,车辆只有爬坡或向平曲线反向前进才能正常行驶。这会使驾驶员感觉怪异,也说明当超高大于正常行驶速度对应值时行驶困难。这种大超高在高交通量道路上(如城区或郊区)不适用,因为车辆会因高交通量或其他条件而频繁减速,容易产生侧滑。

当重心较高的车辆或悬挂较松的小客车在大超高处缓慢行驶时,较低侧的车轮承担了更多的重量,当情形严重时会发生侧翻。因此需规定最大超高。

对于街道和公路,最大超高受4个因素控制:气候条件(即降雪量、结冰量及其概率)、地形条件(即平原、丘陵或山区)、区域类型(即城区或乡村)和可能受超高影响的极慢行驶车辆的通过频率。综合考虑这些因素可得出不能简单适用某个最大超高值。但是,在类似气候和土地用途的区域需确定一个最大超高,这样可以提高设计的一致性。

设计一致性代表了高速公路线形及其相关设计要素的统一。该统一能使驾驶员熟悉期望值并提高感知反应技能。相同类型道路的设计要素不统一时,驾驶员容易产生陌生感,并导致驾驶工作量增加。逻辑上,设计统一性、驾驶工作量和撞车事故概率之间有内在联系,"统一"设计是为了达到较低的工作量并减少撞击概率。

高速公路的最大超高通常为10%,某些情形也使用12%。8%以上的超高仅在无冰雪地区使用。尽管较大超高适用于高速行驶的车辆,但当前实践表明12%以上的超高超出了实践限制。实践认识到修建过程、维护难度和低速行驶车辆的运营的组合效应。

因此,无冰雪区域的实际最大超高值为12%。在低交通量的碎石路面可使用12%的超高以便于横向排水。但是,该超高会导致较高车速,进而产生路辙或碎石移位。一般合理的最大超高值为8%。

当有雪或冰,车辆静止或试图从静止状态低速启动时,试验和经验表明8%是能尽量减少车辆侧滑的最大超高值。

当交通拥堵或额外边界限制最高车速时,通常使用较低的最大超高,一般为4%~6%。

总体而言,推荐:

(1)对道路曲线的设计控制要素最大超高取多个值而非单一值。
(2)不应超过12%的超高。
(3)4%~6%的超高适用于限制较少的城区设计。
(4)在低速城区街道上,当限制较严时可不设超高。为了考虑实践经验,最大超高一般设为4%、6%、8%、10%、12%这5种。

对于长坡和平陡坡,驾驶员下坡时比上坡开得更快。此外,侧摩系数在下坡(因制动力)和陡上坡处(因牵引力)均较大。当纵坡大于5%时,应考虑调整超高。对于卡车交通量较大的车道和中间曲线使用高侧磨系数的低速车道,该调整尤为重要。

对于分离式道路,每侧路面单独设置超高。在单车道的匝道需进行调整。

当地乡村道路超高:对于有铺装路面的乡村道路,超高不应超过12%,除非当地经常出现冰雪,这种情形下超高不应超过8%。对于无铺装道路,超高不应超过12%。

乡村汇流道路超高:大多数乡村汇流道路的线形为曲线。应使用与设计速度对应的超高值。对于乡村汇流道路,超高不应超过12%。当考虑冰雪条件时,超高不应超过8%。超高缓和段代表了道路需要匹配横坡从最不利路拱变至完全超高截面的长度。缓和段的设计长度需能保证顺畅驾驶、路面排水以及良好景观。

主干道超高：当乡村主干道使用曲线线形时，应使用基于设计速度的超高。超高不应超过12%。但当考虑冰雪条件时，最大超高不应超过8%。

高速公路超高：高速公路的最大超高可为6%~12%。但当考虑冰雪条件时，最大超高应为6%~8%。凹曲线、地面处或路堤上的高速公路使用的最大超高通常不适用于高架桥的上跨高速公路。高架桥的最大超高一般为6%~8%。当考虑结冰和解冻条件时，可使用较低值。当高速公路间隔跨越高架桥时，应对整体设计均采用较低超高值以保持一致性。

《得州管控车道手册》规定，管控车道的超高必须满足不同车速的转弯半径。设计时必须以公交、货车和卡车为设计车型，因其重心较高所以超高也略大。表3-33列出了《得州管控车道手册》中的推荐超高。

《得州管控车道手册》中管控车道的推荐超高　　　　　　　表3-33

| 管控车道设计车速(km/h) | 最大超高 $e$ (m/m) | |
|---|---|---|
| | 允许值 | 理想值 |
| 70~80 | 0.06 | 0.04 |
| 80~110 | 0.06(0.08) | 0.04(0.06) |

注：括号中数字为《得州管控车道运营、规划和设计指南》中的数值。

《公路工程技术标准》（JTG B01—2014）中规定，当公路圆曲线半径小于表3-50中的"不设超高的圆曲线最小半径"时，应设置圆曲线超高。最大超高应符合下列规定：

（1）一般地区，圆曲线最大超高应采用8%。

（2）积雪冰冻地区，最大超高值应采取6%。

（3）以通行中、小型客车为主的高速公路和一级公路，最大超高可采用10%。

（4）城镇区域公路，最大超高值可采取4%。

公路项目采用的最大超高值不同，同一设计速度下，圆曲线最小半径应是不相同的。公路项目拟采用的最大超高（值）主要根据交通量、交通组成和公路行车环境等条件确定。大型货运车辆占比较高的公路，宜采用较小的最大超高（值）。对于存在积雪冰冻情况的地区，公路项目最大超高不应大于6%。城市区域考虑到非机动车等通行特点，公路项目最大超高不宜大于4%。

## 3.11 横　坡

管控车道的横坡一般应和相邻高速公路一致，通常为2%。但是当管控车道位于中央分隔带且呈倒V形时，在满足排水要求的前提下，可将管控车道从中央向两侧设置2%的横坡（图3-9）。对于5条或以上车道的典型横截面，整个车道剖面为单一横坡2%可能不满足要求，需调整最外侧车道的横坡。对于与已有车道同向的管控车道，常规做法是延伸已有横坡。也有设计将横坡反向从而指向中分带，以截流过多的路面排水。除非布置有极宽的减速带或护栏，否则不建议使用反向横坡（即横坡突变值超过4%），会影响驾驶员在指定入口通过减速带时的判断，并降低通行性能和安全性。

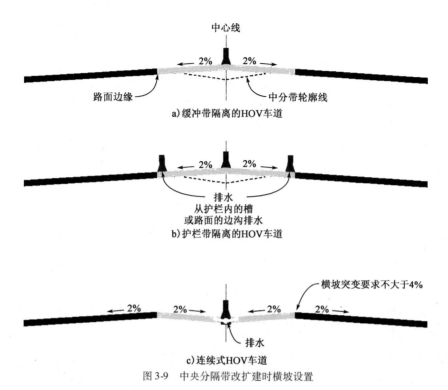

图 3-9 中央分隔带改扩建时横坡设置

AASHTO 规定,行车路面的最小横坡根据排水需要确定。与道路类型和降雨量、降雪量、结冰量一致,常用最小横坡为 1.5%～2.0%。有路缘石时,可使用更陡的横坡以减少车道外侧的积水。

常规横坡的形状或形式各有不同。某些州和市对双车道路面使用抛物线等曲线横截面。其他地区对每个车道使用直线横截面。

当地乡村道路横坡:对于有铺装路面,横坡范围通常为 1.5%～2%;对于无铺装路面,通常为 2%～6%。

乡村汇流道路横坡:对于有铺装道路横坡范围通常为 1.5%～2%;无铺装道路的横坡为 3%～6%。

主干道横坡:横坡可改善道路排水。2 车道的乡村道路通常设计为中心线路拱,行车道横坡为 1.5%～2%;较大值使用频率更高。

HDM 中对横坡的规定如下:

(1)一般规定。设置道路横截面的横坡是为了行车道路面的排水。积水会导致打滑或其他可能产生事故隐患的问题。

(2)对于路面修复或加宽等必须匹配现有横坡的情形,横坡最小应为 1.5%,最大应为 3%。但当成本可行时,2 车道和多车道的 AC 公路横坡应增至 2%。

(3)在无铺装的道路路面,包括砂砾和经渗透处理的土,横坡应为 2.5%～5.0%。

在 2 车道或多车道的未分离道路的常规切线截面,路拱的最高点应为路面中心,且路面横坡应以固定值指向边缘。

对于重建和加宽的项目,对于2车道或未分离的多车道公路,对向交通的相邻车道之间的横坡最大代数差应为6%。对于新建项目,最大代数差应为4%。

在分离路基的道路,路拱的最高点可为中央或行车道的左侧或中心,且最好高于车道线(tent sections)。当在分离道路内侧增加车道时,或当利用现有2车道路面作为分离路基道路的一幅从而将现有2车道"路拱"公路加宽至4车道分离公路时,可采用该方法。

分离路基道路的同向交通车道之间的横坡最大代数差不应超过4%。

行车道和路肩的横坡最大差值不应超过8%。这适用于新建项目或路面重铺项目。

在快速路入口和出口处,相邻车道之间或车道与三角区之间的横坡最大差值不应超过5%。

《公路路线设计规范》(JTG D20—2006)中规定:高速公路、一级公路整体式路基的路拱宜采用双向路拱坡度,由路中央向两侧倾斜。位于中等强度降雨地区时,路拱坡度宜为2%;位于降雨强度较大地区时,路拱坡度可适当增大。

高速公路、一级公路分离式路基的路拱,宜采用单向横坡,并向路基外侧倾斜,也可采用双向路拱坡度。积雪、冰冻地区,宜采用双向路拱坡度。

六车道、八车道高速公路,六车道一级公路,当超高过渡段的路拱坡度过于大时,可设置两个路拱。

二级公路、三级公路、四级公路的路拱应采用双向路拱坡度,由路中央向两侧倾斜。路拱坡度应根据路面类型和当地自然条件确定,但不应小于1.5%。

## 3.12 纵　　坡

纵坡设计应符合规范习惯,保证管控车道上行驶车辆的安全性和舒适性。设计中必须考虑最大和最小纵坡。表3-34和表3-35分别给出了《得州管控车道手册》和《得州管控车道规划、运营和设计指南》中的管控车道主线和匝道的理想和最大坡度。仅在特殊或极端情形下可使用超出推荐最大值的纵坡。在车启动和停止位置处,应设计足够长的平缓纵坡以提供行车舒适性。纵坡的最大长度应在考虑纵坡长度和坡度的情况下使车速不低于16km/h。

最小纵坡应为0.35%,以满足排水需要、避免路面积水。对于中央分隔带改建的管控车道,最小纵坡应和原高速公路纵坡一致。

《得州管控车道手册》推荐最大纵坡　　　　　　　　　　　　　表3-34

| 管控车道类型 | 纵　坡 | | |
| --- | --- | --- | --- |
| | 高速公路 | 收费公路 | HOV最大 |
| 主线(110km/h) | 3% | 4% | 5% |
| 匝道(65km/h) | 最好低于4% | | 5% |

《得州管控车道规划、运营和设计指南》推荐最大纵坡　　　　　表3-35

| 管控车道类型 | 纵坡坡度(%) | |
| --- | --- | --- |
| | 理想值 | 最大值 |
| 主线(110km/h) | 3 | 6 |
| 匝道(65km/h) | 6 | 8 |

当设计速度为110km/h时,最大纵坡可为5%。当设计速度为50km/h时,最大纵坡通常根据地形取7%~12%。如果仅考虑较重要道路,显然对于50km/h采用7%或8%的最大纵坡代表了当前的设计实际。设计速度为60~100km/h之间时,控制纵坡介于上述值之间。各类型道路的纵坡见表3-36~表3-40。

**AASHTO中当地乡村道路的最大纵坡**　　　　表3-36

| 地形 | 规定设计速度(km/h)的最大纵坡(%) | | | | | | | | |
|---|---|---|---|---|---|---|---|---|---|
| | 20 | 30 | 40 | 50 | 60 | 70 | 80 | 90 | 100 |
| 平原 | 9 | 8 | 7 | 7 | 7 | 7 | 6 | 6 | 5 |
| 丘陵 | 12 | 11 | 11 | 10 | 10 | 9 | 8 | 7 | 6 |
| 山区 | 17 | 16 | 15 | 14 | 13 | 12 | 10 | 10 | — |

**AASHTO中乡村汇流道路的最大纵坡**　　　　表3-37

| 地形 | 规定设计速度(km/h)的最大纵坡(%) | | | | | | | |
|---|---|---|---|---|---|---|---|---|
| | 30 | 40 | 50 | 60 | 70 | 80 | 90 | 100 |
| 平原 | 7 | 7 | 7 | 7 | 7 | 6 | 6 | 5 |
| 丘陵 | 10 | 10 | 9 | 8 | 8 | 7 | 7 | 6 |
| 山区 | 12 | 11 | 10 | 10 | 10 | 9 | 9 | 8 |

注:对于乡村区域的较短纵坡长度,如纵坡小于150m时,单向下坡和低交通量乡村汇流车道的坡可在本表数值上加2%。

**AASHTO中主干道的最大纵坡**　　　　表3-38

| 地形 | 规定设计速度(km/h)的最大纵坡(%) | | | | | | | |
|---|---|---|---|---|---|---|---|---|
| | 60 | 70 | 80 | 90 | 100 | 110 | 120 | 130 |
| 平原 | 5 | 5 | 4 | 4 | 3 | 3 | 3 | 3 |
| 丘陵 | 6 | 6 | 5 | 5 | 4 | 4 | 4 | 4 |
| 山区 | 8 | 7 | 7 | 6 | 6 | 5 | 5 | 5 |

**AASHTO中高速公路的最大纵坡**　　　　表3-39

| 地形 | 设计速度(km/h) | | | | | |
|---|---|---|---|---|---|---|
| | 80 | 90 | 100 | 110 | 120 | 130 |
| | 纵坡(%) | | | | | |
| 平原 | 4 | 4 | 3 | 3 | 3 | 3 |
| 丘陵 | 5 | 5 | 4 | 4 | 4 | 4 |
| 山区 | 6 | 6 | 6 | 5 | — | — |

注:在因路权限制的城区或在山区,纵坡可在表中所列值的基础上增加1%。

HDM 规定:陡坡会影响卡车车速和全面性能,也会导致平交处的操控问题。因此需要设计尽可能平的纵坡。

**不同公路类型和地形条件下的最大纵坡**　　　　表 3-40

| 地形条件 | 高速路和快速路 | 乡村道路 | 城区道路 |
|---|---|---|---|
| 平原 | 3% | 4% | 6% |
| 丘陵 | 4% | 5% | 7% |
| 山区 | 6% | 7% | 9% |

有雪乡村的最小纵坡应为 0.5%,其他区域为 0.3%。对于城区和郊区的传统道路,当回填边坡为 1∶4 或更平坦时,可允许在平原地区使用平纵坡线,且不需设置排水沟承担路床排水。在超高过渡段不允许设置平坡,因为平坦区域会导致路床积水。

匝道纵坡不应超过 8%。在下降进入匝道和上升离开匝道处,允许使用 9% 的纵坡。

《公路工程技术标准》(JTG B01—2014)中的最大纵坡应符合表 3-41 的规定,并应符合下列规定:

(1)设计速度为 20km/h、100km/h、80km/h 的高速公路受地形条件或其他特殊情况限制时,经技术经济论证,最大纵坡值可增加 1%。

(2)公路改扩建中,设计速度为 40km/h、30km/h、20km/h 的利用原有公路的路段,经技术经济论证,最大纵坡值可增加 1%。

(3)二级及二级以下公路的越岭路线连续上坡(或下坡)路段,相对高差为 200~500m 时,平均纵坡不应大于 5.5%;相对高差大于 500m 时,平均纵坡不应大于 5%。任意连续 3km 路段的平均纵坡不应大于 5.5%。

(4)高速公路、一级公路应论证采用合理的平均纵坡。对存在连续长、陡纵坡的路段应进行安全性评价。

**《公路工程技术标准》(JTG B01—2014)中的最大纵坡**　　　　表 3-41

| 设计速度(km/h) | 120 | 100 | 80 | 60 | 40 | 30 | 20 |
|---|---|---|---|---|---|---|---|
| 最大纵坡(%) | 3 | 4 | 5 | 6 | 7 | 8 | 9 |

最大纵坡条文主要依据标准修订支撑专题和相关课题的研究成果结论修订。

1)各级公路纵坡的适应性

高速公路设计速度为 120km/h 的最大纵坡规定为 3%,因为小客车在 3% 的坡道上行驶,同在水平路段上行驶相比较,只是在保持自由速度方面有轻微的影响。在较陡的坡道上,其速度则随着上坡坡度的增大而逐步降低。在下坡道上,小客车的速度略高于水平路段的速度,但也要受各种条件的限制。

3%、4% 的最大纵坡适合于高速公路和一级公路以较高行车速度行驶,当高速公路受地形条件或其他特殊情况限制时,经技术经济论证,最大纵坡可增加 1%;8%、9% 的最大纵坡适合于设计速度为 30km/h 的三级公路以及设计速度为 20km/h 的四级公路上低速行驶;5%、6%、7% 的最大纵坡适合于 80km/h、60km/h、40km/h 的设计速度。

2)纵坡控制指标

近年来,我国山区高速公路长大纵坡路段交通事故较为集中,受到各方面的高度关注。

"国家道路安全行动计划"等项目对大量事故的深入剖析表明:长大下坡事故致因主要在于"人"和"车"的因素(如:违章驾驶、超速、超载、超限等),直接由于道路因素导致的交通事故占比极低(由公路几何线形、路面和给养状况等道路因素直接引发事故的比例低于1%)。并且相关研究均不能提示事故与公路纵坡坡度、长度之间的直接关系。显然,在车辆正常配载、行车制动系统工作完好、驾驶员操作正确的情况下,按照现行标准纵坡控制指标设计建设的高速公路是能够保证行车安全的。同时,通过国外高速公路相关调研和国内外公路技术标准的纵坡设计指标对比发现:我国纵坡控制指标(不同设计速度对应的最大纵坡坡度指标)与各国基本一致,甚至总体控制指标小于部分欧洲国家的纵坡控制指标,偏于安全。综合考虑,2014版修订未对各级公路(不同设计速度对应的)最大纵坡指标进行修订。

平均纵坡指标用于指导二级、三级和四级公路越岭线纵坡设计。对于一条公路项目,"相对高差指标"的要求和"任意连续3km路段"的要求应同时满足。

尽管在全国调研中,高速公路长大纵坡控制指标是大家关注的焦点性问题,且目前部分在建的山区高速公路项目纵坡设计有明显的采用平缓纵坡方案的趋势,但经分析论证,单纯通过修订降低公路纵坡控制指标,采用更趋于平缓的平均纵坡设计方案,不仅会直接导致公路建设里程、用地、建设规模、造价和运营成本等的显著增加,而且目前相关研究尚不能得出"采用平缓纵坡的方案就能有效提高对应长大纵坡路段的行车安全性"的明确结论。因此2014版的修订仅提出:高速公路、一级公路应采用合理的平均纵坡,以提高纵坡路段的通行能力和运行安全。这是对今后设计的原则性要求。具体项目中,对于可能存在连续纵坡的路段,均应进行安全性评价,基于运行速度等方法将各类指标、速度变化、安全设计等进行检验分析,进而通过优化线形设计、完善安全设施、实施速度管理等综合措施,提升公路的本质安全性。

不同纵坡的最大坡长应符合表3-42的规定。

《公路工程技术标准》(JTG B01—2014)中不同纵坡的最大坡长(单位:m)　　表3-42

| 纵坡坡度(%) | 设计速度(km/h) | | | | | | |
| --- | --- | --- | --- | --- | --- | --- | --- |
| | 120 | 100 | 80 | 60 | 40 | 30 | 20 |
| 3 | 900 | 1000 | 1100 | 1200 | — | — | — |
| 4 | 700 | 800 | 900 | 1000 | 1100 | 1100 | 1200 |
| 5 | — | 600 | 700 | 800 | 900 | 900 | 1000 |
| 6 | — | — | 500 | 600 | 700 | 700 | 800 |
| 7 | — | — | — | — | 500 | 500 | 600 |
| 8 | — | — | — | — | 300 | 300 | 400 |
| 9 | — | — | — | — | — | 200 | 300 |
| 10 | — | — | — | — | — | — | 200 |

这里的最大坡长是针对采用同一坡度值的单一路段而言的。当单一纵坡的长度超过表中规定值,或者路段平均纵坡较大时,应通过通行能力验算,论证设置供大型车辆上坡的爬坡车道。

相关研究表明,在长陡纵坡中间设置缓段,不利于下坡方向车辆减速,可能会给驾驶员造成进入了平坡或反陡的错觉,2014修订版取消了关于长陡纵坡中间设置缓和段的规定。

## 3.13 平 曲 线

平面线形的设计应保证管控车道用于设计的所有车型均能安全地通过全部路段。表3-43和表3-44列出了管控车道平曲线的理想和折减半径。仅当采用理想半径的成本过大时才考虑使用最小半径值。

《得州管控车道手册》中平曲线推荐最小半径　　表3-43

| 设计车速(km/h) | 半 径 | |
|---|---|---|
| | 折减值① | 理想值② |
| 70 | 175 | 195 |
| 80 | 230 | 250 |
| 90 | 305 | 335 |
| 100 | 395 | 435 |
| 110 | 500 | 560 |
| 120 | 665 | 775 |
| 130 | 830 | 950 |

注:①折减半径参考AASHTO绿皮书,其中$e_{max}=8\%$。
　　②理想半径参考AASHTO绿皮书,其中$e_{max}=6\%$。

《得州管控车道规划、运营和设计指南》中平曲线推荐最小半径　　表3-44

| 设计车速(km/h) | 半 径 | |
|---|---|---|
| | 折减值① | 理想值② |
| 50 | 80 | 90 |
| 70 | 175 | 200 |
| 80 | 250 | 250 |
| 100 | 400 | 500 |
| 110 | 500 | 600 |

注:①折减半径参考AASHTO绿皮书,其中$e_{max}=8\%$。
　　②理想半径参考AASHTO绿皮书,其中$e_{max}=6\%$。

为了道路设计平衡性,在满足经济性的条件下,所有几何要素均应按常规条件下对大多数车辆观测到的速度进行设计,可使用设计车速作为整体设计控制。道路曲线的设计应基于设计车速和曲率之间的合适关系,且基于其和超高与侧面摩擦之间的关系。

最小半径是给定车速的曲率限制值,根据设计的最大超高和最大侧向摩擦系数确定。

最小曲率半径$R_{min}$根据简化曲线公式直接计算:

$$R_{min}=\frac{v^2}{127(0.01e_{max}+f_{max})} \qquad (3-7)$$

基于图3-10的最大容许侧向摩擦系数,表3-45给出了根据式(3-7)计算的每个最大超高对应的最小半径。

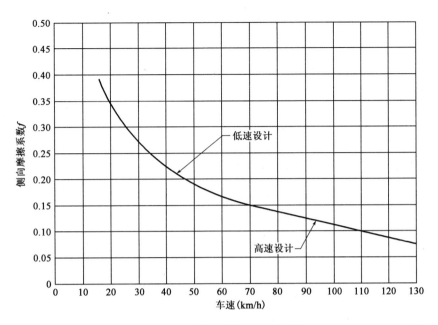

图 3-10 设计中假设的侧向摩擦系数

使用超高 $e$ 和侧向摩擦系数 $f$ 极限值计算的最小半径  表 3-45

| 设计车速<br>(km/h) | 最大超高<br>$e$(%) | 最大侧向<br>摩擦系数 $f$ | $e/100 + f$ | 计算半径<br>(m) | 四舍五入后半径<br>(m) |
|---|---|---|---|---|---|
| 15 | 4 | 0.4 | 0.44 | 4 | 4 |
| 20 | 4 | 0.35 | 0.39 | 8.1 | 8 |
| 30 | 4 | 0.28 | 0.32 | 22.1 | 22 |
| 40 | 4 | 0.23 | 0.27 | 46.7 | 47 |
| 50 | 4 | 0.19 | 0.23 | 85.6 | 86 |
| 60 | 4 | 0.17 | 0.21 | 135 | 135 |
| 70 | 4 | 0.15 | 0.19 | 203.1 | 203 |
| 80 | 4 | 0.14 | 0.18 | 280 | 280 |
| 90 | 4 | 0.13 | 0.17 | 375.2 | 375 |
| 100 | 4 | 0.12 | 0.16 | 492.1 | 492 |
| 15 | 6 | 0.4 | 0.46 | 3.9 | 4 |
| 20 | 6 | 0.35 | 0.41 | 7.7 | 8 |
| 30 | 6 | 0.28 | 0.34 | 20.8 | 21 |
| 40 | 6 | 0.23 | 0.29 | 43.4 | 43 |
| 50 | 6 | 0.19 | 0.25 | 78.7 | 79 |
| 60 | 6 | 0.17 | 0.23 | 123.2 | 123 |
| 70 | 6 | 0.15 | 0.21 | 183.7 | 184 |
| 80 | 6 | 0.14 | 0.2 | 252 | 252 |

续上表

| 设计车速<br>(km/h) | 最大超高<br>e(%) | 最大侧向<br>摩擦系数 $f$ | $e/100+f$ | 计算半径<br>(m) | 四舍五入后半径<br>(m) |
|---|---|---|---|---|---|
| 90 | 6 | 0.13 | 0.19 | 335.7 | 336 |
| 100 | 6 | 0.12 | 0.18 | 437.4 | 437 |
| 110 | 6 | 0.11 | 0.17 | 560.4 | 560 |
| 120 | 6 | 0.09 | 0.15 | 755.9 | 756 |
| 130 | 6 | 0.08 | 0.14 | 950.5 | 951 |
| 15 | 8 | 0.4 | 0.48 | 3.7 | 4 |
| 20 | 8 | 0.35 | 0.43 | 7.3 | 7 |
| 30 | 8 | 0.28 | 0.36 | 19.7 | 20 |
| 40 | 8 | 0.23 | 0.31 | 40.6 | 41 |
| 50 | 8 | 0.19 | 0.27 | 72.9 | 73 |
| 60 | 8 | 0.17 | 0.25 | 113.4 | 113 |
| 70 | 8 | 0.15 | 0.23 | 167.8 | 168 |
| 80 | 8 | 0.14 | 0.22 | 229.1 | 229 |
| 90 | 8 | 0.13 | 0.21 | 303.7 | 304 |
| 100 | 8 | 0.12 | 0.2 | 393.7 | 394 |
| 110 | 8 | 0.11 | 0.19 | 501.5 | 501 |
| 120 | 8 | 0.09 | 0.17 | 667 | 667 |
| 130 | 8 | 0.08 | 0.16 | 831.7 | 832 |
| 15 | 10 | 0.4 | 0.5 | 3.5 | 4 |
| 20 | 10 | 0.35 | 0.45 | 7 | 7 |
| 30 | 10 | 0.28 | 0.38 | 18.6 | 19 |
| 40 | 10 | 0.23 | 0.33 | 38.2 | 38 |
| 50 | 10 | 0.19 | 0.29 | 67.9 | 68 |
| 60 | 10 | 0.17 | 0.27 | 105 | 105 |
| 70 | 10 | 0.15 | 0.25 | 154.3 | 154 |
| 80 | 10 | 0.14 | 0.24 | 210 | 210 |
| 90 | 10 | 0.13 | 0.23 | 277.3 | 277 |
| 100 | 10 | 0.12 | 0.22 | 357.9 | 358 |
| 110 | 10 | 0.11 | 0.21 | 453.7 | 454 |
| 120 | 10 | 0.09 | 0.19 | 596.8 | 597 |
| 130 | 10 | 0.08 | 0.18 | 739.3 | 739 |
| 15 | 12 | 0.4 | 0.52 | 3.4 | 3 |
| 20 | 12 | 0.35 | 0.47 | 6.7 | 7 |

续上表

| 设计车速<br>(km/h) | 最大超高<br>$e(\%)$ | 最大侧向<br>摩擦系数 $f$ | $e/100 + f$ | 计算半径<br>(m) | 四舍五入后半径<br>(m) |
|---|---|---|---|---|---|
| 30 | 12 | 0.28 | 0.4 | 17.7 | 18 |
| 40 | 12 | 0.23 | 0.35 | 36 | 36 |
| 50 | 12 | 0.19 | 0.31 | 63.5 | 64 |
| 60 | 12 | 0.17 | 0.29 | 97.7 | 98 |
| 70 | 12 | 0.15 | 0.27 | 142.9 | 143 |
| 80 | 12 | 0.14 | 0.26 | 193.8 | 194 |
| 90 | 12 | 0.13 | 0.25 | 255.1 | 255 |
| 100 | 12 | 0.12 | 0.24 | 328.1 | 328 |
| 110 | 12 | 0.11 | 0.23 | 414.2 | 414 |
| 120 | 12 | 0.09 | 0.21 | 539.9 | 540 |
| 130 | 12 | 0.08 | 0.2 | 665.4 | 665 |

注：出于安全考虑，在城区仅使用 $e_{max} = 4.0\%$。

HDM 中规定：表3-46给出了指定设计车速下的最小曲线半径。该表仅基于车速，忽略了视距因素。如果表3-46中的最小半径无法提供所需的侧向净距，则应按平曲线上的停车视距控制设计。

各参数应尽量大于最小值，仅当使用更高标准时产生的成本或其他不利效应超过有利效应时才使用最小半径。

乡村高速公路的推荐最小半径为1500m，而城区为900m。

如果考虑使用反光屏或中分带护栏，无论是在初始段或结束段，都可进行适当调整以在分离车道的曲线上保持所需视距。在这种情况下，可能需要更大曲线半径或在曲线全长均加宽中分带。设计中，假设布置的屏宽2.4m。

**HDM 中的曲线半径标准**　　　　表 3-46

| 设计车速(km/h) | 最小曲线半径(m) | 设计车速(km/h) | 最小曲线半径(m) |
|---|---|---|---|
| 30 | 40 | 90 | 320 |
| 40 | 70 | 100 | 400 |
| 50 | 100 | 110 | 600 |
| 60 | 150 | 120 | 900 |
| 70 | 200 | 130 | 1200 |
| 80 | 260 | | |

在《公路工程技术标准》(JTG B01—2014)中，圆曲线最小半径应符合表3-47的规定。

**《公路工程技术标准》(JTG B01—2014)中圆曲线最小半径**　　　　表 3-47

| 设计速度(km/h) | | 120 | 100 | 80 | 60 | 40 | 30 | 20 |
|---|---|---|---|---|---|---|---|---|
| 最大超高 | 10% | 570 | 360 | 220 | 115 | — | — | — |
| | 8% | 650 | 400 | 250 | 125 | 60 | 30 | 15 |
| | 6% | 710 | 440 | 270 | 135 | 60 | 35 | 15 |
| | 4% | 810 | 500 | 300 | 150 | 65 | 40 | 20 |

1)确定圆曲线最小半径的原则

圆曲线最小半径是以汽车在曲线部分能安全而又顺适地行驶所需要的条件而确定的。圆曲线最小半径的实质是汽车行驶在公路曲线部分时,所产生的离心力等横向力不超过轮胎与路面的摩阻力所允许的界限。根据车辆在弯道上行驶的受力状况及各种力的几何关系,可推导出如下计算公式:

$$R = \frac{v^2}{127(\mu + i)} \tag{3-8}$$

式中:$R$——曲线半径(m);

　　　$v$——车辆速度(km/h);

　　　$\mu$——横向力系数,极限值为路面与轮胎之间的横向摩阻系数;

　　　$i$——路面的横向坡度。

修订版《公路工程技术标准》(JTG B01—2014)给出了直接影响行车安全性的圆曲线最小半径的两种值:即"最小值"和"不设超高最小半径"。公路线形设计时,应根据沿线地形等情况,合理选用不小于"最小值"圆曲线半径。在不得已情况下,方可使用"最小值"。

选用曲线半径时,既要适应沿线地形地物条件变化,同时应注意前后线形协调,不应突然采用小半径曲线。长直线或大半径圆曲线路段,不能采用最小圆曲线半径。从地形条件好的区段进入地形条件较差区段时,线形技术指标应逐渐过渡,防止突变。

2)圆曲线最小半径"极限值"的确定

按式(3-8)计算最小圆曲线半径时,式中的 $v$ 采用各级公路相应的设计速度,因此,确定圆曲线最小半径的关键参数是横向力系数和超高横坡。

横向力系数的大小直接影响乘车人的舒适感。根据测试获得的小客车、大客车、大中型货车在 43 个观测路段上运行时乘车人的舒适度感受数据,运用心理学方法和统计方法分析,整理得出各种车型在不同行驶速度下对应的横向力系数阈值。

车辆在曲线上稳定行驶的必要条件是横向力系数不能超过路面与轮胎之间的横向摩阻系数。所以,为了确定横向力系数的设计值,既要通过实测路面与轮胎之间的摩擦系数范围,还要考虑驾乘人员在行驶中所能忍受的横向力的大小和舒适感,综合平衡二者后才能确定。

经过对 43 个观测点极限摩阻系数的测试,样本路段的极限横向摩阻系数均在 0.3 以上,设计用的横向力系数(0.10~0.17),占极限横向摩阻系数的比例较小,安全度较高,基本上可以避免横向滑移的危险。根据以上分析,本标准在计算最小圆曲线半径时采用了表 3-48 所列横向力系数及超高值。

《公路工程技术标准》(JTG B01—2013)中圆曲线最小半径的横向系数及超高值　　表 3-48

| 设计速度(km/h) | 120 | 100 | 80 | 60 | 40 | 30 | 20 |
|---|---|---|---|---|---|---|---|
| 横向力系数 | 0.10 | 0.12 | 0.13 | 0.15 | 0.15 | 0.16 | 0.17 |
| 超高值(%) | 6 | 6 | 6 | 6 | 6 | 6 | 6 |
|  | 8 | 8 | 8 | 8 | 8 | 8 | 8 |
|  | 10 | 10 | 10 | 10 | 10 | 10 | 10 |

该标准规定的超高值变化范围在 6%～10% 之间。计算圆曲线最小半径时,分别用 6%、8% 和 10% 的超高值代入计算,将计算结果取整,即得出该标准规定的圆曲线最小半径"极限值",见表 3-49。

《公路工程技术标准》(JTG B01—2013)中圆曲线最小半径极限值(单位:m)　　表 3-49

| 设计速度(km/h) | 120 | 100 | 80 | 60 | 40 | 30 | 20 |
|---|---|---|---|---|---|---|---|
| $i=10\%$ | 570 | 360 | 220 | 115 | 50 | 30 | 15 |
| $i=8\%$ | 650 | 400 | 250 | 125 | 55 | 30 | 15 |
| $i=6\%$ | 710 | 440 | 270 | 135 | 60 | 35 | 15 |

3)不设超高的圆曲线最小半径的确定

圆曲线半径大于一定数值时,可以不设置超高,而允许设置等于直线路段路拱的反超高。从行驶的舒适性考虑,必须把横向力系数控制到最小值。《公路工程技术标准》97版规定不设超高的圆曲线最小半径,是取用了 $\mu=0.035, i=-0.015$,按各级公路设计速度代入公式进行计算并整理得出的结果。2014 版修订中,如横向力系数在计算不设超高的圆曲线最小半径时仍采用 0.035,则在目前路拱坡度最小采用 2% 的情况下,会得出较大的一组不设超高的最小半径值。考虑到这一实际情况,拟将横向力系数的采用以一个幅度的值来表示。在该次修订中,将横向力系数按 0.035～0.040 取值,并规定当路拱横坡为 1.5% 时,横向力系数采用 0.035;当路拱横坡为 2% 时,横向力系数采用 0.040。这样代入公式后进行计算并整理得出的结果,仍为《公路工程技术标准》97 版中的一组不设超高最小半径值。同时还应考虑到现实的路拱横坡在高速公路,一、二、三级公路上还有大于 2.0% 的情况,如仅采用原来的一组不设超高最小半径值,会得出按公式推算的横向力系数过大。2014 版修订将原先所列 $\mu=0.035, i=-0.015$ 代入公式进行计算整理得出的一组不设超高最小半径值作为路拱大于 2.0% 的情况下使用。这样,当路拱横坡为 2.5% 时,横向力系数采用 0.040;当路拱横坡为 3.0% 时,横向力系数采用 0.045;当路拱横坡为 3.5% 时,横向力系数采用 0.050;横向力系数在路拱横坡大于 2.0% 的情况下采用 0.040～0.050 的幅度来计算不设超高最小半径值。不设超高圆曲线最小半径如表 3-50 所示。

《公路工程技术标准》(JTG B01—2014)中不设超高的圆曲线最小半径(单位:m)　　表 3-50

| 设计速度(km/h) | 120 | 100 | 80 | 60 | 40 | 30 | 20 |
|---|---|---|---|---|---|---|---|
| $i$ 路拱 $\leqslant 2.0\%$;<br>$\mu=0.035\sim0.040$ | 5500 | 4000 | 2500 | 1500 | 600 | 350 | 150 |
| $i$ 路拱 $>2.0\%$;<br>$\mu=0.040\sim0.050$ | 7550 | 5250 | 3350 | 1900 | 850 | 450 | 200 |

## 3.14 竖曲线

竖曲线长度根据停车视距和纵坡计算,《得州管控车道手册》规定,高速公路上的管控车道竖曲线一般和原有竖曲线相同。对于分离路基和新建工程上的公交车道和管控车道,用根据设计车速确定的系数 $K$ 计算竖曲线。对于高速路路权以外的独立车道,应用系数 $K$(长度除以坡度差百分值的分子)计算竖曲线的推荐最小长度。该计算假设驾驶员视点高度为 1080mm(小汽车为最常见车辆),障碍物高度为 0.6m,曲线为抛物线,城市环境,有固定照明。表 3-51 列出了不同设计车速不同竖曲线长度时的系数 $K$,包括凸曲线和凹曲线。为保证行车舒适性,凹曲线的系数 $K$ 为常规设计情形下满足前灯视距要求时值的 50%。因此,沿管控车道必须设置良好的固定照明以满足表中凹曲线的 $K$ 值。如果固定照明不足,则在凹曲线设计中应使用前灯视距要求。

管控车道的竖曲线标准(系数 $K$) 表 3-51

| 设计车速(km/h) | 最小长度(m) | 系数 $K$ 最小值(m/坡度差百分值的分子) | |
|---|---|---|---|
| | | 凸曲线 | 凹曲线 |
| 110 | 70 | 74 | 55 |
| 100 | 60 | 52 | 45 |
| 80 | 50 | 26 | 30 |
| 70 | 45 | 17 | 23 |
| 50 | 30 | 7 | 13 |

注:1. 凸曲线的 $K$ 值根据停车视距考虑,凹曲线的 $K$ 值根据行车舒适性考虑。
  2. 曲线长度约为设计车速乘以 0.6。

在切线坡度之间逐渐变化的竖曲线可为凸曲线或凹曲线,如图 3-11 所示。竖曲线应简单易用,且使得驾驶员能看清前方道路,改善车辆操控,景观良好,利于排水。凸曲线的主要设计控制因素是能为设计速度提供充足的视距,但也有研究表明视距有限的竖曲线并非一定造成频繁撞击事故,推荐所有竖曲线至少满足停车视距,并尽可能使用更长的停车视距。另外,在决策点还应设置额外的视距。

为了舒适驾驶,坡度应缓慢变化,这点在重力和竖向离心力方向相反的凹曲线中尤为重要。竖曲线设计中也要考虑美观,较长的曲线比短曲线更美观。由于透视作用,短竖曲线在剖面上表现为突变。

凹曲线上(图 3-11 中的类型 3)有路缘石道路的排水需要详细设计,以保证纵坡不小于 0.5%,或在某些情形下对道路外边缘不小于 0.30%。在某些情形可能较平的纵坡比较合适。

出于简化目的,道路剖面设计中两侧纵坡的交点(VPI)通常位于抛物曲线的等效竖轴中心。曲线与切线的竖向差随着距曲线终点(切点)的水平距离变化而不同。曲线任意点距切线的竖向差根据 VPI 点处的竖向差($AL/800$)计算,符号见图 3-11。水平距离相等的曲线连续点的纵坡变化率为固定值,等于切线交叉的纵坡代数差除以曲线长度,即 $A/L(\%/m)$。倒数 $L/A$ 为纵坡变化 1% 时的水平距离(m)。$L/A$ 的值用符号"$K$"表示,用于确定从曲线切点(VPC)到类型 1 曲线的最高点或类型 3 曲线的最低点的水平距离。纵坡为 0 点与 VPC 的水平距离等于 K 乘以相邻坡度。K 值也可用于确定不同设计速度下的最小竖曲线长度。

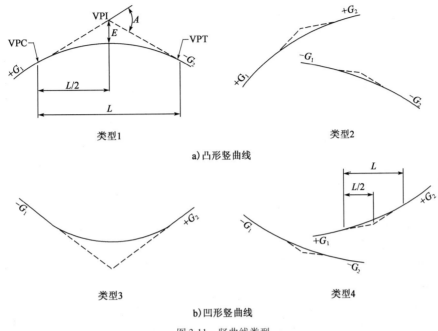

图 3-11 竖曲线类型

$G_1$、$G_2$-切线坡度(%);A-坡度差;L-竖曲线长度;E-VPI 点处的竖距

1) 凸曲线

凸曲线的最小长度根据视距计算,通常应满足安全性、舒适性和美观性等要求。在匝道出口等使用较长视距的决策区应设置较长的竖曲线。驾驶员视点高度为 1.08m,障碍物高度为 0.60m。

当根据停车视距计算凸曲线最小长度时,可使用公式(3-9)。

$$\begin{cases} 当 S < L 时, L = \dfrac{AS^2}{658} \\ 当 S > L 时, L = 2S - \dfrac{658}{A} \end{cases} \quad (3-9)$$

式中:L——竖曲线长度(m);
　　A——坡度差;
　　S——视距(m)。

图 3-12 给出了满足各种设计车速下最小停车视距要求的不同坡度差 A 分别对应的凸曲线最小长度。其中实线为根据四舍五入的 K 值计算的竖曲线最小长度。

左下角与实线相交的短虚线表示 S = L。在 S = L 线的右侧,A 值每百分比变化下的竖曲线长度即 K 值的表达式很简单。对于各设计车速 K 值均为正值,且代表了竖曲线曲率。设计控制中的符号 K 涵盖了任意设计车速下的所有 A 和 L 组合,因此在表中不需将 A 和 L 的设计值分别列出,曲线最小长度 L = KA。

表 3-52 列出了根据停车视距计算的 K 值。为了能直接用于设计,K 值已取整,取整后的

值略大于计算值,但差别不明显。

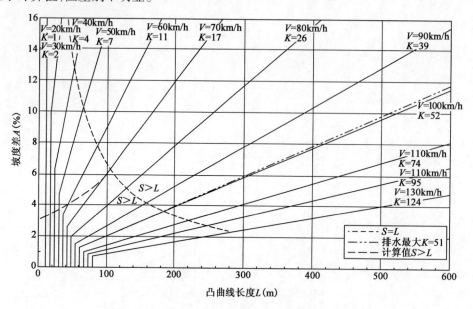

图 3-12 凸曲线设计控制——开放道路条件

**基于停车视距计算的凸曲线设计控制** 表 3-52

| 设计车速(km/h) | 停车视距(m) | 竖曲线系数 $K$ | |
| --- | --- | --- | --- |
| | | 计算值 | 设计值 |
| 20 | 20 | 0.6 | 1 |
| 30 | 35 | 1.9 | 2 |
| 40 | 50 | 3.8 | 4 |
| 50 | 65 | 6.4 | 7 |
| 60 | 85 | 11.0 | 11 |
| 70 | 105 | 16.8 | 17 |
| 80 | 130 | 25.7 | 26 |
| 90 | 160 | 38.9 | 39 |
| 100 | 185 | 52.0 | 52 |
| 110 | 220 | 73.6 | 74 |
| 120 | 250 | 95.0 | 95 |
| 130 | 285 | 123.4 | 124 |

当根据超车视距计算凸曲线最小长度时,可使用公式(3-10)。

$$\begin{cases} \text{当 } S < L \text{ 时}, L = \dfrac{AS^2}{864} \\ \text{当 } S > L \text{ 时}, L = 2S - \dfrac{864}{A} \end{cases} \quad (3\text{-}10)$$

根据最小超车视距计算的凸曲线最小长度大于根据停车视距计算的值,见表 3-53。

基于超车视距计算的凸曲线设计控制 表3-53

| 设计车速(km/h) | 停车视距(m) | 竖曲线系数K设计值 |
|---|---|---|
| 30 | 120 | 17 |
| 40 | 140 | 23 |
| 50 | 160 | 30 |
| 60 | 180 | 38 |
| 70 | 210 | 51 |
| 80 | 245 | 69 |
| 90 | 280 | 91 |
| 100 | 320 | 119 |
| 110 | 355 | 146 |
| 120 | 395 | 181 |
| 130 | 440 | 224 |

2) 凹曲线

合理设置凹曲线时至少应考虑4个因素：车前照灯视距、乘客舒适性、排水控制以及景观。

凹曲线长度应使前灯视距近似等于停车视距，因此一般根据不同设计车速下的停车视距计算凹曲线长度，见公式(3-11)。

$$\begin{cases} \text{当} S < L \text{时}, L = \dfrac{AS^2}{200(0.6 + S \cdot \tan 1°)} \text{ 或 } L = \dfrac{AS^2}{120 + 3.5S} \\ \text{当} S > L \text{时}, L = 2S - \dfrac{200(0.6 + S \cdot \tan 1°)}{A} \text{ 或 } L = 2S - \dfrac{120 + 3.5S}{A} \end{cases} \quad (3-11)$$

凹曲线根据推荐停车视距计算的长度见图3-13，不同设计车速下的曲线长度见表3-54。

凹曲线设计控制 表3-54

| 设计车速(km/h) | 停车视距(m) | 竖曲线系数K 计算值 | 竖曲线系数K 设计值 |
|---|---|---|---|
| 20 | 20 | 2.1 | 3 |
| 30 | 35 | 5.1 | 6 |
| 40 | 50 | 8.5 | 9 |
| 50 | 65 | 12.2 | 13 |
| 60 | 85 | 17.3 | 18 |
| 70 | 105 | 22.6 | 23 |
| 80 | 130 | 29.4 | 30 |
| 90 | 160 | 37.6 | 38 |
| 100 | 185 | 44.6 | 45 |
| 110 | 220 | 54.4 | 55 |
| 120 | 250 | 62.8 | 63 |
| 130 | 285 | 72.7 | 73 |

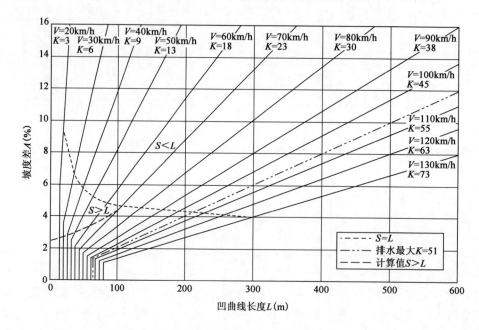

图 3-13 凹曲线设计控制——开放道路条件

HDM 规定,设计竖曲线应能提供足够的视距、安全性、舒适驾驶、良好排水以及美丽景观。

竖曲线一般使用抛物线,图 3-14 给出了计算凸曲线或凹曲线所需的数学关系。当纵坡代数差大于等于 2%,且设计车速大于等于 60km/h 时,竖曲线的最小长度应等于 $2v$(m),其中 $v$ 为设计车速。例如,设计车速为 100km/h 时,竖曲线最小长度为 200m。当纵坡代数差小于 2%,或设计车速低于 60km/h 时,竖曲线长度最小值应为 60m。当纵坡代数差小于或等于 0.5%时不需设置竖曲线。两个坡度突变处不应设置于 15m 以内,60m 内的所有坡度突变不应超过 0.5%。

由于平竖曲线对排水不利,可调整排水沟坡度或缩短竖曲线以解决排水问题。

在 2 车道道路上,应避免设置 1km 以上的过长凸竖曲线,因为尽管有充足的视距,但多数驾驶员不会在这种曲线上超车。对于使用长竖曲线而言,修建专用超车道比设置足够的超车视距更经济。

回头曲线由两条同向竖曲线组成,中间以短直线相连。应避免出现含这种曲线的剖面,尤其是在两条曲线的视觉效果均不美观的凹曲线处。

《公路工程技术标准》(JTG B01—2014)中规定:公路纵坡变更处应设置竖曲线。竖曲线最小半径和最小长度不应小于表 3-55 的规定值。

《公路工程技术标准》(JTG B01—2014)中竖曲线最小半径和最小长度　　表 3-55

| 设计速度(km/h) | 120 | 100 | 80 | 60 | 40 | 30 | 20 |
|---|---|---|---|---|---|---|---|
| 凸形竖曲线最小半径(m) | 11000 | 6500 | 3000 | 1400 | 450 | 250 | 100 |
| 凹形竖曲线最小半径(m) | 4000 | 3000 | 2000 | 1000 | 450 | 250 | 100 |
| 竖曲线最小长度(m) | 100 | 85 | 70 | 50 | 35 | 25 | 20 |

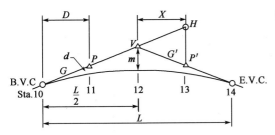
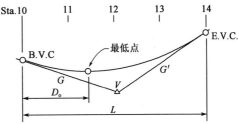

所有竖曲线中有以下关系：

① $m = \dfrac{(G'-G)L}{800}$

② $m = \dfrac{1}{2}\left(\dfrac{EL.B.V.C + EL.E.V.C}{2} - EL.V\right)$

③ $d = m\left(\dfrac{D}{L/2}\right)^2 = \dfrac{4m}{L^2} D^2$

④ $d = \dfrac{D^2(G'-G)}{200L} = \dfrac{-D^2}{200K}$

⑤ $X = \dfrac{100(H-P')}{G'-G}$

⑥ $S = G - D\left(\dfrac{G-G'}{L}\right) = G - \dfrac{D}{K}$

⑦ $D_o = \dfrac{LG}{G-G'}$

⑧ $A = G - G'$

⑨ $K = \dfrac{L}{A} = \dfrac{L}{G-G'}$

其中，

$L$——水平测量的曲线长度(m)；

$G$和$G'$——坡度值(%)；

$m$——竖曲线外距(m)；

EL.B.V.C——竖曲线起点高程(m)；

EL.E.V.C——竖曲线终点高程(m)；

EL.V——V点高程(m)；

$d$——任意点的竖距(m)；

$D$——B.V.C或E.V.C到曲线上任意点的距离(m)；

$S$——曲线任意点的切线斜率(%)；

$X$——从$P'$点到$V$点的距离(m)；

$H$——坡度$G$延长到$P'$点处的纵坐标；

$P$和$P'$——各自坡度的纵坐标；

$D_o$——从曲线端点到最低或最高点的距离(m)；

$K$——坡度每变化1%时所需的曲线长度(m)

图 3-14  HDM 中的竖曲线图示

注：上坡为正号，下坡为负号。

竖曲线最小半径分为"一般值"和"极限值"。极限值是汽车在纵坡变更处行驶时，为了缓和冲击和保证视距所需的最小半径的计算值，该值在受地形等特殊情况约束时方可采用。竖曲线半径"一般值"是竖曲线最小半径"极限值"的 1.5~2.0 倍。竖曲线最小半径"极限值"的计算及整理如表 3-56 和表 3-57 所示。

凸形竖曲线最小半径"极限值"的计算 表 3-56

| 设计速度<br>(km/h) | 停车视距 $D$<br>(m) | 缓冲冲击所要求的<br>曲线长度(m)<br>$L_{v1} = \dfrac{v^2\Delta}{360}$ | 视距所要求的<br>曲线长度(m)<br>$L_{v2} = \dfrac{D^2\Delta}{400}$ | 采用值 $L_1$ (m) | 极限最小半径(m)<br>$R = \dfrac{100L_1}{\Delta}$ |
|---|---|---|---|---|---|
| 120 | 210 | 40.0Δ | 111.0Δ | 110Δ | 11000 |
| 100 | 160 | 27.8Δ | 64.5Δ | 65Δ | 6500 |
| 80 | 110 | 17.8Δ | 30.2Δ | 30Δ | 3000 |
| 60 | 75 | 10.0Δ | 14.1Δ | 14Δ | 1400 |
| 40 | 40 | 4.4Δ | 4.1Δ | 4.5Δ | 450 |

续上表

| 设计速度 (km/h) | 停车视距 D (m) | 缓冲冲击所要求的曲线长度(m) $L_{v1}=\dfrac{v^2\Delta}{360}$ | 视距所要求的曲线长度(m) $L_{v2}=\dfrac{D^2\Delta}{400}$ | 采用值 $L_t$ (m) | 极限最小半径(m) $R=\dfrac{100L_t}{\Delta}$ |
|---|---|---|---|---|---|
| 30 | 30 | 2.5Δ | 2.3Δ | 2.5Δ | 250 |
| 20 | 20 | 1.1Δ | 1.0Δ | 1.0Δ | 100 |

注：1. $v$ 为行车速度(计算时采用计算行车速度)(km/h)。
2. $D$ 为视距(计算时采用停车视距)(m)。
3. $L_t$ 为采用的竖曲线长度(m)。
4. $\Delta$ 为坡度差(%)。
5. $R$ 为极限最小半径(m)。

**凹形竖曲线最小半径"极限值"的计算**　　　　表3-57

| 设计速度 (km/h) | 停车视距 D(m) | 缓冲冲击所要求的曲线长度(m) $L_{v1}=\dfrac{v^2\Delta}{360}$ | 前灯光束距离所要求的曲线长度(m) $L_{v2}=\dfrac{D^2\Delta}{150+5.24D}$ | 跨线桥下视距所要求的曲线长度(m) $L_{v3}=\dfrac{D^2\Delta}{2692}$ | 采用值 $L_t$ (m) | 极限最小半径(m) $R=\dfrac{100L_t}{\Delta}$ |
|---|---|---|---|---|---|---|
| 120 | 210 | 40.0Δ | 35.3Δ | 16.4Δ | 40Δ | 4000 |
| 100 | 160 | 27.8Δ | 25.9Δ | 9.5Δ | 30Δ | 3000 |
| 80 | 110 | 17.8Δ | 16.7Δ | 4.4Δ | 20Δ | 2000 |
| 60 | 75 | 10.0Δ | 10.4Δ | 2.1Δ | 10Δ | 1000 |
| 40 | 40 | 4.4Δ | 4.4Δ | 0.6Δ | 4.5Δ | 450 |
| 30 | 30 | 2.5Δ | 2.9Δ | 0.3Δ | 2.5Δ | 250 |
| 20 | 20 | 1.1Δ | 1.6Δ | 0.2Δ | 1.0Δ | 100 |

竖曲线长度过短，给驾驶员在纵面上一个很急促折曲的感觉，影响行车的舒适性。此处规定的最小竖曲线长度按3s设计速度行程长度而确定。

## 3.15 本章小结

各标准的设计车型均根据道路上行驶车辆的统计数据归纳得出。从各表数据来看，各标准中小型车辆的尺寸参数差异不大，但国内大型车辆尤其是载重卡车的尺寸明显小于美国。《公路工程技术标准》（JTG B01—2014）中还特别注明："根据调研显示，当前运营车辆的外廓尺寸有较多车辆长度超过16m，出现了18m、20m甚至26m的超长车辆。从公路投资与车辆行驶安全考虑，本次修订根据我国《道路车辆外廓尺寸、轴荷及质量限值》（GB 1589—2004）的规定，考虑满足标准运营车辆100%的需求条件，增加了大型客车和铰接客车两种车型，并将原来的鞍式列车调整为长18.1m、宽2.55m的铰接列车。但在实际使用中要根据公路功能、设施类型及交通组成情况综合确定设计车型。"

一般而言，当管控车道使用护栏等硬隔离措施与常规车道隔离时，其设计车速可与相邻常规车道相同。但当采用缓冲带等软隔离措施时,应考虑相邻车道的交通对管控车道的影响,因此需适当降低设计车速要求。当管控车道与相邻车道的行驶方向相反时,设计车速的减少值比行驶方向相同时更大。

车辆的最小转弯半径与车型和车速相关,车速越快、车型越大,转弯半径越大。车辆转弯半径不直接指导几何设计,而是用于确定车道宽度和平曲线半径等参数,国内的道路设计中未给出对车辆转弯半径的研究成果,仅《车库建筑设计规范》(JGJ 100—2015)中有相关资料。当出现如管控车道宽度减少或圆曲线半径减小等折减设计时,应限制进入管控车道的大型车辆,以保证道路通行顺畅。

《得州管控车道手册》考虑了管控车道加宽的情形,即管控车道在曲线上应有额外的横向宽度以供大型车辆转弯需要。表3-58 推荐了针对不同平曲线半径和设计车速的路面加宽值。同样,曲线上的匝道也必须设置足够的加宽以适应公交的车轮轨迹和允许故障车辆通行。应基于全时段或部分时段考虑挂车在曲线段需要额外的车道宽度。

**HDM 中平曲线推荐路面加宽值**(m)　　　　　　　　　表 3-58

| 管控车道—主线 | | | | |
|---|---|---|---|---|
| 设计车速(km/h) | 单向单车道的平曲线半径(m) | | | |
| | 150 | 230 | 305 | 610 |
| 50 | 0.5 | 0.3 | 0.2 | 0.0 |
| 70 | 0.6 | 0.3 | 0.3 | 0.0 |
| 80 | — | 0.5 | 0.3 | 0.2 |
| 100 | — | — | 0.3 | 0.2 |
| 110 | — | — | — | — |
| 管控车道—匝道 | | | | |
| 匝道类型 | 平曲线半径(m) | | | |
| | 30.5 | 76 | 152 | 305 |
| 单向单车道 | 2.4 | 1.8 | 1.2 | 0.6 |
| 单向多车道 | 1.8 | 1.2 | 0.9 | 0.6 |

注:表中值仅针对路面,不包括路肩。

国外的横向净距和竖向净高组合即为国内的建筑限界,在美国,横向净距通常指硬路肩宽度。事实上,国外的横向净距还涉及路侧安全设计的范畴,即行车道外应设置无障碍的坦坡(1∶4 或更平)区域(净安全区),以保证车辆冲出车道后还能回到行驶路线上,或者至少不造成严重交通事故,这体现了国外道路设计中的宽容性理念。但国内设计受路权限制,一般不考虑路侧净安全区。横向净距根据安全性要求设置,当不满足要求时,应考虑减少该位置处的设计车速。

管控车道以及国内外道路的最小竖向净高相差不大,基本均在 5m 左右,取值根据道路实际运行车辆的车型确定。对于管控车道,由于车型相对固定,竖向净高可酌情调整。

除一般停车视距外,国内还单独规定了较大的货车停车视距,该值与国外停车视距相近。国内外均对下坡路段的停车视距进行了修正,但修正方法各有不同,HDM 对长陡下坡的停车视距统一增加20%,国内仅对货车停车视距按坡度大小进行修正,AASHTO对下坡和上坡的停车视距均给出了不同坡度的修正值。

国外的决策视距(Decision Sight Distance)和国内的识别视距(Identifying Sight Distance)定义类似,考虑了驾驶员看清前方标志标线或指标牌,选择方案并最终做出决定的时间。HDM规范仅根据设计车速给出了单一的对应决策视距值,未考虑道路所处区域或地形的影响。AASHTO规范则在设计车速的基础上,详细考虑了驾驶员在各种区域路段的反应时间,其中避让机动C的决策视距与HDM相似。而我国规范则介于两者之间,给出了一般情况下的基本识别视距和复杂环境下的较高识别视距两组数据,基本识别视距与AASHTO避让反应C的决策视距相近,较高识别视距与避让机动E的决策视距相近。

仅在双车道公路才考虑超车视距,国内超车视距和加州超车视距相似,但均明显大于AASHTO规定。AASHTO给出的详细模型规定了超车车辆和被超车辆的车速、车辆长度、车辆减速度、驾驶员的反应时间和车辆行驶间隔等参数,同时还分析了驾驶员视点高度和障碍物高度。此外,国内高速公路和一级公路采用分向车道行驶,没有设计速度80km/h以上对应的超车视距值,而国外超车视距对应设计速度最大可达130km/h。

道路上设置超高是为了抵消车辆转弯时产生的离心力,但超高过大容易发生侧滑。得州对于管控车道的超高规定很简单,仅以大型车为设计车型根据车速划分了两种情况并给出相应的推荐超高值。HDM则根据不同的半径和最大超高值给出了相应的标准超高。AASHTO与我国规范类似,针对不同区域和外界条件给出相应的最大超高值。管控车道的超高应根据设计车型和设计车速综合考虑,一般在4%~8%之间。当道路有超标超高时,前方应设置指示牌警告并标明通过时应保持的适当车速。

国内外横坡的规定大致相同,均需考虑排水和行驶舒适性要求,一般取1.5%~3.5%。

通常车速越高,纵坡越小,常见纵坡为3%~7%。AASHTO和HDM的纵坡还根据地形详细划分,山区纵坡大于平原地区。总之纵坡的设置应考虑车速、视距、行车舒适性等因素,且国外并没有对国内关注的长大纵坡问题进行额外研究,这与国内规范认为"相关研究均不能提示事故与公路纵坡坡度、长度之间的直接关系"相符。管控车道的纵坡应尽量与原道路一致,以满足视距和行车舒适性的要求。

得州的平曲线半径基本参考了AASHTO规范,且与HDM规范取值相近。但HDM的圆曲线最小半径取值仅与设计车速相关,还需额外考虑视距要求。而《公路工程技术标准》(JTG B01—2014)和AASHTO的平曲线最小半径还与最大超高相关。相同条件下,《公路工程技术标准》(JTG B01—2014)的最小半径略大于AASHTO标准,而HDM值对应于《公路工程技术标准》(JTG B01—2014)的4%~8%超高对应的值。得州和AASHTO的竖曲线系数$K$值相同,加州对竖曲线的最小长度取值明显大于得州,而中国规范的曲线最小长度介于得州和加州之间。除此之外,国内还规定了竖曲线的最小半径要求。平曲线和竖曲线需根据设计车型、设计车速、当地条件和天气状况设置,应尽可能采用理想值以保证设计车型能安全、顺畅通过。此外,美国在管控车道设计中提出了折减设计的理念,即受条件限制无法满足设计指标时可以适当降低指标,但必须通过交通工程措施进行弥补,以确保运营安全。

# 第4章 横断面设计

管控车道作为整体道路的一部分,其横断面设计内容既包括整体道路的常规横断面设计内容,也包括各类管控车道的车道方向划分、车道之间的隔离方式设计、车道折衷设计以及其他特殊设计等。本章结合美国管控车道的设计经验,根据我国公路项目特别是市政道路项目的横断面设计内容,系统总结了管控车道所在的整体道路的横断面设计以及各类具体管控车道的设计方法与内容。

## 4.1 概 述

道路横断面是指道路中心线法线方向的道路断面。设计内容包括车行道(机动车道和非机动车道)、人行道、分隔带、绿化带、设施带等。

道路横断面设计的依据是道路性质、道路类别、道路规划红线以及交通组织方式,同时还要考虑道路红线范围以内的各种地下管线设施的规划与建设情况。

道路横断面设计的主要任务是合理确定车行道(机动车道和非机动车道)、人行道、分隔带、绿化带、设施带等各部分的几何尺寸及其相互布置关系。

对于管控车道设计,横断面设计亦是其重要组成部分,其主要内容除了包括常规道路横断面设计内容之外,还特别包括了车道方向划分、车道之间的隔离方式设计、车道折衷设计以及其他特殊设计等。

管控车道在实施过程中采用的常见的策略是HOV车道,而HOT车道在运行方面是与HOV车道合并的,本章主要讨论HOV/HOT车道的横断面设计。同时,在广义的管控车道概念中,还包括专用车道(如BRT)、双重车道等类型,根据美国及国内在这方面的实施经验,本章也对此进行了阐述与总结。

## 4.2 整体道路横断面设计

管控车道大多由现有道路改造而成,少数情况也可在新建时同普通道路一起设计建造。因此,管控车道横断面设计主要是整体道路的横断面设计和管控车道的划分设计,其主要内容也包括了车行道(机动车道和非机动车道)、人行道、分隔带、绿化带、设施带等。同时还包括了管控车道方向划分、车道之间的隔离方式设计、车道折衷设计以及其他特殊设计等。本节内容主要阐述了整体道路的横断面设计,它是后续进行管控车道划分和隔离设计的基础。

整体道路横断面设计的依据主要为车道性质、类别、规划红线以及交通组织方式等,同时还要考虑道路红线范围以内的各种地下管线设施的规划与建设情况。

整体道路横断面设计的主要任务是合理确定整体道路的车行道、人行道、分隔带、绿化带、设施带等各部分的几何尺寸及其相互布置关系,为后续确定管控车道的划分方式和类型提供基础。

整体道路的公路横断面组成和各部分的尺寸要根据设计交通量、交通组成、设计车速、地形条件等因素确定。在保证必要的通行能力、交通安全与畅通的前提下,尽量做到用地省,投资少,道路能发挥其最大的经济效益和社会效益。

### 4.2.1 道路横断面布置原则

对于道路的横断面布置,一般应满足以下几条原则:

(1)一条道路宜采用相同形式的横断面。当道路横断面形式或横断面各组成部分的宽度变化时,应设过渡段,宜以交叉口或结构物为起止点。

(2)桥面宽度与路段道路宽度不同时,应在引道范围设置过渡段。路面边缘斜率可采用 $1:30 \sim 1:15$。折点处应圆顺。

(3)小桥断面形式及总宽度应与道路相同。大、中桥断面形式中车行道及路缘带宽度应与道路相同,分隔带宽度可适当减窄,但应大于或等于1m。计算行车速度小于或等于40km/h时,道路的两侧分隔带可用交通标线代替。

(4)快速路和设计车速≥50km/h 的主干路应设中央分车带,特殊困难时可采用分隔物,不得采用双黄线。

### 4.2.2 一般道路横断面构造

路幅沿道路宽度方向,垂直于道路中心线所做的竖向剖面称为道路横断面。一般道路的横断面构造有两种布置方式,一种是有分隔带,一种是无分隔带。等级高、交通量大的公路(如高速公路,一级公路)适用于第一种方式。通常是将两个不同方向行驶的车辆分开。分隔的方式有两种:一种是用分隔带分隔,另一种是将上、下行车道放在不同的平面上加以分隔;前者称为整体式断面,后者称为分离式断面。整体式断面包括行车道、分隔带、路肩以及紧急车带、爬坡车道等组成部分。不设分隔带的整体式断面(如二、三、四级公路)包括行车道、路肩以及错车道等,应根据道路的实际情况选用。

常规道路路幅的布置形式主要分为以下三种:

(1)单幅双车道。单幅双车道公路指的是整体式的双车道公路。这类公路的交通量范围大,最高达7000辆/昼夜,行车速度为20～80km/h。二级公路、三级公路和一部分四级公路都属于此类,城市道路中交通量不大的非主干道也有部分属于此类。此类公路的最大缺点是混合交通所造成的交通干扰。

(2)双幅多车道。四车道、六车道和更多车道的公路,中间一般都设分隔带或做成分离式路基而构成"双幅"路。有些分离式路基为了利用地形或处于风景区等原因甚至做成两条独立的单向行车的道路。

这种类型的公路设计车速高、通行能力大,每条车道能担负的交通量比一条双车道公路的还多,而且行车顺适、事故率低。我国《公路工程技术标准》(JTG B01—2014)中的高速公路和一级公路属于此种类型。城市道路的一些主干道也属于此种类型。

(3) 单车道。对交通量小、地形复杂、工程艰巨的山区公路或地方性道路,可采用单车道,我国《公路工程技术标准》(JTG B01—2014)中的山区四级公路路基宽度为4.50m,路面宽度为3.50m的就属于此类。此类公路虽然交通量很小,但仍然会出现错车和超车,为此,应在不大于300m的距离内选择有利地点设置错车道,使驾驶员能够看到相邻两错车道驶来的车辆。在城市道路中,也往往出于用地条件、交通量控制等原因设置单车道,这种车道也经常为单行道。

管控车道作为和普通车道一起的整体道路的一部分,其路幅设置方式和常规普通道路相同,但管控车道一般均设计在城市道路中,其可能出现的路幅数因不同的条件而异,但起码应设置在双幅以上的多车道道路中。单幅双车道和单车道不具备设置管控车道的条件。

### 4.2.3 城市道路横断面构造

城市道路横断面由车行道、人行道、绿带和道路附属设施用地等组成。其总宽度为城市道路横断面的路幅宽度(图 4-1、图 4-2)。规划道路的路幅边线常用红线绘制,是道路交通用地、道路绿化用地与其他城市用地的分界线。其路幅宽度称为红线宽度。其宽度的确定主要考虑满足机动车、非机动车和行人的交通需求及埋设城市地下工程管线和地面杆线设施的需要。道路宽度应能容纳地下工程管线所需的宽度,若它所需的宽度超过交通所需的宽度,道路宽度可适当放宽。

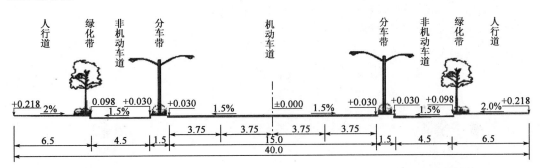

图 4-1 城市道路横断面示例(尺寸单位:m)

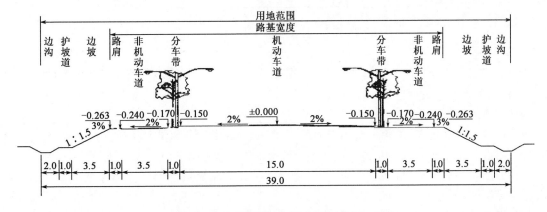

图 4-2 近郊区道路横断面示例(尺寸单位:m)

宽度中还包含种植各种行道树和设置分隔带所需的宽度。但在道路设置展宽的街心花园以及在道路外侧至建筑物之间布置沿街绿地带,均属于城市用地分类中的公共绿地,不属于城市道路用地范围。

对于 HOV 管控车道而言,其所在的道路整体横断面也主要包括此类设施等。同时,还应该包括 HOV 车道和普通车道之间的隔离设施等。

### 4.2.4 城市道路横断面布置类型

城市道路交通由机动车交通、非机动车交通和行人交通三部分组成。通常是利用立式缘石把人行道部分和车行道布置在不同的位置和高程上,以分隔行人和车辆交通,保证交通安全。但机动车和非机动车的交通组织是分隔还是混行,则应根据道路和交通的具体情况分析确定。

城市道路横断面根据车行道布置形式分为四种基本类型,即单幅路、双幅路、三幅路、四幅路,此外,在某些特殊路段也可有不对称断面的处理形式。

(1)单幅路

对于单幅路,各种车辆在车道上混合行驶。其适用于车流量不大、非机动车少、建筑红线较窄的次干路、支路,以及拆迁困难的地段或商业性路段;某些有特殊功能要求的路段也可采用此形式。

其交通组织形式为双向不分离、机动车非机动车不分离。

其优点主要表现在:占地少、车道使用灵活。

其缺点主要表现在:通行能力低、安全性差。

单幅路横断面示意图如图 4-3 所示,效果图如图 4-4 所示。

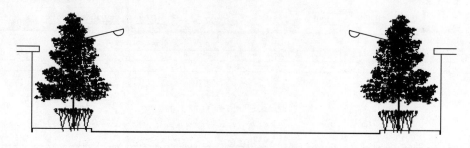

图 4-3　单幅路横断面示意图

(2)双幅路

双幅路适用于单向二车道以上、非机动车较少的路段,快速路多是此形式(但无非机动车道)。横向高差较大的路段也可采用此形式。

其交通组织形式为双向分离,机动车非机动车不分离。

其优点主要表现在:消除了对向交通的干扰和影响;中央分隔带可作行人过街安全岛或在交叉口附近通过压缩以开辟左转专用车道;便于绿化、道路照明和市政管线敷设。

其缺点主要表现在:机动车和非机动车混行,影响道路通行能力的主要矛盾未解决,且车道使用灵活性降低。

双幅路横断面示意图如图 4-5 所示,效果图如图 4-6 所示。

图 4-4 单幅路横断面效果图

图 4-5 双幅路横断面示意图

图 4-6 双幅路横断面效果图

(3) 三幅路

三幅路主要适用于机动车、非机动车辆多,道路红线较宽(≥40m)的城市主干路。

其交通组织形式为双向不分离,机动车非机动车分离。

其优点主要表现在:消除了混合交通,提高了通行能力;有利于交通安全、绿化、道路照明和市政工程管线的敷设;减弱了交通公害的影响。

其缺点主要表现在：占地多、投资大，在公汽停靠站产生上下车乘客与非机动车的相互干扰和影响。

三幅路横断面示意图如图 4-7 所示，效果图如图 4-8 所示。

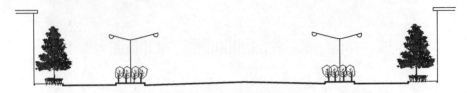

图 4-7　三幅路横断面示意图

图 4-8　三幅路横断面效果图

（4）四幅路

四幅路主要适用于机动车、非机动车辆多，道路红线较宽（≥50m）的城市快速路或主干路。

其交通组织形式为双向分离，机动车非机动车分离。

其优点主要表现在：消除了混合交通，提高了通行能力；消除了对向交通的干扰和影响；中央分隔带可作行人过街安全岛或在交叉口附近通过压缩以开辟左转专用车道；有利于交通安全、绿化、道路照明和市政工程管线的敷设；减弱了交通公害的影响。

其缺点主要表现在：占地多、投资大，车道使用灵活性较低，在公汽停靠站产生上下车乘客与非机动车的相互干扰和影响。

四幅路横断面示意图如图 4-9 所示，效果图如图 4-10 所示。

图 4-9　四幅路横断面示意图

图 4-10 四幅路横断面效果图

对于管控车道,一般设置在二幅路、三幅路和四幅路的横断面布置类型中,可将其中的一个或多个车道设置为管控车道,并将其与普通车道采用一定的措施分离开来,具体的管控车道划分和隔离措施见下述几节的相关内容。

### 4.2.5 机动车道设计

(1) 车道宽度设计

机动车道设计应满足规范规定的宽度。根据《公路工程技术标准》(JTG B01—2014)车道宽度的设置应符合表 4-1 的规定。

车 道 宽 度　　　　表 4-1

| 设计速度(km/h) | 120 | 100 | 80 | 60 | 40 | 30 | 20 |
|---|---|---|---|---|---|---|---|
| 车道宽度(m) | 3.75 | 3.75 | 3.75 | 3.50 | 3.50 | 3.25 | 3.00 |

除了满足上表的规定,对城市道路,根据《城市道路设计规范》(CJJ 37—2012),在内侧车道仅限小客车通行时,其车道宽度可采用 3.50m。而对需要设置非机动车道和人行道的公路,非机动车道和人行道等的宽度,宜视实际情况确定。在条件非常有限时,对于设计速度不高的城市道路路段,也可以在保证交通安全的前提下对部分车道进行折衷设计。

(2) 车道数设计

城市道路的车道条数根据下式确定:

$$车道数(双向) = \frac{单向设计小时交通量}{一条车道设计通行能力} \times 2(条) \tag{4-1}$$

其中,单向设计小时交通量计算公式如下:

$$Q_h = Q_{da} \cdot k \cdot \delta \tag{4-2}$$

式中:$Q_{da}$——设计年限末的年平均日交通量(考虑车种换算);

　　　$k$——高峰小时系数,推荐值为 11%;

　　　$\delta$——方向系数,推荐值为 0.6。

对于车道设计通行能力,可通过下列公式计算:

$$可能通行能力\ N_p = \frac{3600}{t_i},或\ N_p = \left(\frac{3600}{t_i}\right) \cdot \alpha \tag{4-3}$$

式中：$t_i$——平均车头时距；

$\alpha$——平面交叉口修正系数，有信号灯控制时，$\alpha = \dfrac{l/v}{l/v + v/2a + v/2b + \Delta}$，无信号灯控制时，$\alpha = \dfrac{l/v}{l/v + (1 - v_A/v) \cdot v/(2a) + (1 - v_B/v) \cdot v/(2b)}$。

设计通行能力：

$$N_d = N_p \cdot \alpha_c \tag{4-4}$$

式中：$\alpha_c$——设计通行能力系数，见表4-2。

设计通行能力系数 $\alpha_c$ 值　　　　　表4-2

| 道路分类 | 快速路 | 主干路 | 次干路 | 支路 |
|---|---|---|---|---|
| $\alpha_c$ | 0.75 | 0.80 | 0.85 | 0.90 |

因此，可得到，

$$车道数(单向) = \dfrac{单向设计小时交通量 Q_h}{一条车道设计通行能力 N_d}(条) \tag{4-5}$$

确定车道数后，可进行通行能力验算：$Q_h \leq N_d \cdot \sum \alpha_l$，其中 $\alpha_l$ 值可参见表4-3。

设计通行能力验算系数 $\alpha_l$ 值　　　　　表4-3

| 车道序号 | 1 | 2 | 3 | 4 | 5 |
|---|---|---|---|---|---|
| $\alpha_l$ | 1 | 0.80~0.89 | 0.65~0.75 | 0.50~0.65 | 0.40~0.50 |

（3）路面横坡设计

路面横坡（路拱）指的是道路行车道断面由两侧向中央逐渐拱起的形状，其设置主要是为了保证路面的横向排水通畅。在实际设计中，可根据路面种类、道路纵坡、车行道宽度、车速等因素来综合确定路面横坡，一般而言，路面横坡取值为1%~2%。在某些特殊路段，可根据实际情况设置数值更大一些的超高等。

路拱曲线可根据公路等级、路面结构形式等采用直线形、折线形、直线加曲线形、抛物线形等。

## 4.2.6 非机动车道设计

为方便非机动车通行，减少机动车和非机动车混行带来的交通安全隐患，在条件允许的城市道路或城市主干道等路段，应设置非机动车道。

非机动车包括自行车、三轮车、板车和兽力车等，道路非机动车道的设置应考虑各种车辆的外廓参考尺寸来确定车道宽度。对于城市道路，非机动车多为自行车。道路一侧非机动车或自行车道路面宽度为单向自行车道总宽度加上两侧各0.25m的路缘带宽。根据我国各城市设计和使用经验，道路一侧自行车道路面宽度推荐值为4.5m、5.5m、6.5m、7.5m和8.5m几种，最小宽度不应小于4.5m。非机动车道一般沿道路两侧对称布置在机动车道和人行道之间，为保证非机动车的安全及提高机动车车速，与机动车道之间画线或设分隔带分隔。非机动车道设置示意图如图4-11所示。

图 4-11 非机动车道设置示意图

### 4.2.7 分隔带设计

为了分隔车辆交通、为绿化、设施安装等提供场所,城市道路应设置分隔带。分隔带一般分为中央分隔带(中央带)和两侧分隔带。分隔带设置示意图如图 4-12 所示。

a)　　　　　　　　　　　　　　　　　　b)

图 4-12 分隔带设置示意图

对于一般道路的中央分隔带,一般不宜小于表 4-4 中的宽度。

中央分隔带宽度值　　　　　　表 4-4

| 设计时速(km/h) | 80 | 60 | 50 | 40 |
|---|---|---|---|---|
| 分隔带宽度(m) | 3 | 2.5 | 2.5 | 2 |

根据横向交通的需要,比如遇到交叉口、桥梁、隧道等情况,应设置中央分隔带的开口。

对于一般道路的两侧分隔带,一般不宜小于表 4-5 中的宽度。

两侧分隔带宽度值　　　　　　表 4-5

| 设计时速(km/h) | 80 | 60 | 50 | 40 |
|---|---|---|---|---|
| 分隔带宽度(m) | 2.25 | 2.25 | 2.25 | 2 |

在北方寒冷积雪地区,两侧带在满足最小宽度的前提下,还应考虑能否满足临时堆放积雪的要求。

对于城市快速路两个方向的车道中间一般用中央分隔带隔开,在用地条件好的地面地段,可设置1m宽度以上的绿化带分开,而在用地紧张的地面地段,可设置混凝土防撞护栏分离开两个方向的车道。在高架快速路段,一般宜设置防撞护栏,但也可以合理改变护栏的形状以进行简易的绿化或防眩目设计。

对于一般城市道路,除了可以设置中央绿化带或防撞护栏之外,还可以采用简易移动式铁护栏分开两个方向的车道。

对于设计 HOV 管控车道的路段,一般不宜破坏原有的固定式中央分隔带,双向 HOV 车道也不需要破坏原有的中央分隔带。但对于可逆管控车道,常需要通过调整移动式铁护栏来进行内侧车道方向的转换。因此,现有道路在进行中央分隔带的规划设计时应考虑未来是否会改造为可逆 HOV 车道的可能性。

### 4.2.8　路侧带设计

在道路车行道两边到道路红线之间的用地为路侧带。其间布置的内容为人行道、城市市政公用设施用地和绿化用地。

路侧带总宽度为人行道宽度、绿带宽与设施带宽之和。此外,还要考虑人行道下面埋设管线所需要的宽度。一般认为街道宽与单侧人行道宽之比在 5∶1 ~ 6∶1 的范围内是比较合理的。

(1)人行道

人行道指的是道路中用路缘石或护栏及其他类似设施加以分隔的专供行人通行的部分。人行道一般高出车行道 10 ~ 20cm,一般采用直线式横坡,向路缘石方向倾斜。横坡坡度一般在 0.3% ~ 3% 范围内选择。

人行道的宽度设置一般参考表4-6执行。

两侧分隔带宽度值　　　　　　表 4-6

| 项　目 | 人行道最小宽度(m) | |
|---|---|---|
| | 大城市 | 中小城市 |
| 各级道路 | 3 | 2 |
| 商业中心地段 | 5 | 3 |
| 火车站、码头路段 | 5 | 4 |
| 汽车站路段 | 4 | 4 |

人行道通常在车行道两侧对称并等宽布置。在受到地形限制或有其他特殊情况时,不一定要对称等宽,可按其具体情况做灵活处理。人行道设计示意图如图 4-13 所示。

(2)绿化带

出于景观与环保要求,城市道路主干路一般应设置绿化带。绿化带宽度宜为红线宽度的15% ~ 30%,即绿化率应大于 15%。

具体而言,可在人行道上靠行车道一侧种植行道树。行道树的株距一般为 4 ~ 10m,树池采用 1.5m 的正方形或 1.2m × 1.8m 的矩形。绿化带设计示意图如图 4-14 所示。

图 4-13　人行道设计示意图　　　　　图 4-14　绿化带设计示意图

（3）设施带

为了便于市政公用设施等安装，城市道路一般应设置设施带。

设施带宽度包括设置行人护栏、照明灯柱、标志牌、信号灯等的宽度。红线宽度较窄及条件困难时，设施带可与种植带合并，但应避免各种设施与树木间的干扰。

一般来说，设施宽度应根据实际情况设置，比如护栏宽度一般为 0.25~0.50m，杆柱宽度为 1.0~1.5m，因此可设置对应宽度的设施带。

（4）路缘带（石）

路缘带指的是位于车行道两侧与车道相衔接的用标线或不同的路面颜色划分的带状部分。其作用是保障行车安全。

路缘带是硬路肩或中间带的组成部分，与行车道连接，用行车道的外侧标线或不同的路面颜色来表示。其主要作用是诱导驾驶员视线和分担侧向余宽功能，以利于行车安全。

高速公路和一级公路右侧应设置 0.5m 宽的路缘带；当设置有左侧路肩时，也应设置 0.5m 的左侧路缘带；路缘带均应计入路肩宽度。

高速公路和一级公路应在中央分隔带的两侧设置 0.50~0.75m 的左侧路缘带，它们属于中间带的一部分。路缘带设计示意图如图 4-15 所示。

在城市道路中，常在分隔带与路面之间，人行道与路面之间设置路缘石。缘石宜高出路面 10~20cm，宽度宜为 10~15cm。路缘石形状可为立式、平式、斜式和曲线式（分隔带端头或交叉口的小半径处）。

路缘石一般应满足下列构造要求：

①平石宽度一般为 30cm，厚度为 15cm。侧石的宽度宜为 10~15cm，高度为 30cm。

②平石铺设高度视边沟排水需要调整，保证路面边沟有最小的排水纵坡。

③城市道路路缘石采用立式，缘石宜高出路面边缘 10~20cm。隧道内、重要桥梁、道路线性弯曲路段或陡峻路段的缘石可高出 25~40cm。并应有足够的埋深，以保证稳定和行车安全。

④斜式缘石便于儿童车、轮椅及残疾人通行。

⑤在分割带端头或交叉口的小半径处，缘石宜做成曲线式。

路缘石设计示意图如图 4-16 所示。

路侧带宽度即是人行道宽、设施带宽和绿化带宽三项之和。当路侧带宽度有限，不足以分别从容布置人行道、设施带和绿化带时,可将设施带和绿化带合并布置,但要注意避免绿化对交通设施产生干扰和影响。

图 4-15　路缘带设计示意图

图 4-16　路缘石设计示意图

综上所述,城市道路横断面宽度 = 机动车道路面宽 + 非机动车道路面宽 + 路侧带宽 + 分隔带宽。

## 4.3　HOV/HOT 车道横断面设计

管控车道在实施过程中采用的常见的策略是 HOV 车道,而 HOT 车道在运行方面是与 HOV 车道合并的,本节内容主要的讨论内容即是 HOV/HOT 车道的横断面设计。主要包括美国设计经验、国内设计现状以及 HOV/HOT 车道横断面设计方法总结。正文中仅标识 HOV 车道的内容也都适合 HOT 车道。

### 4.3.1　美国设计经验

作为全世界交通系统最发达的国家,美国在管控车道的设计与运营方面也走在了世界的前列。目前,美国多个州都具备了比较完善发达的管控车道体系,本小节即以得州和加州的经验为例。

得州管控车道采用专用管控车道、并行车流管控车道和逆向车流管控车道三种方式。

(1)专用管控车道又包括专用双向管控车道和潮汐管控车道。专用高速公路管控车道与相邻的公路普通车道采用护栏或宽缓冲区完全隔离。专用潮汐管控车道在早高峰期供由郊区通往中心城区的进城车辆使用,反之,在晚高峰期供出城车辆使用。因此,每天需要采用可逆设施对车道进行方向的重新设置。

(2)并行车流管控车道指在全天或部分时段供特定车辆通行的与普通车道同方向但不完全分离的管控车道。少数此类车道仅供公交车辆使用,通过特定的出入口来控制车辆的通行。

(3)逆向车流管控车道指向非高峰车流方向借一个供高峰车流方向的特定车辆使用的车道。

加州的 HOV 车道主要分为三类:护栏分离式、缓冲带分离式和连续式。

(1)护栏分离式 HOV 车道指可用于潮汐或双向管控车道的运营方式。

(2)缓冲带分离式 HOV 车道指采用缓冲带将混流车道同其分开的管控车道。

(3)连续式 HOV 车道是指车道之间不采用任何物理分离措施,通常用于历时较短的通勤高峰车流路段。

### 4.3.2 国内 HOV/HOT 车道设计现状

国内目前关于 HOV 或 HOT 管控车道的实际项目还非常少见。在理论研究方面,国内同济大学等单位有部分专家学者对 HOV 和 HOT 有过简单的探讨,但也尚未详细的论证车道的横断面设计。

虽然 HOV 管控车道在国内尚处于理论研究和初步尝试阶段,但也有部分城市率先在这方面做出了实验性的项目实施。

2014 年 5 月 16 日,国内第一条 HOV 车道,在无锡市兴源路上岗,根据无锡市交通管理部门的规定,车上有包括驾驶员 3 人及以上的客车都可以在这个车道上行驶。此举被认为是在鼓励"拼车",减少交通流量,提高通行能力。

兴源路是无锡市内贯通南北的一条双向六车道主要干道,每天车流量非常大,为了缓解交通压力,倡导公交优先,2008 年开始,交警部门就在兴源路锡甘路路口至兴源路工运路路口设置了公交专用道。

2010 年,由于地铁施工,兴源路的车流量发生了变化,临时取消了公交专用道。2013 年 10 月,随着地铁施工即将完成,兴源路的交通状况也随之发生变化,因此公交专用道开始恢复使用。交警部门工作人员介绍,在公交专用道恢复使用后,他们接到不少市民反映,由于兴源路上公交车线路相对不多,专门辟一条公交专用道有些资源浪费。

为此,无锡交警部门决定在兴源路原有公交专用道上,从兴源路锡甘路路口至兴源路通江大道路口设置 HOV 专用车道,车上有 3 人及以上(包括驾驶员)的客车可在专用车道上通行,新的专用车道既可通行公交车,也可通行 HOV 车辆。交警支队工作人员介绍,由于火车站南广场前公交线路较多,兴源路通江大道路口至兴源路工运路路口一段仍保留为公交专用车道。

无锡其他路段的公交专用道都有电子警察抓拍,但目前对 HOV 车道不进行抓拍,主要依靠市民自觉,但交警部门会不定期地开展专项检查,一旦发现车上不满 3 人却违规在专用车道上行驶的,将以不按规定车道行驶对驾驶员处以 100 元罚款。

从上面的例子我们看出,此条 HOV 车道实际上是公交专用道和 HOV 车道的结合,由于当地公交车辆数量不多,因此具备允许公交车和 HOV 车辆共同使用单条道路的交通条件。

在横断面设计方面,由于无锡市此条 HOV 车道实际上就是利用了原有的公交专用道,因此没有做特殊设计,仅通过交通指示标志指明了该条路的性质,也没有采用横向分离设施同普通车道分开。

2016 年 4 月 18 日,深圳市开始在滨海—滨河大道启用广东省内首条 HOV 车道。该专用车道与相邻车道车行道分界线为绿色虚线,地面设置相应文字及绿色多乘员车道图形标志。启用时间段为工作日早晚高峰,上午 7 时 30 分至 9 时 30 分,下午 5 时 30 分至 7 时 30 分。深圳交警表示,对于违反占用 HOV 车道的机动车,将根据《深圳经济特区道路交通安全违法行为处罚条例》第一条第二款,给予车辆处以 300 元罚款,同时作为失信行为纳入到征信系统内。未来将根据交通流量情况,适时将 2 + 多乘员车道调整为 3 + 多乘员车道。也不排除未来有可能会在进出二线关的主要通道和特区内的主要交通动脉推广多乘员车道。

深圳市推出第一条HOV车道与该市近年来集中治理拥堵不无关系,2014年7月31日,深圳市交通运输委员会公布了深圳"四横六纵"拥堵带治理方案。"四横六纵"拥堵带指的是深圳市中心城区和城区边缘的4条东西走向常发拥堵带和6条二线联系通道在中心城区内的延伸区域,其包括深南、南坪、南海大道、香蜜湖路等主要干道。此次拥堵带治理方案则主要包括各节点交通组织优化,部分路段扩宽,研究设置HOV车道的可行性,提升公交服务等方式。预计改造后,深圳中心城区主要干道通行能力将提高5%~15%。对于HOV车道的横断面设计,深圳市也将根据当前实际交通和地形情况采取最优方案。

此外,上海、北京等城市近两年也在酝酿在部分路段设置HOV车道。

### 4.3.3 HOV管控车道横断面设计方法总结

1) HOV车道划分与方向设计

HOV车道也属于机动车道,因此首先应满足上面各条相关设计,其次,应根据HOV车道的属性进行专项设计。根据对管控车道的独立性和方向划分情况,在进行管控车道横断面设计时,可以采用专用管控车道、并行车流管控车道和逆向车流管控车道等类型。

(1) 专用管控车道

专用管控车道是指与相邻的公路普通车道采用护栏或宽缓冲区完全隔离的管控车道,其性质为快速路。专用公路管控车道主要包括两种:双向管控车道和可逆管控车道。可逆管控车道可设计为单车道或多车道。

专用双向管控车道位于公路用地范围之内,同普通的公路车道完全分开,在全天或部分时段内用作专用管控车道。通常采用混凝土护栏将管控车道和普通车道隔离开。

专用管控车道常包含几个入口,也可能包含一些定向匝道以及其他专用进出口设施。普通的设计方法和一般公路类似,即在管控车道和普通车道之间增设护栏或宽缓冲区。专用双向管控车道应考虑以下设计要素:

①中央分隔带。通过中央分隔带护栏将两个方向的车道分开。中央分隔带的类型可根据具体的项目实施多种适合的类型,在条件满足时,中央分隔带应进行防眩目和绿化等设计。

②车道。专用双向管控车道应包含多个车道,一般含1~2个小车车道和一个客车车道。在特殊情况下或公路用地有限的短距离车道时可以考虑对车道进行宽度的折衷设计。

③车道分离设施。一般采用混凝土护栏或简易铁护栏作为车道分离设施。采用这种设计时也应保证同临近的普通车道有足够的横向净距。

④横断面特殊设计。在进行横断面宽度设计时应考虑监控执法设施、排水、工点间距、通过性需求和紧急出口等因素。

第二种专用管控车道为可逆管控车道。同双向管控车道一样,这种车道也包含了若干个公路用地范围内的车道,它们和普通公路车道完全分离,在全天或部分时段内用作专用管控车道。货车也可以使用这类车道。

通常来讲,专用可逆管控车道在早高峰期供由郊区通往中心城区的进城车辆使用,反之,在晚高峰期供出城车辆使用。因此,每天需要采用可逆设施对车道进行方向的重新设置。这项日常工作经常包括在早上打开车道进口供进城车辆通行,之后关闭进城车道,在下午打开车道供出城车辆通行,之后在晚间关闭出城车道。对于车道的打开和关闭设施可以采用人工或自动技术。

(2) 并行车流管控车道

并行车流管控车道指在全天或部分时段供特定车辆通行的与普通车道同方向但不完全分离的管控车道。少数此类车道仅供公交车辆使用,通过特定的交通出入口来控制车辆的通行。

并行车流管控车道一般位于内车道或路肩范围。通常采用设置路面标志的方法来指示这类车道。并行车流管控车道的进口和出口数量可不限定数量,但应确定合理的监测执法点数量。

并行车流管控车道多根据已有公路横断面进行改造。比如,将内侧路肩或中央分隔带改造为一个车道,或扩大公路用地范围新增一个车道。

(3) 逆向车流管控车道

逆向车流管控车道指向非高峰车流方向借一个供高峰车流方向的特定车辆使用的车道。逆向车流管控车道仅在具有明显的车流方向性差异的路段考虑,且非高峰车流方向具备多余的通行能力,可方便地设计或分离成供高峰向车流通行的车道。由于逆向车流管控车道需要在公路的同一边进行交通运营,因此在设计过程中,对管控车道和普通车道的安全考虑是一个非常重要的因素。

逆向车流管控车道包含两个特别的设计要素。第一个是从相反方向的普通交通流中分离出一个车道的措施,另外一个是进入或驶入此车道出入口。

逆向车流管控车道一般采用移动护栏来调节车道方向,如图4-17所示为逆向车流管控车道的横断面示意。

a) 移动护栏分离式理想横断面图(非运营时段)

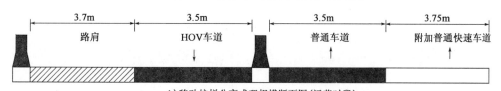

b) 移动护栏分离式理想横断面图(运营时段)

图 4-17 逆向车流管控车道典型横断面

2) HOV 车道隔离方式划分

根据车道隔离方式的类型,HOV 管控车道的横断面在设计时可分为三类:护栏分离式、缓冲带分离式和连续式。

在具体的项目中,我们在确定 HOV 车道采取的具体类型时,应主要考虑现有的几何横断面、运营方式、监测执法等主要因素。

下面对实际项目中可采用的护栏分离式、缓冲带分离式和连续式 HOV 车道依次进行介绍评述。

(1) 护栏分离式 HOV 车道

护栏分离式 HOV 车道可用于可逆和双向管控车道的运营方式。在用地和成本不是最主要的考虑因素时，双向运营是最适合的运营方式。而无论是对于双向管控车道还是可逆管控车道，采用护栏分离式 HOV 车道在运营方面都具有以下优势：

①监测执法的简易性(违章者可用在出入口被监测到)。
②监事故处理的简易性。
③运行的通畅性(无其他混合车流车道的干扰)。
④低违章率。
⑤驾驶的高度舒适性。

而根据上一节对车道及其方向的划分情况，护栏分离式 HOV 车道也可以主要分为双向护栏分离式 HOV 车道和可逆护栏分离式 HOV 车道。

对于双向护栏分离式 HOV 车道，其横断面设计见图 4-18，在公路用地受限制时，也可以采用高架形式，见图 4-19。

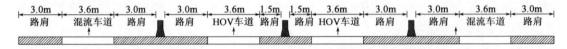

图 4-18　双向护栏分离式 HOV 车道典型横断面

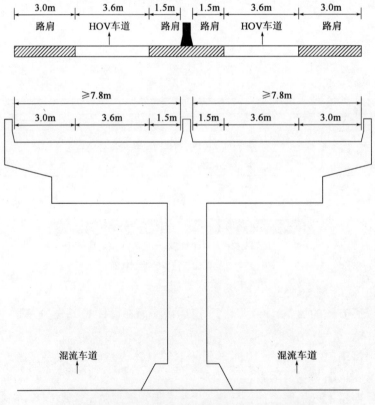

图 4-19　双向护栏分离式 HOV 车道典型横断面(高架形式)

高架 HOV 车道护栏之间的宽度不应低于 7.8m。7.8m 的宽度考虑到了未来可能转化双向 3.3m 的车道 +0.6m 路肩的可能性。

在项目用地非常紧张的情况下,或出于环境保护方面的考虑,可采用可逆护栏分离式 HOV 车道。并且,在交通流的方向分配时,高峰方向车流的比例应至少在 65% 以上。一旦实施后,转化可逆运行模式将非常困难。但是,如果保持了适当的方向分配,则可在所需反向上提供足够的通行能力,这比直接按照双向 HOV 车道设计节省了大量的用地范围。在实际项目中,我们可以采用如图 4-20 所示的可逆护栏分离式 HOV 车道典型的横断面设计。

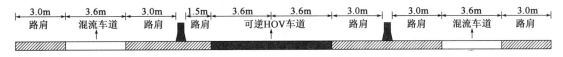

图 4-20 可逆护栏分离式 HOV 车道典型横断面

(2)缓冲带分离式 HOV 车道

缓冲带分离式 HOV 车道指采用缓冲带将混流车道同其分开的管控车道,缓冲带宽度一般不大于 1.2m。在少数特殊情况也采用 3.6~4.8m 宽的缓冲带,特别是用于进出口和主车道结合位置的加速和减速车道,以保证车辆进行可能的车道变换。但是,这种宽度的缓冲带仅用于具备足够的宽度以在左侧设置不小于 3.0m 宽的路肩的 HOV 车道。任何情况下都不宜采用 1.2~3.6m 宽的缓冲带,因为这样做将使缓冲带失去其作为安全区的作用。和连续式 HOV 车道相比,缓冲带分离式 HOV 车道为车辆提供了更高的服务水平。这包括了更高的驾驶舒适性、通过提供额外的操作空间保证了更高的安全范围以及邻近的 HOV 车道或混流车道发生事故时对其更小的影响。

在实际项目中,我们可采用如图 4-21 所示的缓冲带分离式 HOV 车道典型的横断面设计。

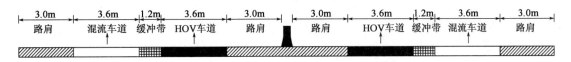

图 4-21 缓冲带分离式 HOV 车道典型横断面

(3)连续式 HOV 车道

连续式 HOV 车道是指车道之间不采用任何物理分离措施,其通常用于历时较短的通勤高峰车流路段。另外,连续式 HOV 车道也用于公路用地有限而不允许采用缓冲带分离 HOV 车道和混流车道的路段。同时,由于 HOV 车道在全长范围内免费,因此除了进出口设施之外,也不需要进行额外的详细设计。

对于部分时段 HOV 车道,在非高峰期可供所有车辆通行,特别是对于道路施工与维护车辆应保证其通行。另外,对于一些对 HOV 车道不完全接受的驾驶员来说,部分时段运营 HOV 车道也更易让其接受。由于此类车道在高峰期过之后将恢复成混流车道,因此需要对其横断面尺寸进行折减考虑。

在实际项目中,我们可采用如图 4-22 所示连续式 HOV 车道典型的横断面设计。

3)HOV 车道折衷设计

管控车道的折衷设计指的是在公路用地有限或由于其他原因,需要对横断面设计进行折

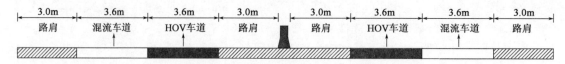

图 4-22　连续式 HOV 车道典型横断面

衷权衡以调整设计方案。一般而言,在进行横断面设计时,应优先考虑采取一些常规处理措施,其次才进行断面宽度折减。设计时也可考虑实际情况并与相关部门协商来进行处理。

常用的折衷设计方案主要包括以下几个方面:

(1)减小路肩、路缘带、安全带、停车带等设施的宽度。

(2)减小车道宽度,但车道宽度一般不得低于表 4-7 中的车道宽度选用值,在条件特别困难的低速路段(设计时速低于 60Km/h),可视情况将小车道宽度再减小 0.25m。

**机动车车道宽度与路缘带宽度选用表**　　　　表 4-7

| 设计车速 $v$ （km/h） | 外侧车道 | | 中间车道 | | 内侧车道 | | 路缘带 |
|---|---|---|---|---|---|---|---|
| | 大车道 | 小车道 | 大车道 | 小车道 | 大车道 | 小车道 | |
| 100 | 3.75 | 3.50 | 3.75 | 3.50 | 3.75 | 3.50 | 0.50 |
| $100 > v \geq 80$ | 3.75 | 3.50 | 3.75 | 3.50 | 3.75 | 3.50 | 0.50 |
| $80 > v \geq 60$ | 3.75 | 3.50 | 3.50 | 3.25 | 3.50 | 3.25 | 0.50 |
| $60 > v \geq 50$ | 3.50 | 3.25 | 3.25 | 3.00 | 3.25 | 3.25 | 0.25 |
| $50 > v \geq 40$ | 3.50 | 3.25 | 3.25 | 3.00 | 3.25 | 3.00 | 0.25 |
| $40 > v$ | 3.25 | 3.00 | 3.00 | 3.00 | 3.00 | 3.00 | 0.00 |

(3)调整中央分隔带类型或护栏类型,例如,减小绿化带宽度或取消绿化带,或将护栏形状由柱式调整为垂直式。

## 4.4　BRT 车道横断面设计

### 4.4.1　美国 BRT 车道横断面设计

快速公交系统(Bus Rapid Transit,简称 BRT),是一种介于快速轨道交通(Rapid Rail Transit,简称 RRT)与常规公交(Normal Bus Transit,简称 NBT)之间的新型公共客运系统,是一种中运量交通方式。从管控车道的实施策略上讲,BRT 是一种专用车道(Exclusive Lanes),在这里即为公交车辆提供专门的通行车道。

美国 20 世纪 30 年代首先提出 BRT 理论,70 年代中期美洲一些城市开始大规模建设 BRT,80 年代末建成,取得了瞩目的成绩,其中全球第一条 BRT 线路在 1974 年于巴西的库里蒂巴市建成。随后世界上其他国家城市也纷纷开始建设 BRT。自 90 年代初开始,随着拉丁美洲 BRT 系统的建成,在世界范围掀起了建设、研究 BRT 的热潮,许多城市纷纷修改交通规划,将 BRT 纳入城市公交系统中。

截至目前,美国已成为世界上拥有 BRT 城市最多的国家,目前已建成或规划建设 BRT 的城市已遍布全国各州。美国建设 BRT 的城市中比较有代表性的有匹兹堡市和洛杉矶市。匹兹堡市现有 3 条公交专用道在运行,1977 年开始运行的南部专用道全长 4mile,有 9 个站,部分路段和轻轨合用路面,每天的乘客量为 15000 人次。1983 年开始运行的东部专用道全长 618mile,有 6 个站,利用现有的路面,每天的乘客量为 28600 人次,东线开通后使公交车辆运行时间降低了 15%~23%。2000 年开始运行的西部专用道全长 5mile,使用废弃的铁路路面,有 6 个站,每天的乘客量为 8000 人次。洛杉矶市 20 世纪 90 年代曾致力于发展地铁,但最终因为地铁造价太高而放弃。为了缓解交通拥挤压力,该市采用 BRT 技术,经过在其两条交通走廊威尔谢/惠蒂尔大道和范杜拉大道上的试行,取得可喜的成绩:威尔谢/惠蒂尔大道的乘客量增加了 33%,节省出行时间 29%;范杜拉大道的乘客量增加 26%,节省出行时间 23%。按规划,未来洛杉矶市将形成 26 条快速公交线路组成的网络,以彻底改善交通面貌。

从美国已经运行的 BRT 车道来看,其横断面设计分为多种类型,其分类主要与其用地类型(是否具备独立路权划分为 A、B、C 三类)有关。

A 型用地是完全隔离的类型。不受交叉口信号与任何人、车的干扰,以地下、高架或平面方式布设。

B 型用地指的是沿行驶方向以路缘石、护栏、高度差等方式,将公共交通车辆运行的车道与其他交通用隔离设施隔离,但在交叉口仍与横向的人、车混合通行。

C 型用地是道路上的混合交通用地。具体指公共交通车辆与其他社会车辆混合共用路面,亦可布设优先或专用车道,但不具隔离带等实体分离设施,行驶至路口需遵循信号控制规则。

根据其用地类型和设置位置,BRT 车道主要分为以下多种设置方式(表 4-8),每种设置方式对应于相应的横断面设计。

**美国 BRT 车道设置方式分类**　　　　表 4-8

| 序号 | 用地类型 | 设置位置 | 设置方式 | 设置方式序号 |
|---|---|---|---|---|
| 1 | 完全独立路权 | 非城市道路 | BRT 专用隧道 | ① |
| | | | 高架 BRT 专用道路 | ② |
| | | | 专用 BRT 高速公路 | ③ |
| 2 | 半独立路权 | 城市道路 | 平面 BRT 专用道路 | ④ |
| 3 | 道路中物理隔离的半独立路权 | 城市道路 | 干道中央 BRT 专用道路 | ⑤ |
| 4 | 半独立车道 | 城市道路 | 同向或逆向的 BRT 专用车道 | ⑥ |
| 5 | 混合交通流 | 城市道路 | 路口专用或优先排队车道 | ⑦ |

对于表 4-11 列出的分类方式,我们可看出:采用序号为①、②、③的设置方式,BRT 享有完全独立的土地使用权,在路口、路段均不受任何交通流的干扰,运行效率最高,属于 A 型用地;④、⑤为半独立的 BRT 专用路,路段基本不受干扰,但在路口处,仍与横向的人车混合通行,属于 B 型用地;⑥、⑦的独立性最差,属于 C 型用地。

### 4.4.2　国内 BRT 车道横断面设计

1)国内 BRT 发展概述

我国于 20 世纪末引入 BRT 理念,目前我国对 BRT 研究理论的发展在经过前些年的国外理念引进期与国内分析的萌芽期之后,进入应用验证期。作为一种以快速公交为核心的绿色快速公交系统,BRT具有快速、环保等方面的优势。将快速公交和轨道交通的投资、效益进行对比,我们还可以得出结论,并非只有轨道交通才能解决城市大运量的公共客运需求,在经济能力还不允许大规模建设轨道交通之前,应该更多地依靠快速公交系统来承担起骨干交通的重任。

我国城市中首条BRT线路北京南中轴线一期试验段于2004年12月投入运营,2005年12月全线通车。杭州的快速公交B1线也建成运营,取得了较好成效。西安市区规划建设5条BRT线路,西安都市圈也将通过建设BRT增强城市间的密切联系。目前,国内许多城市都在积极发展BRT系统。北京、郑州、广州、厦门、济南、杭州等近30个城市的BRT已建成投入运营,改善了所在地区的交通状况,并受到了当地大多数居民的欢迎,广州BRT和宜昌BRT还分别获得了2011年和2016年"世界可持续交通奖";同时,上海、天津、深圳、武汉、城市等10多个城市的BRT系统也正在建设中。但大多借鉴国外的规划、建设和管理经验,尚缺乏结合我国城市交通特点和发展策略方面的系统深入分析。

2) BRT系统横断面理论设计

国内目前对BRT的土地使用权没有提出明确的分类方法,但对公交专用道一般做了以下分类:

(1)公交专用车道:在多车道的道路上开辟一条甚至多条车道为公交车所专用。具体分为路侧型、次路侧型和路中型。

(2)路中型公交专用路:与上述路中型相似,但它与两侧的其他车道做完全的物理分离。

(3)公交专用街道:指整条道路皆为公交车专用。

(4)公交专用排队道:在路幅条件不足实施公交专用道的情况下,在信号控制交叉口前为公交车划出一段专用排队道。

上述四种专用道的用地类别、优缺点可参考表4-9。

各种类型公交专用道的优缺点对比　　　　表4-9

| 专用道类型 | | 用地类别 | 优　　点 | 缺　　点 |
|---|---|---|---|---|
| 公交专用车道 | 路侧型 | C型 | 对路幅要求低,投资少,易于实施;乘客上下条件好 | 其他社会车辆的路侧活动和路边停车受限;横向干扰大,速度较低;受限于垂直净空;直行公交受其他右转车辆影响 |
| | 路中型 | C型 | 独立性较好,横向干扰少;易于信号优先控制;不影响社会车辆路侧活动和停车 | 对路幅要求较高;乘客进出站台条件较差;直行公交受其他左转车辆影响 |
| | 次路侧型 | C型 | 介于路侧型和路中型之间 | 介于路测型和路中型之间 |
| 路中型公交专用路 | | B型 | 类似路中型专用车道,但独立性更好,速度和运量较高 | 类似路中型专用车道 |
| 公交专用街道 | | B型 | 独立性好,速度快,运量高 | 占有道路资源较大,其他社会车辆通行受限 |
| 公交专用排队道 | | C型 | 节省道路资源;易于实施;路口延误改善明显 | 总体效果有限 |

如果仅从BRT的运营效果上看,采用BRT专用道路(地下、高架、专用街道、高速公路)最为理想,但考虑道路空间容量、成本效益比和建设周期等限制条件,国内大多城市不易采用或

应用范围很受局限。

实际上,目前我国大多数城市采用的是路侧型公交专用道。这种设计方法往往投入沿线所有的公交线路,因而导致在实际运营中公交仍受较大的横向干扰,其干扰有的来自路边环境也有的来自公交自身。而近年来,少数城市采用了路中型 BRT 专用路(道),并结合了大容量新型公交车辆,不仅能将公交与其他社会车辆在路段上进行有效隔离,也可以将快速公交与普通公交分离开来,从而在干线上形成接近轻轨运力的中运量快速公交系统。

路中型 BRT 专用道(路)、路侧型 BRT 专用道和次路侧型 BRT 专用道的常见横断面理论设计图如图 4-23 ~ 图 4-26 所示,实际设计中具体车道数量可能有所不同,路肩及非机动车道的设置也应根据具体项目情况实施。

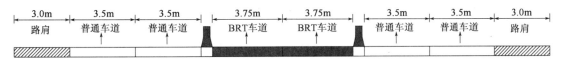

图 4-23 路中型 BRT 专用路典型横断面

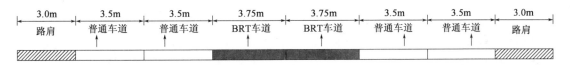

图 4-24 路中型 BRT 专用车道典型横断面

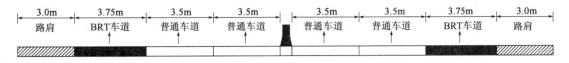

图 4-25 路侧型 BRT 专用车道典型横断面

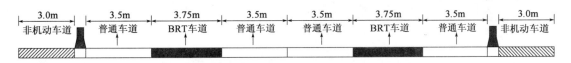

图 4-26 次路侧型 BRT 专用车道典型横断面

3)国内实际 BRT 项目横断面设计示例

目前,国内北京、广州、济南、厦门、宜昌等近 30 多个城市的 BRT 系统已建成投入运营,较好地改善了所在地区的交通,另外一部分城市的 BRT 系统正在规划或建设中。从已建成和规划的情况来看,目前国内 BRT 的横断面类型多为路中型,但各个城市各条线路根据城市道路用地条件、景观要求等方面的条件不同,又主要分为以下三种类型:地面 BRT 车道 + 地面普通车道型、地面 BRT 车道 + 高架快速普通车道 + 地面普通辅道型、高架 BRT + 地面普通车道型等。

(1)地面 BRT 车道 + 地面普通车道型

在一些用地条件较好的 BRT 项目中,或是国内早期的一些 BRT 项目,多采用此类横断面型,其典型横断面示例效果图及实景图如图 4-27 ~ 图 4-31 所示。

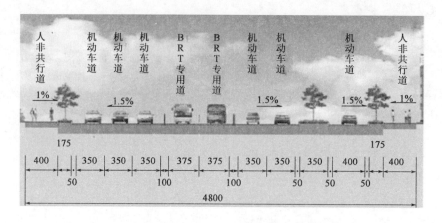

图4-27 地面BRT车道+地面普通车道典型横断面示例(尺寸单位:cm)

图4-28 地面BRT车道+地面普通车道典型横断面效果图(路段上)

图4-29 地面BRT车道+地面普通车道典型横断面效果图(车站)

图4-30 地面BRT车道+地面普通车道典型横断面实景图

图4-31 地面BRT车道+地面普通车道典型横断面实景图(济南BRT)

(2)地面BRT车道+高架快速普通车道+地面普通辅道型

在一些大城市的城市快速路段,为了将城市快速路和BRT车道较好地结合起来实施,往往采取地面BRT车道+高架快速普通车道+地面普通辅道型的BRT设置方案,典型横断面示例及效果图如图4-32和图4-34所示。

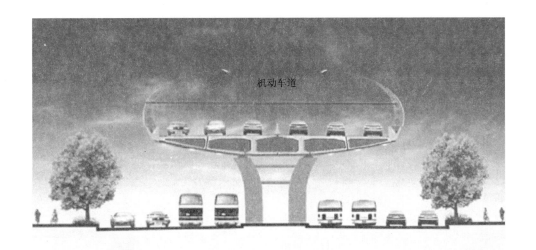

图 4-32　地面 BRT 车道 + 高架快速普通车道 + 地面辅道典型横断面示例(尺寸单位:m)

图 4-33　地面 BRT 车道 + 高架快速普通车道 + 地面辅道典型横断面效果图

图 4-34　高架 BRT 车道 + 地面普通车道典型横断面运行实景图一

(3)高架 BRT + 地面普通车道型等

出于景观和运行效率的考虑,BRT 车道也可设置成高架形式,厦门市空中快速公交线路系统即采用了这种形式。高架 BRT + 地面普通车道典型横断面运行实景图如图 4-34 和图 4-35 所示。

### 4.4.3　BRT 车道横断面设计方法总结

和 HOV 车道一样,BRT 车道也属于整个道路横断面的一部分,因此,其所在的道路横断面设计首先也应参考上一节的通用设计方法执行。另外,BRT 车道还应进行专项设计。

与国内的共乘车道尚处于理论研究阶段不同,国内 BRT 车道的设计已经进入了应用验证期。而与美国主要根据用地类型进行分类不同的是,国内一些城市在建设 BRT 项目时会根据城市道路用地条件、建造成本、景观要求以及与普通道路的协调等诸多因素综合考虑，从而选取合理的设计方案。

图4-35 高架BRT车道+地面普通车道典型横断面运行实景图二

对于BRT车道的横断面设计，目前国内主要采用比较成熟且适用于国内特点的路中型横断面设计，根据道路交通条件的不同，又主要分为以下三种类型：地面BRT车道+地面普通车道型、地面BRT车道+高架快速普通车道+地面普通辅道型、高架BRT+地面普通车道型。我们在未来大多数城市BRT项目中，均可继续采用上述三种类型的横断面。

在一些城市中，可能存在不同的路段的现实条件不同，而需要在同一条线上采用多种横断面的组合形式，从节省成本的角度出发，这也是应该大力提倡和灵活处理的。在某些地段，也可以根据实际地质、地形和交通条件采用混合型甚至是地下型的方案。根据需要可以设置成地下型BRT或者地面BRT+地下普通或快速路等形式。

上述几种类型的横断面设计具体设计如下，其中，车道数量应根据不同城市的不同道路等级具体而定，中央分隔带、绿化带等设施也应根据城市道路用地条件灵活设置。

（1）地面BRT车道+地面普通车道型

即BRT车道和普通车道均在地面上，之间采用护栏等分离方式隔开（图4-36），其主要运用于道路用地条件较好的城市路段。

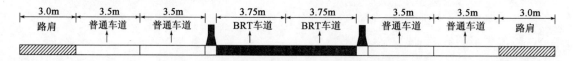

图4-36 地面BRT车道+地面普通车道典型横断面

（2）地面BRT车道+高架快速普通车道+地面普通辅道型

即BRT车道和普通道路的辅道位于地面，而快速路采用高架桥形式（图4-37），其主要运用于道路用地紧张、交通量很大、快速路和普通混流交通并行的城市主干道或环线等快速路上。

（3）高架BRT车道+地面普通车道

即BRT车道采用高架桥形式，地面为混流交通（图4-38），其主要运用于道路用地条件较好、普通交通量不是很大的城市道路上，或出于景观要求的路段。

（4）地下BRT车道+地面普通车道型

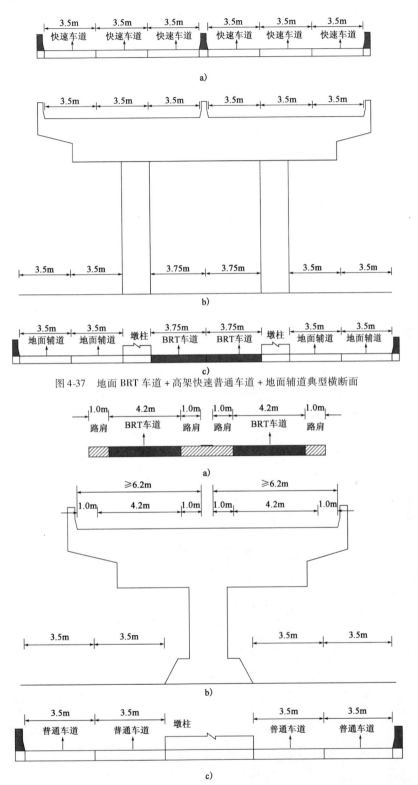

图 4-37 地面 BRT 车道 + 高架快速普通车道 + 地面辅道典型横断面

图 4-38 高架 BRT 车道 + 地面普通车道典型横断面

即BRT车道设置在地下隧道内,地面为普通车道(图4-39),其主要运用于少数地形条件特殊、用地紧张但出于景观等要求又不宜设置高架桥的路段,出于安全和BRT车站的设置要求考虑,此类型不宜设置为过长的距离。

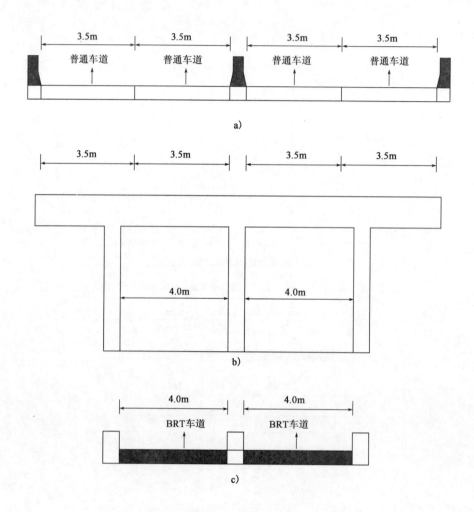

图4-39 地下BRT车道+地面普通车道典型横断面

(5)地面BRT车道+地下快速路+地面辅道车道型

即BRT车道和普通交通辅道设置在地面,地下为快速路(图4-40),其主要运用于出于地形、景观等原因而设置隧道的城市快速路。

(6)车道混合型

即根据实际情况将以上5中横断面混合采用,灵活用于一条BRT道路的不同路段之上。在实际工程运用中,此类情况也并不少见,但具体设计应在符合特定条件的同时也符合相关规范要求。

总体而言,综合上述内容,BRT项目在我国多个城市已经建设或运营了多年,其设计经验相对丰富。尽管 BRT 项目有着少数不足之处，但对于不少中大城市，它仍然是当前一段时间内介于普通公交系统和轨道交通之间的一种优良的城市公交运行方式。对它的横断面设计，我们可以根据实际情况采用以上各类方式，以适应不同城市的交通运行条件与要求。

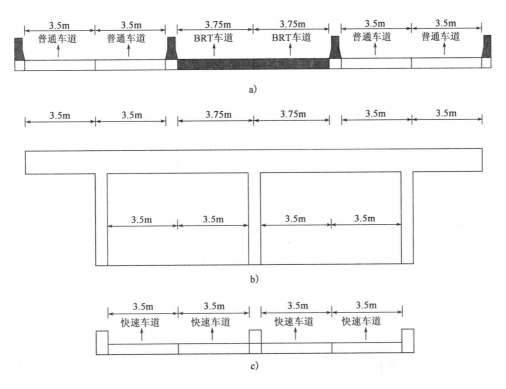

图 4-40 地面 BRT 车道 + 地下快速路 + 地面辅道典型横断面

## 4.5 双重车道横断面设计

双重车道（Dual Facilities）是在两个方向分别设有分离的内部行车道和外部行车道的管控车道。内部行车道仅供轻型汽车或轿车使用，而外部行车道对所有车辆开放。

双重车道在美国部分地区有一定的应用。本节内容以美国新泽西州的双重车道为例，描述了此类管控车道的典型横断面设计。

新泽西付费公路有一段 35mile 长的路段在同一用地范围包含内部行车道（客车）和外部行车道（货车/公交车/轿车）。其中 23mile 中，内部行车道和外部行车道在每个方向都有多个车道。车辆的断面分布为大约 60% 位于内部行车道，40% 位于外部行车道。

图 4-41 为双重车道典型的横断面设计。

国内城市目前尚无双重车道的具体应用例子，未来在可能采用此种管控车道策略的时候，也可以参考美国的设计经验进行横断面设计。

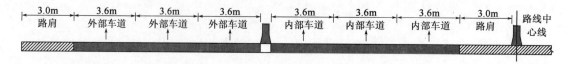

图 4-41 双重道典型横断面(仅示半幅)

## 4.6 横断面设计综合评述与小结

本章通过对美国各州的 HOV 车道横断面设计理论与方法的阐述,以及对美国和中国在 BRT 车道横断面设计方面的对比,结合我国现行公路相关规范,主要总结了整体道路横断面设计的要点,以及关于 HOV/HOT 车道和 BRT 车道横断面设计的一些综合性设计方法与经验,这对指导我国以后可能出现的 HOV/HOT 车道项目和新的 BRT 项目具有重要的意义。

根据管控车道的独立性和行车方向划分,将管控车道分为专用管控车道、并行车流管控车道和逆向车流管控车道等类型。提出各类型的横断面设计方法和典型断面构成。确定管控车道采取的具体类型时,应主要考虑现有的几何断面、运营方式和监测执法等主要因素。管控车道在选取适当的几何横断面时,还应考虑其运营方式。比如是部分时段运行还是全时段运营,是采用可逆管控车道还是逆向车流管控车道,是连续式还是采用出入口进行严格限制等因素。同时,对于占道行驶和越过缓冲区等管控车道设施的违章者应进行监测执法,以维持车道的整体通畅。管控车道横断面设计时应对监测执法设施予以考虑。同时归纳总结了三种车道隔离模式:护栏分离式管控车道、缓冲带分离式管控车道、连续式管控车道。并针对各隔离方式适用条件和优缺点进行了对比分析。

国内目前对 BRT 的土地使用权没有提出明确的分类方法,但对公交专用道有路中型、路侧型等分类。如果仅从 BRT 的运营效果上看,采用 BRT 专用道路最为理想,BRT 车道不仅能将公交与其他社会车辆在路段上进行有效隔离,也可以将快速公交与普通公交分离开来,从而在干线上形成接近轻轨运力的中运量快速公交系统。

BRT 车道常见的横断面理论设计类型包括路中型 BRT 专用道(路)、路侧型 BRT 专用道和次路侧型 BRT。目前国内主要采用比较成熟且适用于国内特点的路中型横断面设计,根据道路交通条件的不同,又主要分为以下三种类型:地面 BRT 车道+地面普通车道型、地面 BRT 车道+高架快速普通车道+地面普通辅道型、高架 BRT+地面普通车道型等。我们在未来大多数城市 BRT 项目中,均可继续采用上述三种类型的横断面。

在一些城市中,可能存在不同的路段的现实条件不同,而需要在同一条线上采用多种横断面的组合形式,从节省成本的角度出发,这也是应该大力提倡和灵活处理的。在某些地段,也可以根据实际地质、地形和交通条件采用混合型甚至是地下型的方案。根据需要可以设置成地下型 BRT 或者地面 BRT+地下普通或快速路等形式。

对于双重车道这类运用不是特别广泛的管控车道策实施略,我们也可以参考类似设计经验进行设计。而对于其他管控车道实施策略,比如车道限制、分离车道与辅道等类型,在横断面设计方面并无特殊内容,主要是通过交通工程方面的引导、管制和监控等方式来完成。

# 第5章 出入口设计

## 5.1 概　述

管控车道出入口设计主要针对HOV、HOT车道。车辆从常规车道或其他道路进出管控车道时,既可以从管控车道的起终点进出,也可以在管控车道沿线上的出入口进出。管控车道出入口的形式取决于管控车道的特性、目的、交通走廊的土地利用、可用的路权和资金支持等。

根据车辆进出方式将管控车道出入口分为四种类型:立体交叉式、分汇流式、枢纽交叉式和绕越车道。立体交叉式常用的形式有T形匝道、直下式匝道和高架匝道等。分汇流式出入分为直接分汇流和分支匝道两种类型。

车辆从常规车道或其他交通设施进入管控车道时,既可以从管控车道的起点进入,也可以在管控车道沿线上的入口进入管控车道。同样,车辆既可以在终点也可以在沿线出口离开管控车道。管控车道出入口的形式取决于管控车道的特性、目的、交通走廊的土地利用、可用的路权和资金支持等。根据管控车道出入口设计经验,建议设计时采用如下准则:

(1)管控车道的进出匝道应尽量采用相同的几何标准,其出口和入口均应符合当地的高速公路设计标准。

(2)车道边界线与栏杆间的横向间距一般不超过0.6m。为了适应设计速度,必要时需拆除阻隔式防眩光屏幕或轻微调整路面的条纹排列。

(3)出入口设置在街道交叉口附近时,应避开交通量达到满载或接近满载的交叉路口。

(4)应有明确指示牌指导车辆进入管控车道。高速公路车道终点不应直接接入管控车道入口,管控车道的入口应错开原来的高速公路车道,可以采用高速公路分支车道接入管控车道。

(5)管控车道匝道应具有足够的空间用于可能的监控设施、临时停车和执法区。

(6)要求车辆从单车道管控车道的左侧离开和右侧离开具有相同的可行性和安全性。常规进、出匝道的"仅限右行"准则不适用于管控车道的出入口。

(7)管控车道在设计时,应为其出入口的后期改造升级预先做充足准备。

(8)管控车道在出入口之前应该有足够的标识信息,且路面铺装标线应该强调主线(大多是通过在分流出口匝道处用跳跃条纹标示的方法)。

(9)管控车道进、出匝道的所有出入口位置均应设置相同规格的安全照明。

管控车道设计的各个方面都要依据其运行和实施来考虑,本节主要讨论管控车道采用不同类型的端部处理及进出口时所涉及的设计元素,下面首先讨论这些设计元素。

当通用出/入匝道间距相对较远时(3.2~4.8km),可以采用有平面出入匝道的并行车流管控车道,但当平面出入口处进入或离开管控车道的交通量很大时,并行车流管控车道的交织区的车辆交织形式可能较为复杂,此时采用护栏隔离设施可有效避免车辆交织难题。

当预计交通需求量较大时,需要采用多车道管控车道设施。它的基本设计原则也要遵循当地高速公路匝道关于出入口的几何标准,车流量的大小和车流形式指导主线车道数以及出入口位置的设计。为了尽量节约时间和保证行驶的可靠性,管控车道应建立在主体交通量和车流形式最多的地方。管控车道的直接出入和直接连接在多车道中适应性最好。

表 5-1 总结了管控车道各种类型的出入口的设计目标、优势以及局限性。表 5-2 进一步提供了出入口处理的设计指南。每种类型的出入口处理均将在随后进行讨论。

**不同出入口处理的目的、优势以及局限性** 表 5-1

| 出入口类型 | 设计的目的、优势及局限性 |
|---|---|
| 连接街道的 T 形匝道或直下型匝道 | 1. 集散所有授权车辆的有效方式;<br>2. 为管控进入的车流量提供机会;<br>3. 适用于可逆车流管控车道或双向管控车道;<br>4. 最好不要在高速公路入口的交叉口处考虑设置 |
| 连接停车换乘站或公交换乘站的 T 形匝道或直下型匝道 | 1. 延伸进入线外设施的有效方式,可以节省行驶时间;<br>2. 不推荐有权限但不适应管控车道的用户通行,会导致连接设施内的车流拥堵;<br>3. 为了使得开支高效,一般需要较高的转换率和搭车流量;<br>4. 尽管可以用于可逆车流管控车道,但设置双向通行最有效 |
| 高架匝道 | 1. 对于交叉车流量较大时,可提供最高的设计时速;<br>2. 可很好地服务于所有的管控车道用户;<br>3. 可以作为管控车道的中间出入口或者起终点处理;<br>4. 作为管控车道出入口处理方式时,成本太大;<br>5. 最不具有灵活性;<br>6. 对于双向和可逆车流管控车道具有相同的复杂程度 |
| 直接汇流出入口 | 1. 成本较低;<br>2. 容易实现;<br>3. 容易变更;<br>4. 需要考虑可能出现的安全问题 |
| 在端部的平面分支匝道 | 1. 为相邻高速公路集散高车流量的有效方法;<br>2. 需要从高速公路的左侧进出;<br>3. 可以作为一个安全可实施的处理方式;<br>4. 造价低,且管控车道需要延长时,比较容易更改;<br>5. 在大多数项目中可用作一个标准的端部处理 |
| 在中部的平面分支匝道 | 1. 造价最低的中部出入口方式,容易变更(重新选址或者取消);<br>2. 与有限制的道路协调性最好,基本不需要加宽;<br>3. 出入口车流量较大时,没有平行的汇流车道引导易引起交通事故;<br>4. 在管控车道车流量较大的情况下,不是最优方案,会降低相邻的高速公路或管控车道服务水平;<br>5. 执法不够安全;<br>6. 出入口位置比较苛刻,如果离附近的高速公路交叉口太近,会增加车辆的交织 |

各种匝道类型选取的原则 表5-2

| 目 标 | | 匝 道 类 型 1 | | | |
|---|---|---|---|---|---|
| | | 停车换乘站或中转站的T形或下降型匝道 | 街道区的T形或下降型匝道 | 高架匝道 | 高速公路的平面分支匝道 |
| 一般间距(<4.8km) | | + | 0 | − | 0 |
| 公交最大节约时间 | | + | 0 | 0 | 0 |
| 业主多方面要求 | 只限公交 | + | + | + | + |
| | 公交和其他特权车辆 | + | + | + | + |
| | 拼车或班车 | + | + | + | + |
| 与常规交通的潜在冲突 | | + | + | + | 0 |
| 强制性 | | + | + | 0 | − |
| 交通管制能力 2 | | + | + | + | − |
| 成本 | | 0 | 0 | − | + |
| 高交通量(>400pcu/h) | | − | − | + | + |
| 低交通量(<400pcu/h) | | + | + | − | + |
| 高设计速度(>60km/h) | | − | − | + | + |
| 低设计速度(<60km/h) | | + | + | N/A | − |
| 与现有高速公路的改造兼容性 | | 0 | + | 0 | + |
| 后期改造的灵活性 | | − | − | − | + |

注:1. + = 有利。
2. 0 = 中性,一般基于设计或现场情况。
3. − = 不利。
4. N/A = 不适用。
5. 不包括交通量较低、公交车有独立路权的公交专用车道街道路口。
6. 假设利用监控设计管控驶入的车流。

## 5.2 立交式出入口

立交式出入口匝道为管控车道提供了专用的进口和出口,通常连接到专用的管控车道。当预计进入管控车道的车流量超过275pcu/h时,立交式出入口是理想的出入口处理方式。在预计车流量较大的位置或需要显著节省出行时间、提高出行效率时,立体交叉可为授权车辆提供出入口。为了提供与相邻道路、停车换乘站和中转站之间的直接出入连接,可以采用多种类型连接处理,且立交式出入口匝道可用在管控车道沿线的起点、终点或者中间位置。

立交式出入口匝道具有自身优势,可在满足管控车道较大的进、出流量的同时,不影响高速公路常规车道车辆的正常行驶,而且能节省车辆通行时间、提高通行效率、减轻执法压力、提升交通安全性。立交式出入口匝道的潜在劣势为需要额外的路权,以及采用不同的出入口设计会产生额外的工程成本。当常规车道产生持续大量拥堵时,立交式出入口匝道是解决这些冲突车辆的最有效方式,而且这些立交式出入口匝道便于执法。

管控车道立交式出入口匝道有多种形式,包括:T形匝道,直下型匝道,高架匝道。

至于设计时选择何种匝道形式,主要根据管控车道的特点,相邻公路设施、可用的路权以及工程设计习惯决定。下面给出了这些进出口形式各自的优缺点以及各自的使用条件。

### 5.2.1 T形匝道

T形匝道的名称来源于这种立交式出入口匝道看起来像字母T。T形匝道通常用在栏杆隔离的专用管控车道的进出口处,但也可在其他形式的管控车道中参考使用。

T形匝道在设计时需考虑的设计元素主要包括以下几个方面:

(1)设计速度。T形匝道的设计时速应基于单个项目的特点,但T形匝道的设计时速不应对管控车道的主线车道设计时速造成不利影响。为达到此设计要求,设计时必须提供一定长度的加速和减速车道,以衔接管控车道主线车道车速与出入口车速,从而保证管控车道运营的安全性和有效性。

(2)路肩。设计人员应为每一个行车方向都提供路肩。如果不能提供一个完整的路肩,可以占用部分其他车道。在双向匝道里,特别当拼车和班车的设计流量较大时,匝道中间应设置防撞墙。

(3)横截面。单向或可逆车流T形匝道理想的横截面宽度在6.7~7.6m之间。对于双向匝道,理想的横断面宽度应为13.7m,其中包括2×3.6m的行车道,2×1.2m的路肩和两反向车道间的3m缓冲区。当双向匝道预期的车速较低时,其横断面宽度可减少至11.6m。

如图5-1所示为一个可逆车流管控车道到停车换乘站点或主干街道的立交式T形匝道实例,停车换乘站或主干道通过上跨常规车道的立交接入内侧的管控车道。在车辆进出管控车道时,为了减小进出车辆对管控车道主线车流的影响,保证主线车流的运行速度,需要在T形出入口设置一定长度的加速车道和减速车道,其典型的加速车道、减速车道及渐变段的设计可参考图5-2所示的示意图。根据美国I-15高速公路的前期规划研究,结合先前的高乘车道设

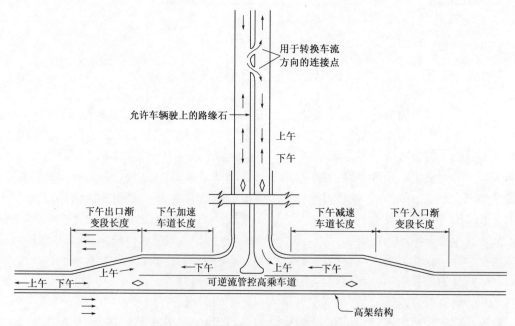

图5-1 可逆车流管控车道典型的平面T形匝道

计实践,推荐 T 形匝道的加速车道、减速车道及渐变段的设计取值,可以采用表 5-3 所给出的建议值。管控车道的加速车道和减速车道的长度分别基于单线公交加速度 3.2km/h/s 和加速度 -4km/h/s 确定。在上坡的减速车道,上坡坡度每增加 1%,则等效的减速车道长度减少大约 5%。在下坡的加速车道,下坡坡度每增加 1%,等效的加速车道长度增加大约 10%。这些指导说明只限于坡度不超过 6%、坡长不超过 300m 的情形。

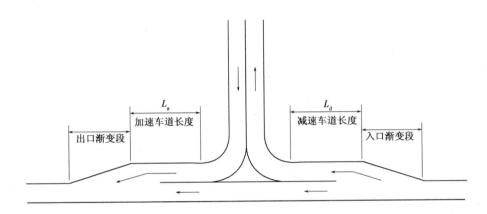

图 5-2  管控车道加速车道、减速车道以及渐变段长度

**T 形匝道的加速、减速车道长度参考值**  表 5-3

| 主车道管控车道时速<br>(km/h) | 管控车道入口时速<br>(km/h) | 加速/减速车道长度<br>(m) | 渐变区长度<br>(m) | 建议总长度<br>(m) |
|---|---|---|---|---|
| 60 | 40 | 75 | 50 | 130 |
| 65 | 50 | 120 | 60 | 180 |
| 70 | 55 | 210 | 65 | 275 |
| 80 | 65 | 300 | 70 | 365 |
| 90 | 70 | 425 | 75 | 505 |
| 100 | 80 | 580 | 80 | 660 |
| 105 | 90 | 730 | 85 | 815 |
| 110 | 100 | 915 | 90 | 1000 |

图 5-3 为得克萨斯州休斯敦市一条连接管控车道与停车换乘站的 T 形立交匝道的鸟瞰图。为了实现从周围停车换乘站或者主干道直接连接至内侧的管控车道,必须采用立交跨越外侧车道,进而实现与内侧管控车道的 T 形连接。在国内,由于采用"右侧行驶"的交通习惯,内侧车道车辆直接出入的工程实例基本没有,而是统一采用逐渐变道直至最右侧出口的方法。如果管控车道采用国内平面 T 形路口设计,无疑会增加管控车道车辆与常规车道车辆之间的交织,严重影响管控车道及常规车道的运营效率。因此,国内采用这种在最内侧的管控车道时,为了避免车辆相互影响,需采用立交式 T 形匝道,且建议仅限于用栏杆隔离的专用管控车道中使用。图 5-4 为得克萨斯州休斯敦市 US59 高速沿线上立交式 T 形匝道出入口的设计实例图,从图中可以看出,此 T 形立交匝道可通过设置关卡控制管控车道内的车流方向,实现潮汐车道控制功能。图 5-5 为只许进、出的立交式 T 形匝道设计,从 T 形匝道进入的车辆与高架段的下游车流汇合。

图 5-3　得州休斯敦市连接管控车道与停车换乘站的 T 形立交匝道　　图 5-4　得州休斯敦市 US59 高速沿线上立交式 T 形匝道出入口的设计特征图

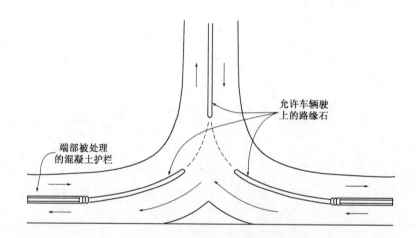

图 5-5　平面只许进、出的 T 形匝道设计

## 5.2.2　直下型匝道

立交式出入口的另一种形式是直下型匝道,从名字就可以反映出,直下型匝道是指从管控车道直接下降或上升连接到高速公路、地方公路、停车换乘站点或者其他设施的匝道。直下型匝道为上跨管控车道的常规道路或管控车道提供了直接接入管控车道的连接,对常规车道的影响很小。由于这种直下型匝道实质上就是上、下坡设计,因此直下型匝道的坡度及横截面应符合国内工程技术标准,坡道的长度应根据坡度及两条道路高程确定。

直下型匝道既可以应用于单向管控车道,也可以应用在双向管控车道的进出口中。

如图 5-6 所示为一条连接单向管控车道的直下型匝道。对于下部的双车道管控车道,由于上午和下午的车流方向相反,所以直下型匝道上的车流方向应和下部管控车道车流方向相一致。通过直下型匝道交叉口处不同时段的进出关卡设置,使得车辆能按预定的目的完成进出,满足车辆行驶的功能要求。

如图 5-7 所示为一条连接双向管控车道的直下型匝道,其中图 5-7a)为上、下匝道间有栏杆隔离的处理形式,图 5-7b)为上、下匝道间无栏杆隔离的处理形式。图 5-8 为得克萨斯州休斯敦市 US59 高速公路上一处双向直下型匝道,在上跨道路的上下游均可连接至管控车道。

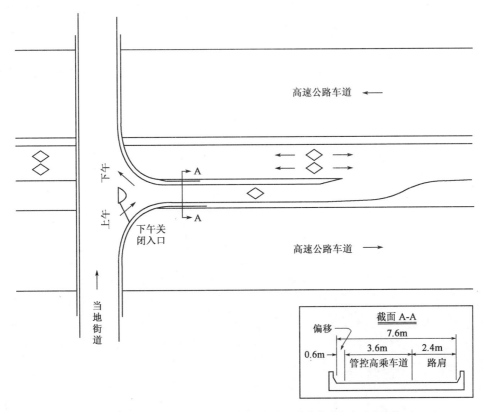

图 5-6　连接上跨当地街道与双车道可逆车流管控车道的直下型匝道

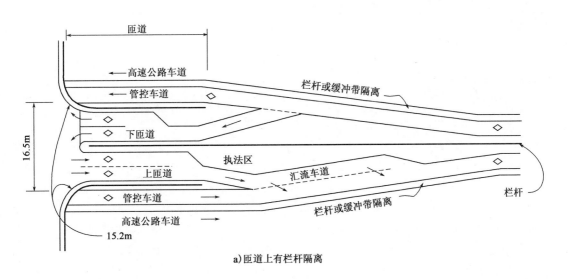

a) 匝道上有栏杆隔离

图　5-7

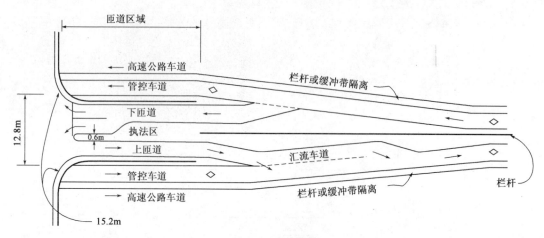

b) 匝道上无栏杆隔离

图 5-7 连接上跨当地街道与双向管控车道的直下型匝道

图 5-8 得州休斯敦市 US59 高速公路上双向直下型匝道

直下型匝道在进行设计时，需要考虑的主要设计元素和立交式 T 形匝道类似，也包括设计时速、路肩和横断面。当上跨道路中进入管控车道的车流量较大时，为了防止交叉口处车辆拥堵而对上跨道路主线车流有影响，可以在直下型匝道上采取多车道渐变至单车道的设计。

直下型匝道和立交式 T 形匝道相同，均是以最直接的方式连接到内侧的管控车道，因此为了减少其对管控车道旁边的常规车道车流的影响，管控车道和常规车道之间应用栏杆隔离。

### 5.2.3 高架匝道

高架匝道作为管控车道立交式出入口的另一种形式，是飞跨相邻交通设施，将管控车道连接到外部临街车道、停车换乘站或其他常规车道的连接匝道。高架匝道主要应用在管控车道在内侧的情形。

当授权车辆打算从内侧管控车道驶入相邻的平行道路设施时，可以采用平面逐渐变道至最外侧车道的方式，也可以采用高架匝道将内侧管控车道直接连接至外侧。相比较而言，高架匝道避免了管控车道车辆与常规车道车辆之间的汇流和交织，对常规车道影响以及受常规车道影响基本为零，保证授权车辆行驶更加直接、高效、快速，因此高架匝道能满足管控车道的高车流量以及授权车辆的高速度的功能要求。

高架匝道适合于潮汐车道中。图 5-9 为得克萨斯州休斯敦市 I-45 高速公路 FM1960 桩位处的一条 3 支路高架匝道示意图，其照片特写如图 5-10 所示。左右两支匝道分别只在上午、下午时通行，中间匝道类似于直下型匝道，授权车辆可继续直行。由于高架匝道可以同时连接入上、下游的几支车道，所以高架匝道非常适合应用在潮汐车道中。在设计时，高架匝道的横断面的设计应尽量和管控车道主线的设计一致。基于这个目标,对于单车道的高架匝道,如图 5-9 所示,其每个方向的横断面宽度应满足 6.7~8.5m。

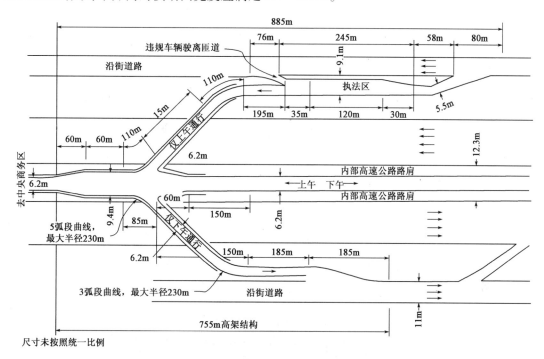

图 5-9　得州休斯敦市 I-45 高速公路上 3 支高架匝道示意图

图 5-11 为加利福尼亚州圣迭戈市 I-15 高速公路沿线上的一处双车道可逆车流管控车道的高架匝道,也是高架匝道应用于潮汐车道的例子,这种 Y 形的高架匝道主要用于一条管控车道的起点、终点。通过上午和下午对车辆进出的管控,实现对管控车道内权限车流的行驶方向的

图 5-10　得州休斯敦市 I-45 高速公路上
3 支高架匝道鸟瞰图

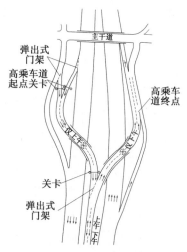

图 5-11　加州圣迭戈市 I-15 高速公路沿线上双车道
可逆车流管控车道的(Y 形)高架匝道
注:关卡和门架仅下午和非高峰期使用。

控制。如图5-11所示,上匝道部分只允许上午开放,而下匝道部分在此时处于闲置状态,但不需要采取下匝道关卡控制;下午时,由于管控车道内的车辆要驶出管控车道,为了防止上匝道有地面车辆误入以及管控车道内有车辆误出,在上匝道的两端均设置临时关卡,只允许管控车道车辆从下匝道驶出。对于双车道的管控车道,如图5-11所示,其每个方向单车道的横截面宽度可减少至6.1~6.7m,而总宽度应满足13.4~17.1m。

管控车道的高架匝道式出入口和国内一般公路、城市立交的高架匝道本质相同,都是为了实现道路连接而不影响下穿道路的通行。国内高架匝道的作用更多用于车辆的左转、右转,而管控车道高架匝道主要用于将内侧的管控车道车流接到外侧道路,可以是平行道路(图5-10、图5-11),也可以是转弯道路(图5-12)。

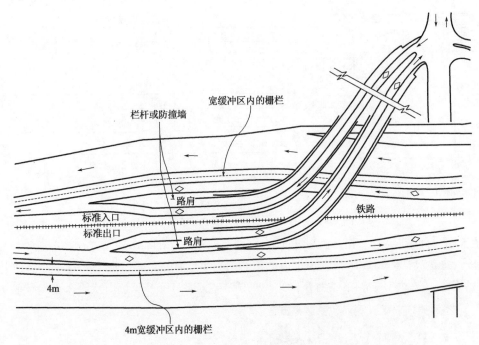

图5-12 加州洛杉矶市I-10墩处管控车道连接至德尔玛大道的双向高架匝道

## 5.3 分汇流式出入口

对于常规车道,其平面交叉形式应根据相交道路的功能、等级、交通量、交通管理方式、用地条件和工程造价等因素确定。国内常规车道的常见形式有"十"字形、"T"字形,以及演变而来的X形、Y形、错位、多路交叉等。

国外管控车道与常规车道(或其他交通工程)的平面交叉中,分汇流式出入口主要包括两种类型:直接分汇流(或平面出入口)和分支匝道连接。

### 5.3.1 直接分汇流或平面出入口

国外管控车道采用的直接分汇流或平面出入口形式,类似于国内多车道里的变道设计,指的是车辆从内侧管控车道变道至相邻的同向常规车道或车辆从常规车道变道至同向的内侧管控车道的出入口,在国内其实并未列入平面交叉的范畴中。在并行车流管控车道中,直接分汇流或平面出入口是最常采用的出入口处理形式,直接分汇流也主要应用于并行车流管控车道中。目前在北美的并行车流管控车道中,直接分汇流主要有两种方式:无限制或连续出入口和有限制出入口。

(1)连续出入口(无限制出入口)

连续出入口允许授权车辆在常规车道与管控车道分界线上的任何地点进出管控车道。这种出入口不需要提供交通交织区、加速车道和减速车道。授权车辆可像在常规车道上变换车道一样,在管控车道上简单的汇入或驶出。用于区分常规车道与管控车道的路面标线以及路线标志和标记,都应该指示授权车辆可以在任何地方进入。无限制出入口的概念在管控车道与常规车道间没有缓冲区的项目中应用最为广泛,这种情况更类似于常规车道的车辆变道。

国外,连续出入口的管控车道中,为了区分管控车道与常规车道,对管控车道与常规车道之间的分界线采用单实线(图 5-13),国内在引入时,鉴于国内交通规则规定实线不许跨越的要求,需注意采用合理的替代标线类型。图 5-14 为内侧管控车道采用连续出入口的实例。无限制出入口也可用在有缓冲区隔离的项目中,但路面标线和标识规划更复杂。在非高峰期内,当管控车道显示不可用时,很难传达缓冲区的正确运行状态。

图 5-13　连续出入口的管控车道与常规车道单实线分界线

图 5-14　华盛顿州西雅图市 I-5 并行车流管控车道的连续出入口

(2)有限制出入口

有限制出入口是指在管控车道与常规车道分界线上控制着授权车辆哪里可以进出的出入口。有限制出入口也不需要提供交通交织区、加速车道和减速车道。授权车辆不再像连续出入口那样可以在任意地点进出,而是仅可在固定的几个出入口从常规车道汇入管控车道或者从管控车道直接汇入常规车道,这样有限制出入口不仅可以用于用路面标线隔离的并行车流管控车道中,也可以用于栏杆或防撞护栏隔离的并行车流管控车道中。

国外在设置这种有限制出入口时,将管控车道与常规车道之间的分界线设为通长白色双实线,在出入口位置处,双实线断开,用单根白色虚线表示其可被跨越,进而实现定点通行的交通目的和通行功能(图 5-15)。由于有限制出入口的管控车道受常规车道影响较小,车速较高,所以这种出入口应该具有 400~600m 长的开阔区域或车辆汇流区域。车辆在进出管控车道时应尽量减小对其他车辆的干扰,保证交通安全。

图 5-16 为得克萨斯州达拉斯市 Stemmons 高速的 I-35E 段处有限制出入口,其中出入口处的分界线采用密集点虚线示意,非出入口分界线采用双实线以阻止车辆跨越。虽然有限制出入口不需要提供交通交织区、加速、减速车道,但有些州出于交通安全考虑,仍然在出入口处设置了交织车道,图 5-17 即为加利福尼亚州和纽约州的一些采用了交织车道与未采用交织车道的有限制出入口,其中交织区长度也应保证 400~600m 的长度范围。在缓冲区隔离的管控车道中,有限制出入口是一个更普遍的方式。一般情况下,同一出入口既允许授权车辆驶入也可以允许车辆驶出。

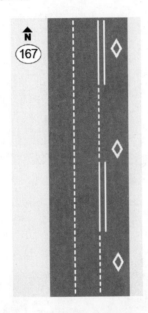

图 5-15 有限制出入口路面标线即出入口标线示意图

图 5-16 得克萨斯州达拉斯市 Stemmons 高速的有限制出入口

(3) 无限制出入口与有限制出入口的选择

在并行车流管控车道中选择有限制还是无限制出入口,依赖于管控车道的运营。那些仅有短暂高峰通勤时间(在早上和晚上有 2~4h)的市区具有短时间内采用无限制出入口的优势。对于仅高峰时段营运且没有缓冲区的情况,推荐采用连续出入口,管控车道在其他时间可方便地转换成常规车道。相反,对于长时间拥堵(一般 6~11h 的拥堵期)的市区,适宜于全天管控和有限制出入口。这些指定了出口和入口的有限制出入口在高峰通勤时间内为授权车辆提供了更高的整体运行速度,不但可以节省大量的车辆运行时间而且方便执法。对于拥有缓冲区的 24h 运营的车道,推荐采用有限制的出入口。对于无缓冲区的 24h 运营的管控车道,两种类型的出入口均可采用。

这两种类型的平面出入口处理方式都是相对容易实现的。而且这两种出入口方案成本最低,且具有很强的灵活性。

但这两种出入口形式也有自身的缺点,其中包括对进出管控车道的车流管控不足,这就使得执法更困难,潜在地增加了管控车道车流与常规车道车流的冲突点。另外无限制出入口形式,让驾驶员来判定汇入管控车道或驶出管控车道产生的交织距离,可能会导致交织行驶困难,造成交通拥堵。有限制出入口通过少部分的区域来集中车辆交织运动也可能产生交通交织运行困难。当采用平面出入口时,管控车道的车流量要考虑常规车道里可能汇入管控车道的车流量。采用有限制出入口,常规车道上应每隔3.2～4.8km的间距设置出入口,以保证授权车辆能尽快驶入或驶出管控车道。然而,平面出入口不如立交式出入口受欢迎,除非对非管控车道和常规车道的管制非常严格,否则管控车道与常规车道的相互干扰会大大削减授权车辆用户的使用积极性。对于并行车流管控车道也必须提供足够的执法区。

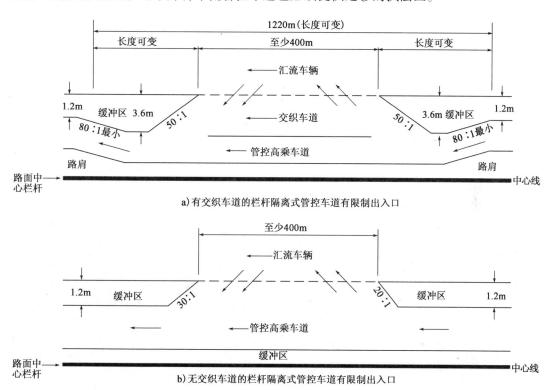

图 5-17 采用了交织车道与未采用交织车道的有限制出入口

当并行车流管控车道的起点和终点也采用平面式出入口时,与管控车道起、终点顺接的是常规车道,即管控车道的起、终点连接可以作为常规车道的车道数的增减,驶出管控车道后,车辆完全进入了常规车道,其变道遵循常规车道的运行规律。如图 5-18 所示为一个管控车道终点作为常规车道的案例。加利福尼亚州的交通规则建议:每次车道变道要有 305m 的交织长度,以保证管控车道至下行出口匝道之间的交织运行。对于起点入口,可采用相似的准则,但此时交织长度主要依据交织段评估确定。如图 5-19 所示为得克萨斯州休斯敦市 Katy 高速公路 I-10 段并行车流管控车道的起/终点平面式出入口照片。如图 5-20 所示为得克萨斯州达拉斯市 US67 公路上并行车流管控车道的起终点平交式出入口设计图。

## 5.3.2 分支匝道连接

管控车道平交式出入口的另一种形式是分支匝道连接,类似于国内常规车道采用的车道错位处理。分支匝道和 5.2 节中的立交式直下型匝道类似,均用于专用管控车道(采用物理隔离)中,可以用在专用管控车道的起点、终点以及中部位置。确定栏杆隔离的管控车道的出入口位置的第一步,就是要确定立交式出入口匝道和分支匝道哪个更好。如果建议出入口是一条管控车道的终点,可以适当采用分支匝道。如果管控车道是一条车流量较大或公交车较多的车道,在中间位置使用分支匝道则不合适。分支匝道的一个优点就是在同一个出入口只允许进或只允许出,而不允许同时进出,这样就不必在两个方向交叉交通。分支匝道在设置出口、入口以及出入口同时设置时,在此处一般采用扩宽车道的方法以减少对常规车道车辆通行的影响。

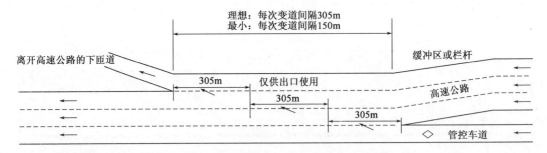

图 5-18　管控车道终点作为可以免费转入的车道

图 5-19　得克萨斯州休斯敦市 Katy 高速公路 I-10 段并行车流管控车道的起/终点平交式出入口

图 5-20　得克萨斯州达拉斯市 US67 公路上并行车流管控车道的起终点平交式出入口

如图 5-21 所示为用栏杆隔离的单车道可逆车流管控车道中部设置分支匝道的例子。管控车道车流向西行驶时,车辆可以从管控车道驶离,通过 230m 长的汇流区域汇入向西行驶的常规车道,此时,东向行驶的常规车辆不能从旁边的入口进入管控车道,此处可作为执法区使用。如图 5-22 所示为得克萨斯州休斯敦市 Katy 高速公路 I-10 段沿线上仅有出口的管控车道分支匝道。如果在一个出口匝道处还要提供一个入口匝道,设计人员应该先考虑出口然后再考虑入口,以避免对常规车道产生交通拥堵的瓶颈现象,导致车辆无法通行。

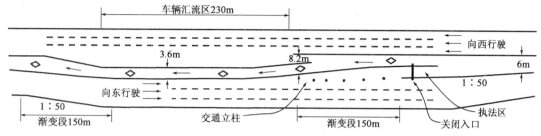

图 5-21　用栏杆隔离的单车道可逆车流管控车道分支匝道

相对于立交式出入口,分支匝道不需要设置高架增加额外的工程量,因此成本更低,而且具有服务更多车型的授权车辆的潜力;但平面分支匝道也有其自身的缺陷,即增加了与非汇流车辆之间的冲突,相较于立交式出入口匝道,其执法更加困难。

如图 5-23 所示为路面条纹标线缓冲区隔离的以及栏杆隔离的并行车流管控车道入口分支匝道示例。图 5-24 为路面条纹标线缓冲区隔离的以及栏杆隔离的并行车流管控车道出口分支匝道的示意图。对于用画线隔离的并行车流管控车道,其入口处的汇流段长度应保证 305m,而在栏杆隔离的管控车道中,其分支匝道入口汇流长度应更长,最小为 610m(图 5-23)。在管控车道的终点,采用平面分支匝道作为出口时,宜用常规车道进行顺接,且画线隔离和栏杆隔离应采用同样的设计:汇流段长度应采用相同的 762m,且渐变段也应保证 183m 的长度。当管控车道的

图 5-22　得克萨斯州休斯敦市 Katy 高速公路 I-10 段沿线上只出分支匝道

车流量不超过 1000pcu/h 时,出口分支匝道的融合区域长度至少为 460m,且应考虑到授权车辆对常规车道交通的影响。在分支匝道的入口之前,须设置管控车道的标识,且入口点处的标识应设置在入口上游至少 1.6km 处,以提前提醒授权车辆驾驶员,防止其错过最近的管控车道入口。另外,为了保持出入口的线形缓和,参考美国工程设计实例,汇流区域的锥度最小值为 50:1,理想值为 115:1,分叉处的锥度最小值为 20:1,理想值为 50:1。为了防止粗心的非授权车辆驾驶员误入,管控车道的入口应该是一个变道设计而不是简单的车道名称改变。

当管控车道与同向的常规车道横向有较大或较明显的分隔带时,其出入口设计需要专门修建一条斜穿分隔带的分支匝道进行连接,如图 5-25 所示为 Shirley 高速公路 I-395 段一条双车道可逆车流管控车道的平面分支匝道示意图。由于常规车道的车流方向是不可变的,所以此分支匝道上的车流方向也不可变,为了实现管控车道的车流可逆,此分支匝道只能作为管控车道的入口。上午时,通过关闭分支匝道沿线设置的关卡(常规车道和管控车道端部均要设立)以限制车流驶入,下午管控车道车流和常规车道相同时,打开关卡,允许南下的常规车道授权车辆进入管控车道。

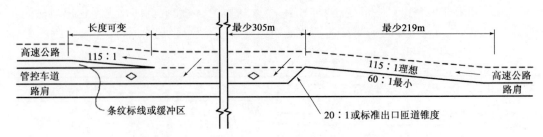

a) 采用路面条纹标线的缓冲区隔离的并行流管控车道入口分支匝道

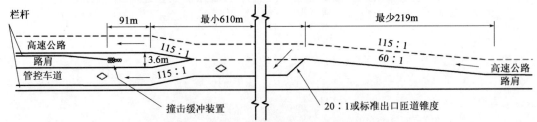

b) 采用栏杆隔离的缓冲区隔离的并行流管控车道入口分支匝道

图 5-23 采用路面条纹标线以及采用栏杆隔离的并行车流管控车道入口分支匝道示意图

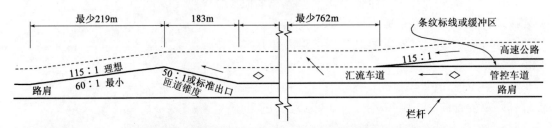

a) 采用路面条纹标线的缓冲区隔离的并行流管控车道出口分支匝道

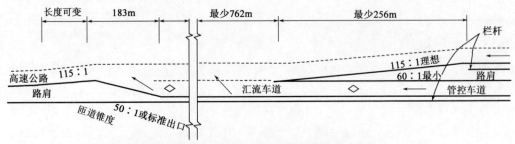

b) 采用路面条纹标线的缓冲区隔离的并行流管控车道出口分支匝道

图 5-24 采用路面条纹标线以及采用栏杆隔离的并行车流管控车道出口分支匝道示意图

分支匝道也可以应用在一段采用栏杆与常规车道隔离，另一段采用连续出入口的并行车流管控车道中，此时分支匝道端部只需栏杆隔离设施断开即可，不必像前面一样设置局部扩宽以及汇流区域。这种形式有一定的缺陷，就是当上游连续出入口的并行车流管控车道内汇入较多的常规车道车辆时，会影响原栏杆隔离段授权车辆的运行速度，因此应控制可能由常规车道汇入的授权车辆的数量。如图 5-26 所示为得克萨斯州休斯敦市 Katy 高速公路上 I-10 段一条管控车道上由栏杆隔离段过渡到连续出入口的并行车流段的分支匝道连接实例。

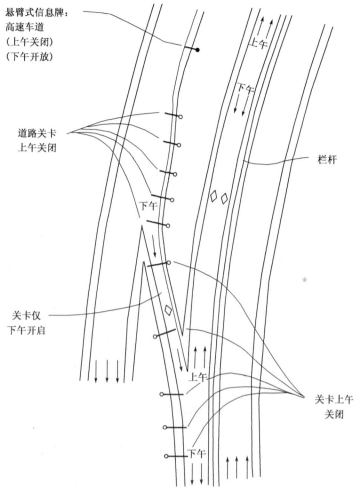

图 5-25　Shirley 高速公路 I-395 段双车道可逆车流管控车道的平面分支匝道示意图

图 5-26　得克萨斯州休斯敦市 Katy 高速公路 I-10 段一管控车道由栏杆隔离段
过渡到连续出入口的并行车流段的分支匝道连接

## 5.4 枢纽式交叉出入口

高速公路管控车道之间的交通流转换匝道，是将一条高速公路上的管控车道直接连接到另一条高速公路上的管控车道的连接匝道。和国内高速公路的枢纽互通相似，这种转换匝道可以使得授权车辆通过区域性的高速公路互通完成高速公路间的转换，而不必先驶出高速公路，经过一段地方道路再驶入另一条高速公路，不仅节省了车辆的转换时间，而且减少了授权车辆与常规车辆间的潜在冲突。由于高速公路管控车道交通流转换匝道一般通过高架匝道完成，因此耗资巨大，比较适合于那些为了保证交通需求而愿意出巨资建立许多管控车道的地区。

表 5-4 为交通流转换匝道目前在加州的洛杉矶市和橘郡、亚利桑那州的凤凰城、福罗里达州的迈阿密市、马里兰州的罗克韦尔市、北弗吉尼亚以及得克萨斯州的达拉斯市的应用。另外，在华盛顿州的西雅图市和塔科马市、洛杉矶的奥克兰市以及加利福尼亚州的橘郡、得克萨斯州的达拉斯市均规划、设计和正在建造一些新的工程。

鉴于这种连接方式成本巨大，以及需求的路权较多，所以适合修建这种交通流转换匝道的工程项目较少。如果对这种高速公路之间的交通流转换设施有需求，在规划阶段就应该考虑到，分析、规划中应该考虑的元素包括较高流量的授权车辆需求（通常在 800~1000pcu/h）、安全性、运营的有效性以及工程造价。

在设计时，管控车道之间的交通流转换匝道应该与国内高速公路之间的匝道连接类似，但国内高速公路普遍不采用国外管控车道中常用的左出左进式匝道。常规高速公路间的匝道的设计速度、几何形式、横截面以及其他的设计元素都可以用于高速管控车道间的交通流转换匝道。图 5-27 给出了这种高速公路间交通流转换匝道的示意图。图 5-28 为加利福尼亚州 I-105 管控车道至 I-110 管控车道在十字交叉最顶层的定向交通流转换匝道。

高速公路管控车道之间的交通流转化匝道　　　　表 5-4

| 位　　置 | 设 计 类 型 | 工 程 进 度 |
| --- | --- | --- |
| 加州洛杉矶市 I-105/I-110 | 自 I-105 的东部和西部至 I-110 北部的直入型匝道 | 开放 |
| 加州橘郡 I-5/I-405 | I-5 南部与 I-405 之间的双向常规匝道 | 开放 |
| 加州橘郡 I-5/SR 55 | SR55 南部与 I-5 北部之间的双向常规匝道 | 开放 |
| 加州橘郡 I-5/SR 57 | I-5 南部与 SR57 之间的双向常规匝道 | 开放 |
| 菲尼克斯市 I-10/SR 202 | SR202 东部至 I-10 西部之间的直入型匝道 | 开放 |
| 加州橘郡 SR55/91 | SR55 南部与 SR91 东部之间的直入型匝道 | 开放 |
| 佛罗里达州迈阿密市 I-95 | 穿过金林立交的双向常规高架桥 | 开放 |
| 马里兰州罗克韦尔 I270/I270 东部连接位置 | I-270 东部连接点与 I-270 北部之间的双向常规匝道 | 开放 |
| 加州洛杉矶 I-5/SR 57 | 双向常规匝道 | 开放 |
| 加州奥克兰市 I-80/I-880 | 双向常规匝道 | 开放 |
| 加州橘郡 I-5/SR 91 | I-5 南与 SR91 西以及 I-5 北与 SR91 东之间双向常规匝道 | 开放 |

续上表

| 位 置 | 设 计 类 型 | 工程进度 |
|---|---|---|
| 加州橘郡 SR 57/91 | SR57 南部与 SR91 东部之间的双向常规匝道 | 开放 |
| 加州橘郡 SR 55/I-405 | SR55 北部与 I-405 北部、南部之间的常规匝道和直下型匝道 | 在建 |
| 华盛顿州西雅图市 I-5/I-405,I-90/I-405,SR 167/I-405 | 多种设计方案 | 规划 |
| 华盛顿州塔科马市 I-5/SR 16 | SR16 西部与 I-5 北部之间的双向常规匝道 | 规划 |
| 弗吉尼亚州北部 I-95/I-395 | 直入型匝道 | 开放 |
| 得州奥斯丁市一环/US 183 | 直入型或双向常规匝道 | 规划 |
| 得州达拉斯市 I-35/12 环/I-635 | 直入型匝道 | 规划 |
| 得州达拉斯市 I-635/US 75N | 双向匝道 | 在建 |
| 得州达拉斯市 I-35/US 67 | 直入型可逆车流匝道 | 开放 |
| 得州达拉斯市 SH183,I-35E 和其他公路 | 直入型匝道 | 规划 |
| 乔治亚州亚特兰大市 I-75/绕城高速以及其他位置 | 双向匝道 | 设计 |

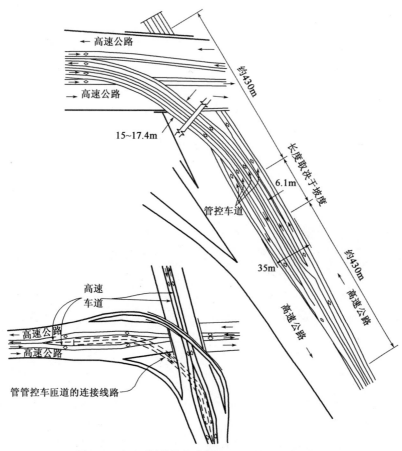

图 5-27 高速公路管控车道间的交通流转化匝道示意图

图 5-28　加州 I-105 管控车道至 I-110 管控车道交通流转换匝道

## 5.5　绕越车道出入口

监控高速公路入口匝道是政府部门更好地管控高速公路交通的一种方法，对出入口处采取恰当的管控，可以提高管控车道出入口的通行有效性和安全性。监控驶入高速公路的车流量，通过调节车流和分散高峰期进入高速路的车辆可以提升高速公路的总体服务水平。匝道监控还可以阻碍那些打算短程旅游的驾驶员使用高速路，因为这些短途旅程用当地街道系统更高效。

在匝道交通调节处，为管控车道的权限用户提供一条绕开匝道仪控（频繁拥堵）的通道，在高峰期可以鼓励更多的用户选择拼车、坐班车和乘坐公交车等高乘车辆出行。

在有监控的高速路入口匝道处有两种常用的处理类型：

(1) 在常规车道旁为授权车辆提供绕行车道。

(2) 提供一条独立匝道。

如图 5-29 所示为匝道仪控入口处采用绕行车道以及采用独立匝道的示意图。

图 5-29a) 为在监控设施上游提供一条相邻的绕行车道，管控车道与常规车道分开，在入口处对常规车道进行管控，而管控车道不受控制，这样授权车辆进入入口时有明显优先权。AASHTO 规范推荐此绕行车道为一条宽 3.6m、带有匝道路肩的车道，条件不足时，可将车道设置为 3～3.4m 宽，有些情况或者把路肩去掉。

采用相邻绕行车道时，将管控车道与常规车道分离开最常用的方式是用白实线隔离，也可以采用栏杆或者低矮的路缘石（允许车辆驶上）作进一步的分离。绕行车道的长度应依据匝道的长度和指示灯的位置来确定，其长度应该足够长以使得授权车辆避开常规车道的车流。

如图 5-30 所示为加利福尼亚州洛杉矶市一条授权车辆绕越车道，加利福尼亚州洛杉矶市普遍采用绕越车道。

绕行车道既可以在现有匝道常规车道的左侧也可以在右侧。绕越车道在左侧的优势包括这种处理方式更加强化了常规的"左侧超车"理念。一条左侧车道不太可能会在街道上和支线交叉入口处造成拥堵。左侧方位绕行车道的一个可能的弊端就是其中一类授权车辆——公交车停靠时，必须要在仪控下游汇入右侧车道。公交车驾驶员经常不易看到右侧路况，因此向

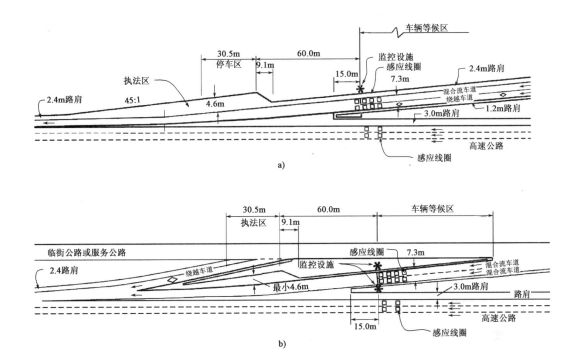

图 5-29 匝道仪控入口处采用绕行车道以及采用独立匝道的示意图
注：a)图中根据交通类型，绕越车道和混合流车道的设计可以互换位置。

右的汇流会遇到困难。若绕行车道在右侧，在提供执法区的前提下，其运营或许会更容易，因为入口匝道的右侧往往有更大的空间可以利用。

另一种处理方法就是提供一条独立匝道，如图 5-29b)所示。这种独立匝道使得授权车辆与常规车辆之间的干扰较小，管控车道和常规车道在进入高速公路前应该混入同一个加速车道，而且建议独立匝道设置在常规匝道的下游。

两种处理类型均应提供执法区域，以保证管理部门对交通的管控和对紧急事件的处理。执法区的位置以及一般设计可参考图 5-29。

设有监控设施的高速公路匝道的分流车道具体位置及其设计是由高速公路的位置条件和现场特定的设计元素决定的。在分流车道设计中，现有匝道的设计、匝道监控设施的位置、所需求的路权的可行性、匝道车流量和当地的街道系统都应考虑在内，而且分流车道应具有明显的标识、标线。

图 5-30 加利福尼亚州洛杉矶市绕越车道实例

## 5.6 出入口设计综述小结

通过对美国各州的管控车道出入口设计理论与方法的阐述，结合我国现行公路及市政相关规范，研究提出了管控车道出入口设计准则，强调出入口接入点位置应避开交通量饱和区域,明确起终点不应与高速公路直接相接等。同时提出了四种出入口类型,针对不同类型出入口的应用目的、优势和局限性进行了详细说明。总结了关于管控车道出入口设计的一些综合性设计方法与经验,可指导我国管控车道项目建设实施。

立交式出入口匝道为管控车道提供了专用的进口和出口,通常连接到专用的管控车道。当预计进入管控车道的车流量超过 275pcu/h 时,立体交叉式出入口是理想的出入口处理方式。立体交叉式出入口匝道具有自身优势,可在满足管控车道较大的进、出流量的同时,不影响高速公路常规车道车辆的正常行驶,而且能节省车辆通行时间、提高通行效率、减轻执法压力、提升交通安全性。立体交叉式出入口匝道的潜在劣势为需要额外的路权,以及采用不同的出入口设计会产生额外的工程成本。当常规车道产生持续大量拥堵时,立体交叉式出入口匝道是解决这些冲突车辆的最有效方式,而且这些立体交叉式出入口匝道便于执法。管控车道立体交叉式出入口匝道有多种形式,主要包括:T形匝道、直下型匝道、高架匝道等。

分汇流式出入口主要针对采用软隔离的管控车道,车辆可以直接从常规车道进出,类似于国内多车道道路里的变道设计,成本较低,仅需在现有变道设计的基础上作简单更改,更多的工作在于对授权车道及其出入的管控。在无限制和有限制出入口的选择上,对于仅高峰时段营运且没有缓冲区的情况,推荐采用连续出入口,管控车道在其他时间可方便地转换成常规车道。相反,对于长时间拥堵的区域,适宜于全天管控和有限制出入口。有限制出入口在高峰通勤时间内为授权车辆提供了更高的整体运行速度,不但可以节省大量的车辆运行时间而且方便执法。此外也可采用分支匝道将管控车道与常规车道直接连接,设置时应考虑汇流长度。

当管控车道与管控车道或管控车道与高速公路进行交通流转换时,通常采用定向或半定向匝道,形式与高速公路枢纽互通类似。由于这种交通流转换匝道及主线交叉较多,通常为全高架形式,因此工程造价较高,仅适用于那些管控车道与高速公路路网发达,且为了保证交通需求资金充裕的地区。

# 第6章 构造物设计

## 6.1 概　　述

管控车道上的构造物主要包含以下形式：
(1) HOV、HOT 及专用车道架空于原道路上方时采用的高架桥梁。
(2) HOV、HOT 及专用车道进出口处进行交通流转换和跨越或下穿已有道路的立体交叉桥梁。
(3) 分离车道与辅道采用的匝道桥。
(4) 管控车道在原有公路基础上扩建时原有结构物的加宽，包括桥梁、涵洞及通道等。
(5) 管控车道采用错台路基时的支挡构造物。

管控车道上的构造物设计是一个较为复杂的系统工程，涉及互通式立体交叉、城市立交桥、BRT 高架桥、通道、挡墙等多方面，设计者不仅需要熟练掌握公路、市政、铁路的相关规范、规定，而且还需对道路规划、交通流量、项目环境等因素进行综合分析。尽管我国在高速公路互通式立体交叉和城市立交桥设计方面积累了丰富的经验，取得了重大进展，但是在实际的管控车道立交桥设计过程中，仍然存在很多技术问题，值得深入研究和努力创新。

随着城镇化建设的快速发展，交通拥堵目前已经成为我国经济发达的大中城市的新常态。在交通繁忙拥堵的城市中修建桥梁、通道、挡墙等构筑物面临许多问题，如原道路通行占用时间长，施工区交通和其他秩序干扰严重，施工设备、辅助设施重复配置，资源、能源消耗大，施工区噪声、污水无法有效控制等。此外在原有道路上改扩建管控车道时，也需要在不中断交通的条件下，实现原有桥梁的快速拆除、拼宽和新建。而快速桥梁建设技术可以大幅度缩短施工周期，提高工程质量，提高施工区域的安全性，减少交通干扰和环境影响，体现良好的经济社会效益，在管控车道的桥涵设计施工中应推广应用。

## 6.2 高　架　桥

### 6.2.1 选型原则

(1) 高架桥断面应能满足交通基本运行需求，详细断面设计见第 4 章。
(2) 桥型方案应根据该地区的自然条件、材料供应、地质条件以及施工条件和使用要求等进行综合考虑，尽量采用技术先进、受力明确、结构成熟、施工简便、造价节省和养护费用低的桥型方案。
(3) 结合快速桥梁建设技术在条件容许的情况下采用全预制拼装结构。
(4) 美观性方面，应当能够反映城市特点和经济技术发展水平。

### 6.2.2 选型设计

(1) 桥梁高度

桥梁高度取决于桥下净空、视觉及景观、噪声反射及工程造价等因素。根据规范一般公路及市政道路的净空要求在5.0m以上即满足要求,但考虑到人的视觉感受,桥下空间过低时会引起人的压抑感。当桥梁高度低时,桥梁与视平线之间的夹角较小,桥梁在视野中的位置居中,对视线的水平切割效果及对视角产生的遮挡作用更明显,桥梁对视觉心理产生的消极影响更强烈。一般来说,当桥高为10~14m时,对视觉效果压抑的影响较不明显;当桥高低于这个范围时,对人的视线有明显的压抑作用。如果桥下同时为地面道路等有噪声源的场所时,噪声反射强度随桥梁净高的增加而减小。因此,在条件允许情况下,可适当增加高架桥桥高。

(2) 桥梁跨径

管控车道的高架桥通常设置于原有道路内侧,跨径根据高跨比、造价、视觉舒适、景观协调等因素确定。高架桥的高跨比一般控制在1:3~1:2之间。应全桥综合考虑造价,对于地质情况好、地基承载力大的地层,基础造价较低,因此可采用较小的跨径,如20~30m;反之,地质情况较差、地基承载力低的地层,基础费用占比增加,则跨径在30~35m较合适。

视觉舒适性也是影响高架桥桥梁跨径的重要因素,不同的跨径对人的视线遮挡和视觉效果的影响程度不一样。密集的桥墩对视野边界的限定较强烈,容易使人在视觉心理上产生限制、压抑的感受。当桥墩的排列密度较大时,桥梁对人的侧向视线有明显的屏蔽作用。桥墩的排列密度越小、跨径越大,视线穿过桥梁底部所看到的区域越大。此外,从景观协调的角度来看,跨径还应与桥梁宽度周围地势等配合。

(3) 梁高

高架桥的梁高取决于结构受力、施工方式、比例协调等因素,梁高与跨径的比例一般在1:20~1:10之间。虽然较低的梁高使桥梁轻盈美观,但耐久性是更应该看重的因素,因此设计中应留有一定安全储备。

(4) 上部构造

桥梁上部构造可采用混凝土结构和钢结构,混凝土结构分为预制梁和现浇梁两种。

常规的预制梁为空心板、小箱梁、T梁等,其优点是集中预制便于质量控制,现场吊装对原有公路影响小,工期短,造价较低。但预制场用地面积大,不适于人口密集区,且梁体运输安装较复杂,对曲线及变宽桥梁适应性差,在景观效果方面也不及现浇桥梁。因此该结构主要用于城市间快速通道桥梁以及城市外围的环线工程等。

采用快速桥梁建设理念的全预制桥梁是一种将混凝土桥梁上部和下部结构的主要构件在工厂或预制场预制、现场拼装的桥梁。其中,根据截面形式、跨径大小等构造特点,桥梁上部结构的主梁采用纵向竖缝划分桥宽、全跨逐梁预制,或采用横向竖缝划分桥跨、全宽节段预制。桥面铺装、桥面护栏、分隔带等均可采用节段预制现场拼装。

全预制混凝土桥梁上部结构的设计与施工条件是密切相关的,为了使预制构件能够通过现有的道路和运输设备到达桥址现场并由吊装设备拼装,同时确保拼装后的结构具有足够的可靠性和安全性,设计者应综合考虑上部结构形式和截面类型、桥跨与桥宽大小,以及施工设备的运输和吊装能力等,提出合适的结构划分方法并确保预制件连接可靠。

对于跨径较小的城市高架桥,多采用沿纵向竖缝划分的方式将结构在横桥向划分成多根单梁(图6-1),其截面通常为T形、工字形或箱形,通过工厂或预制场预制、现场吊装形成整体结构。当跨径大于30m时,长、大预制件在市区道路运输、吊装困难较大,故跨径较大的连续梁采用箱形截面的其他结构,沿横桥向竖缝划分成多个节段(图6-2),通过工厂或预制场节段预制、现场架桥机或类似设备拼装形成整体结构。考虑到预制节段在市区运输的可能性,其在桥跨方向的尺寸一般不宜超出车道或车辆的宽度。为了能够标准化、高质量、高效地进行节段预制,设计时通常将节段分为几种类型,同一类节段具有相同的构造尺寸,通过选用不同数量的各类节段组成要求的桥跨。

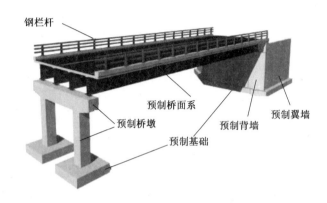

图 6-1 纵向分段全预制桥梁示意图

图 6-2 横向分段全预制桥梁示意图

混凝土现浇结构主要为连续箱梁,其整体性好、适应性强、造型美观,但施工周期长,现场交通及环境影响大。连续箱梁根据断面形式可分为直腹板、斜腹板、鱼腹式等,其中直腹板和斜腹板是早期较多采用的截面形式。直腹板箱梁的主要优势是施工方便,便于质量控制。斜腹板箱梁在高架桥应用的主要原因是可以减少对桥下道路的占用,节约用地,特别是当桥梁较宽时。此外底板面积小减轻了自重同时也节省了造价,在太阳照射下减小了温度次应力,对受力有利,在美观方面斜腹板也优于直腹板。当然,该截面也存在一定问题。由于减小横向支撑的间距,斜腹板箱梁的抗倾覆性能降低。变截面箱梁斜腹板施工时钢束定位困难,施工质量较难控制,设计时还必须着重考虑斜腹板钢束的防崩因素。

鱼腹式箱梁是在斜腹板截面上衍生出的一种截面形式(图6-3),较普通箱梁在抗扭、抗弯上受力较好,其边腹板的流线型设计使得它比普通箱梁风载系数低,抗风性能好。但由于鱼腹式箱梁在梁高变化上较难处理,因此应用的范围受到一定影响。

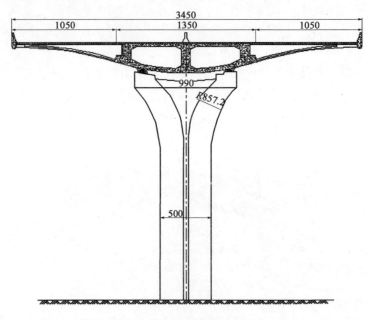

图6-3 鱼腹式箱梁典型横断面(尺寸单位:mm)

在结构体系方面,高架桥上部结构设计不仅可采用先简后连体系、连续体系,还可采用连续—刚构体系。连续—刚构体系提高了结构整体性和抗震能力,大幅减少了支座,节约了造价,降低了后期的养护成本,但在墩梁连接处存在应力集中现象。

近年来,由于机动车保有量大幅度增加,使得高架桥的建设对交通影响越来越严重,为避免施工期间的交通拥堵,高架桥的设计还应充分考虑其社会因素。因此,钢箱梁、钢筋混凝土组合梁在主要交叉口应运而生,钢结构的使用,能更大程度地节约工期,缓解交通压力。

(5)下部构造

结合工程实际和景观,城市高架桥下部结构主要采用Y形墩、双柱式大悬臂墩、H形墩、独柱花瓶墩等类型。Y形墩,造型美观,受力合理;双柱墩简洁敦实,给人以安全感;独柱花瓶墩过渡流畅,造型优美,大多适用于匝道。墩身的造型很大部分关系到高架桥的景观,所以应进行多方面比选。

我国城市高架桥的下部结构目前基本采用现场浇筑施工方法,由于高架桥的桥墩不高,一般不超过10m,截面长边尺寸一般不大于3m,该外形尺寸的墩柱是完全可以预制的,关键是预制件连接构造的可靠性。

预制桥墩示意图如图6-4所示。

为了避免预制构件的翻转及确保混凝土表面质量,墩柱一般采用立式预制方法,同时为满足立式运

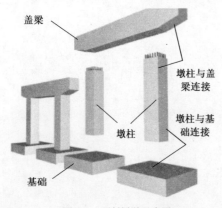

图6-4 预制桥墩示意图

输时净高限制要求墩柱需要分段预制。目前国内外采用的立柱预制拼装技术大致有以下几种：

①采用有黏结后张预应力筋连接构造。

②灌浆套筒连接。

③插槽式连接。

④钢筋焊接或搭接并采用湿接缝。

⑤承插式连接。

已有的研究表明，采用套筒预制拼装连接构造的桥墩与传统现浇混凝土桥墩相比，具有相近的抗震性能，可满足预期抗震性能的要求，有黏结预应力筋连接预制拼装桥墩具有现浇混凝土桥墩相近的变形能力，但耗能能力较弱。

### 6.2.3 典型案例

我国首个高架快速公交系统厦门 BRT 一号线线路全长 15.35km，是一个典型的专用车道高架桥。全线共设 16 座高架车站，1 个高架车场。高架桥合理进行了桥跨布置和桥式选择，并满足既有道路和规划道路的限界要求，充分考虑线路总体布置和城市规划要求，以及桥梁与城市景观和周边环境的协调性，并尽量采取有效措施避开或局部改造城市既有地下管线，减少迁改工程量。箱梁结构外观力求简洁、统一，易于工厂化制作和标准化施工，有条件的情况下均采用预制拼装等技术，对于跨越路口节点处则采用钢箱梁一次性跨越，以缩短现场施工周期，减少对城市地面交通的干扰及扰民。

桥梁横断面布置根据 BRT 的车辆限界及轨道交通规划，桥梁横断面布置为：0.5m（防撞墙）+0.5m（路缘带）+3.75m（行车道）+0.5m（双黄线）+3.75m（行车道）+0.5m（路缘带）+0.5m（防撞墙），其横断面布置如图 6-5 所示。

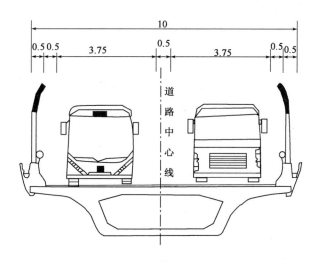

图 6-5　桥梁横断面布置图(尺寸单位:m)

桥墩均采用现浇施工，由于墩身平均高度在 10m 左右，在满足结构受力及结构安全的前提下，从经济、景观、施工方便等因素考虑，桥墩设计采用矩形板式花瓶墩（墩身四角设 3 个倒圆角)。标准跨径墩身截面尺寸为1.6m×2.4m(纵桥向×横桥向),墩顶截面尺寸横桥向与箱梁底宽同宽,为4.45m,纵桥向对于现浇的连续梁,每一联的中间墩上下截面一致,不需要加宽。边墩由于要安放2排支座,加宽至2.1m。对于节段拼装梁,由于架桥机工作要求,所有墩顶截面纵向都必须加宽,本次设计统一为2.1m。基于景观效果方面的考虑,从墩身到墩顶截面横桥向尺寸的过渡沿用箱梁斜腹板的斜率,并以圆弧连接,使上、下部结构有相同的趋势,如图6-6所示。

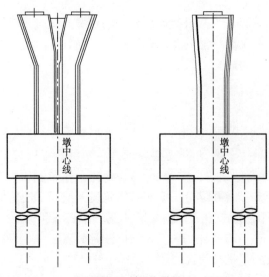

图6-6 桥墩大样图

该BRT桥梁两侧采用外挂花篮式防撞护栏,护栏顶设置声屏障及灯带钢管,考虑BRT车体较普通公交大,行车速度也较普通公交快(一般地段60km/h,困难地段限速40km/h),防撞护栏在采用F型混凝土防撞护栏SB安全等级基础上进行加高改良,提高护栏的强度和有效高度,保证BRT车辆行车安全。

## 6.3 立体交叉桥梁

### 6.3.1 选型原则

(1)立交布设首先应满足功能要求,考虑道路交通条件,综合近期交通要求以及远景交通量,确保所选形式能连接道路、保证通行。

(2)立交选型要考虑当地的自然条件、环境条件以及社会条件,综合该地段地形、地物、地质条件,合理规划,满足发展需要与规划需要。

(3)立交形式选择应考虑经济因素影响,综合投资与效益,节约用地。

(4)立交桥上跨运营道路时,应采用施工快捷,交通干扰小,视距开阔的桥型。

(5)立交形式要满足景观要求,造型简洁明快,与周围环境相配合。

### 6.3.2 选型设计

(1)桥型方案

立体交叉桥梁桥跨布置主要受桥下道路控制,桥梁结构应轻盈美观、无盖梁、行车舒适以及造价经济,并结合地形地貌和工程地质的特点尽可能多地采用多跨组合的等高度连续箱梁结构形式。桥孔的高跨比控制在 1:4~1:2 之间,桥墩立柱的长细比控制在 1:7~1:4 之间,既增加了桥下的使用空间又使桥下的视野开阔。当进出口处立交桥梁较多时,应尽量减少墩柱数量并将不同桥梁墩柱规则排列,避免出现杂乱的"桥墩林"景象。

(2)上部构造

对于桥面较宽,平面半径较大的跨线桥可优先采用装配式结构,集中预制吊装施工,其结构形式可以参照高架桥上部构造。对于桥宽小于 12m,平面半径较小的匝道桥梁,目前普遍采用现浇连续箱梁,其平纵面线性适应性强,整体性好,抗扭刚度大,施工技术成熟。但现场浇筑工期长,对地方交通干扰大,施工环境也难以控制,因此也可以采用预制节段拼装结构,即将梁体分为若干节段,在工厂预制后运至桥位进行组拼,通过施加预应力将节段整体拼装成桥。

节段梁一般采用预制厂自制整套钢模板预制,在预制场内采用短线配浇法进行施工,即每个节块预制时把前一节块的尾端作为后一节块的端模。后一节块浇筑完成并初步养生后,前一节块运走存放,而把新浇筑的节块替换它的位置,这样循环往复的进行。节块拼装首先按设计的线形定位端块,然后开始逐块拼装节段梁。拼装时先将节块进行试拼装,然后将两节块间拉开大约 40cm 的涂胶空间进行涂胶。涂胶完成后用架桥机拼装节块就位,张拉临时预应力完成节块拼装。待节缝涂胶强度达到要求后,开始分批张拉体内和体外预应力。随着预应力的张拉,根据受力情况拆除吊杆,最后再进行预应力孔道灌浆完成一跨施工。节段拼装箱梁如图 6-7 所示。

(3)下部构造

下部构造选择影响因素较多,除了地质、地形、桥高等因素外,还应考虑桥梁的抗倾覆要求。常用的桥墩形式有柱式墩,薄壁墩、Y 形墩等。在细部设计需注意:

①越跨越道路时桥墩离公路界限应留有安全距离,并尽可能设置防撞安全设施。

②桩顶或承台顶的位置根据水文资料依据规范来确定,对于下方有被交路的结构则需置于被交路底基层一下,且注意该位置是否有光缆等。

③同一进出口处的桥墩形式应统一,以达到施工方便及美观要求。

(4)桥跨布置

当管控车道进出口处主线桥梁和匝道桥梁并存且相隔距离很小时,会出现主线桥和匝道桥平行或交叉的情况,众多的桥墩和桥台相互布置,从视觉上会显得零乱,没有规律,对交通参与者产生消极影响。因此不能把互通式立体交叉中的各座桥梁孤立设计,应考虑各桥的空间位置关系,进行整体的系统设计。

图 6-7 节段拼装箱梁

在具体设计时,可将各座桥梁按跨径的大小在平面线位和地形图中按比例绘制出来,根据各主线匝道桥的平面布设情况,从各种视线角度对桥墩台的位置进行桥梁和墩台的造型效果观察,如不适当,应考虑进行桥梁的合并、墩台的移位和桥跨分孔的重新组合,最后的桥梁造型结果应使桥墩的纵横交错有规律,让驾驶员容易熟悉而亲近,形成对桥梁舒适的感觉。一般情况下,桥型的整体系统设计时须考虑以下几点:

①桥梁长度在除保证桥台高度在经济合理范围外,能兼做其他功能时争取不再另设桥涵构造物。

②桥梁选型应做到简洁、美观,使桥梁成为道路中的一种景观,构造尺寸选型应做到外形轻巧简洁、线条平滑顺畅,和周围环境相协调。

③互通式立体交叉中桥梁各座桥梁在各个视点上观看,应做到相互呼应,融为一体,上下部结构尺寸和谐。

(5)美观要求

桥梁在互通式立体交叉中除了考虑功能满足设计要求外,还应考虑结构的形式美。即桥梁的上下部结构应尺寸协调、均衡稳定、韵律优美,如桥梁的高度和跨径的比例等。多层桥梁相交叉时,桥墩的平面布置规律要考虑形式上的和谐。将一座这样的桥梁修建在互通式立体交叉中,各座桥梁之间的协调,桥梁和互通式立体交叉自然环境的协调是系统设计中不能忽视的方面。如在设计中将栏杆柱做成圆形,或将墩柱做成曲线形状,会让梁体的直线状感觉和自然界的无规律的形状连在一起,使桥梁的人工美和互通式立体交叉中的自然美结合在一起,形成一种整体和谐、相互融合的境界。

### 6.3.3 典型案例

美国于2011年针对35E州际高速公路与75号公路间道路进行管控设计,称之为LBJ快速路。其达拉斯市全长13.3mile,连接635州际高速公路和I-35E公路,具有一个复杂的新收费公路系统,旨在为出行者提供更快、更可靠的旅行,实现无"走走停停"的出行。快速路起始于达拉斯市西部的月神大道,终止于东部的格林威尔大道,在与35E州际高速公路相交路段通过互通式立体交叉相交,如图6-8所示。

图6-8 快速路进出口路段平面图

希尔克雷斯特大街至格林威尔大道路段进出口的设计类似于高速公路的互通式立体交叉,通过定向的匝道实现与其他道路的交通流转向,典型匝道桥平纵面布置如图6-9所示。

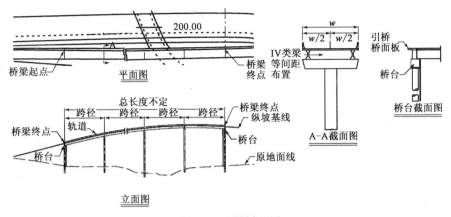

图6-9 匝道桥布置图

桥长由桥台高度和过渡墩位置决定,由于桥下道路仅为一条,且桥长较长,为方便施工采用了等跨径布置。上构采用预制组合工字梁,桥面为现浇混凝土以便更好地适应平面曲线线形。下构为独柱方形墩,墩柱尺寸视墩高而定,当墩身宽度增加时承台宽度也相应增加,桩基数量也由2根增加为3根。匝道桥下构布置图如图6-10所示。

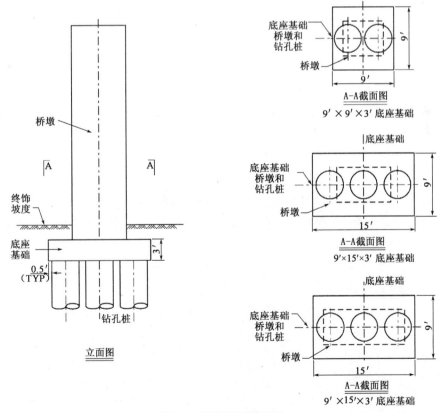

图6-10 匝道桥下构布置图

## 6.4 道路扩建的构造物

管控车道在原有道路基础上扩建时可结合交通量需求及原有道路的使用情况选择拼宽修建或并行新建,拼宽修建的桥涵与原桥涵横向拼接最终形成整体桥面,而并行新建则是完全独立的构造物。该建设模式与我国高速公路的改扩建较为类似,已具有较为成熟的设计施工技术。由于改扩建施工不可避免的影响原道路通行,桥梁及涵洞通道的建设也可以采用快速施工技术,应用预制拼装结构,减少现场施工工期。

### 6.4.1 选型原则

(1)拼宽桥梁方案应充分考虑施工对行车的影响,并考虑维持交通施工方案的合理。
(2)拼宽桥梁宜采用与原桥相同的跨径和结构形式,并尽量加强横向联系。
(3)为减小对原桥梁基础的影响,拼宽桥梁宜采用桩基形式。
(4)新建桥涵结构物跨径及交角应与同位置桥涵一致,立交形式要满足景观要求,造型简洁明快,与周围环境相配合。
(5)通道、涵洞接长部分应与原有的结构相同,原则上应保证原有净空要求不变。

### 6.4.2 桥梁拼宽设计

我国主干线上既有桥梁结构大多以预制板、预制T梁、预制小箱梁等系列标准结构为主,亦有少量箱形梁等其他结构。目前我国公路扩建工程的常用桥梁拓宽形式主要有以下3种:
(1)上部构造与下部构造均不连接。
(2)上部构造与下部构造均连接。
(3)上部构造连接而下部构造不连接。

对于上下均不连的拼接模式,虽简化施工程序,消除连接的技术问题,但在汽车活载作用下,两桥主梁产生不均衡挠度以及加宽桥大于原桥的后期沉降,将会造成连接部位沥青铺装层破坏,形成纵向裂缝和横桥向错台,影响行车舒适性和桥面外观,增加后期的养护维修工作,因此,大规模采用此种连接方式是不合适的。对于上下均连接的拼接模式,其优点是将加宽桥、原桥之间联系成为整体,主要缺点是加宽桥基础沉降大于老桥基础沉降,由此产生的附加内力较大,将会使下部构造帽梁、系梁、桥台连接处产生裂缝,上部构造连接处也可能产生裂缝,导致使用功能下降,维修困难。此外,下部构造采用植筋连接技术,工程成本高。方案3综合了前两个方案的优点,是目前采用较多的拼宽连接形式。

上部结构连接后,由于新老桥梁混凝土收缩徐变不同及基础沉降等原因将产生附加内力,因此在实际的工程建设中需要找到解决该问题的技术手段。主要从以下两方面进行:一是减小新建桥梁基础沉降量。常采用的方法有尽可能采用桩基,或加强地基处理、增加桩长或桩径等,且原桥采用扩大基础时应当对原有基础进行加固以保证新老基础间的协调性;二是尽可能减少上部结构自身产生的较大附加内力,一般是增大连接部位的配筋状况或改善连接结构形式。该种连接方式由于其良好的使用性能,在公路改扩建项目中得到了广泛的应用。

### 6.4.3 涵洞、通道拼宽设计

涵洞通道需拼宽时,拼宽段涵洞截面应与原构造截面一致,并对地基进行有效处理,沉降缝设置应与涵洞整体受力设计相适应。

盖板涵洞的接长通常为预制拼接,原洞口部分拆除,新老涵之间设一道沉降缝,采用预制钢筋混凝土盖板涵与原涵拼接接长,涵台及基础为现场浇筑。该方案优点是构造简单,适应性强,并具有成熟的设计和施工经验,盖板在工厂预制不受环境影响,质量得到保证。其缺点为抗变形和抗沉降能力相对较弱,预制板间联系偏弱,整体性不强。如采用现浇钢筋混凝土盖板涵与原涵拼接接长,可提高现浇后的结构整体性,但现场施工的湿作业时间长,增加了对原道路的通行干扰。

传统涵洞、通道施工多现场浇筑,工程量大,由于施工工点分散、施工水平参差不齐等原因造成工程质量控制难度大。此外,受天气、材料周转周期、混凝土龄期等影响,施工速度缓慢。采用标准化设计、工厂化预制、装配化安装新理念可以提高工程质量、缩短现场浇筑周期、降低工程造价等,对于施工标准化起到了很好的推动作用。

预制涵洞按装配形式分为整体式(图 6-11)、拼装式、门式(图 6-12)、盖板式等,可调整高度宽度尺寸以满足各种使用要求。内宽超过 4m 的箱涵,可在顶板、底板中施加横向预应力,以便减薄顶板、底板厚度,从而降低吊装重量。

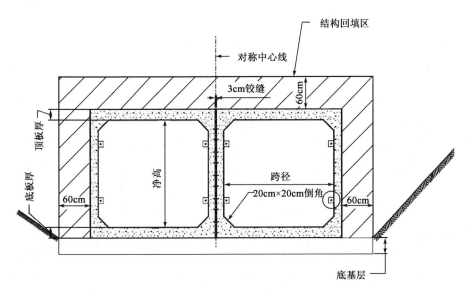

图 6-11 预制整体式箱涵

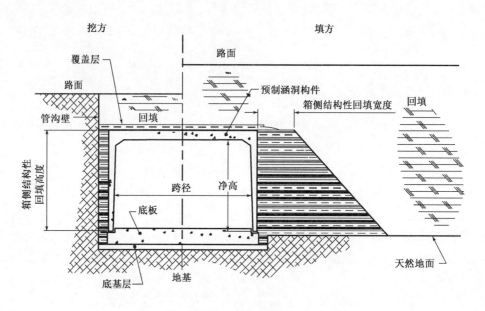

图 6-12 预制门式箱涵

## 6.5 支挡结构物

管控车道的修建过程中,在处理因地形引起的高差以及节约土地、美化环境等方面不可避免地会运用到支挡结构物,其不仅在工程安全、经济效益方面起着重要作用,在社会效益方面亦有显著贡献。管控车道的支挡结构物形式与公路及市政道路的支挡结构物一致,主要包含各类挡土墙、抗滑桩、饰面墙等。

### 6.5.1 选型原则

(1)支挡构造物的设置要从技术、经济、环境与社会效益方面进行比较。
(2)构造物形式应考虑地形、地质及水文条件。
(3)在有景观要求的地区,支挡构造物宜选用轻型带有面板的直立式挡土墙。
(4)当管控车道位于原道路一侧因高差需增设挡墙时,宜选用施工方便的装配式结构。

### 6.5.2 新型挡墙介绍

(1)砌块式挡土墙

砌块式挡土墙(图 6-13)是重力式结构,主要依靠干垒挡土块块体自重来抵抗动静荷载,达到稳定的作用。此结构无须砂浆施工,依靠带有后缘的块与块之间嵌锁作用和重量来防止滑动倾覆。预制块也可同水平放置的拉接网片共同使用来增大墙体结构的有效宽度和重量(图 6-14)。挡土墙是否需要使用拉接网片取决于多种因素,如墙体高度、土质、附加荷载和地震荷载等。

图 6-13 砌块式挡土墙

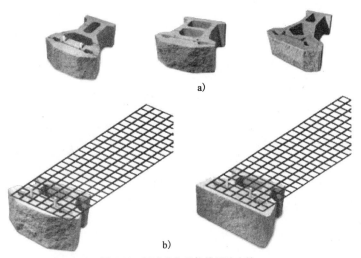

图 6-14 标准砌块及拉接网片砌块

砌块式挡土墙具有以下特点：

①砌块体积小，制作运输方便，施工安装快捷。

②对基础承载力要求低，基础开挖量小。

③外形美观，无须附加饰面工序。

④适应性强，使用拉接网片后墙高可大幅度增加，并可按一定角度及弧度施工。

⑤有必要时很容易拆卸并可以重复利用。

（2）预制钢筋混凝土挡土墙

预制钢筋混凝土挡土墙是一种直立式预制拼装挡土墙，主要适用于空间受限，高差不大且有美观要求的工点，是一种非常节省土地的挡墙结构形式，在日本等国有广泛的应用。预制钢筋混凝土挡土墙包含 L 形的基础底板和直立的墙身，如图 6-15 所示。

图 6-15 预制钢筋混凝土挡土墙施工图

预制钢筋混凝土挡土墙具有以下特点:
①以预制成型的混凝土空心砌块为永久性"模板",施工现场无须模板。
②施工现场不需要大型吊具。
③挡墙高度可根据实际设计需要在现场进行调整。
④通过改变砌块的厚度规格、配筋量、L形底板的尺寸等,挡土墙可适合各种高度要求。
⑤当对墙身砌体用砌块的一侧大面进行深加工(如抛光),可直接形成具有装饰外立面效果。

预制钢筋混凝土挡土墙拼装示意图如图6-16所示。

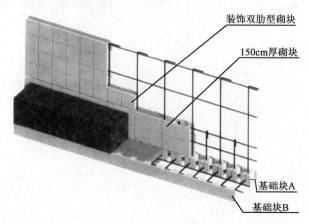

图6-16 预制钢筋混凝土挡土墙拼装示意图

# 第7章 监测及收费设计

## 7.1 概 述

管控车道需要有效的监测收费政策和程序以使其顺利运行。汽车占路时比的监测或适当的收取通行费对保证通行车辆的安全和节省时间至关重要。有效的监测收费有利于促进公平和维持管控车道的整体性,以使车道的使用者和非使用者均满意。

成功的管控车道监测收费需要适当的利用各类现有资源。为保证管控车道的各类法律法规的执行,可采用多种不同的监测收费手段。车辆监测可采用连续监测和简单的自测等。各种不同的监测执法手段往往预示着管控车道不同的服务水平。

## 7.2 监测收费总体规划

监测收费政策和程序的实施确保了所有的参与者均基本了解了管控车道这项工程及其收费的必要性。监测收费机构、收费授权部门、立法执法部门、交通部门等各种机构的参与对监测收费的成功实施至关重要。

管控车道监测收费的规划设计应与项目的个体目标结合起来,其决定了采取何种运行策略和适用的用户组。一旦运行策略确定之后(比如管控车道类型、允许的用户组、收费免除和折扣条件、用户组特定入口等),各方参与机构即可决定何种特点的监测。

比如,如果管控车道的允许策略确定为一个 HOT 收费车道和高峰期的 HOV 3 + 人免费车道、公交车免费以及 HOV 单人和 2 人付费、货车不允许通行,则需要监测执行以下项目:

(1)确认 HOV 3 + 人车辆以进行收费免除。
(2)其他所有车辆用户组的收费支付系统。
(3)确保仅供运行的用户组车辆通行。

所有相关机构均应参与到管控车道运行计划的实施中来,以使规划设计方案考虑到各方的观点或诉求。

## 7.3 监测收费详细设计

一般的管控车道监测收费要求进行特定的设计处理,即专用监测区域。这些区域常位于管控车道出入口设施附近,并允许监测执行人员监控管控车道、抓拍违章者以及对违章者开罚单。但是,近年来自动监测技术的发展有望在未来降低监测区域面积,从而将设计的关注点转移到适当的电子设备上来。本节主要讨论监测区域,自动监测技术在下一节讨论。

监测区域可分为低速区域和高速区域,并通常按类型和普通车道分开。低速监测区域采用,一般临近匝道进出口。高速监测区域采用非护栏分离设施或缓冲区设施,适用于并行车流、逆向车流,并沿管控车道主线方向设置。下文讨论了上述两种监测区域的基本特征以及设计特点,并对 HOV 车道进行了详细介绍。

### 7.3.1 低速监测区域

公交专用道、独立路权管控车道和护栏分开的道路项目通常将低速监测区域设置在入口点。特定位置点可包括匝道、可逆管控车道入口以及车速较低(通常低于 75km/h)的绕行车道。对于专用可逆管控车道,由于可逆设施的几何设计要求,其在匝道区域内提供了一个临时的监测区域以服务于反向高峰期方向的车流。

设计者设计这样一个区域,以提供给作为监控、抓拍以及抓捕违章者所有,条件允许时,还可以将违章者赶离管控车道。护栏分离设施的设计特点可作为对违章者的潜在误用车道行为的一个威慑,使其一旦做出了驶入该车道的决定后就被限制在了此车道内通行。在低速监测区域中可考虑下列设计特点:

(1)监测区域长度应不小于 30m,在交通量大的情况下宜大于 60m,且不包括驶入和驶离引道。

(2)监测区域宽度应不小于 4.3~4.6m。

(3)监测区域应设置长度比为 2∶1 或 9.1m 的驶入引道。

(4)监测区域应设置长度比为 10∶1 或 45.7m 的驶离引道以供车辆加速进入车道。

### 7.3.2 高速监测区域

高速监测区域的设计通常包括沿具备多个地面入口点或缺乏连续性路肩宽度以供监测的管控车道方向进行周期性的多重区域分隔。这些区域通常设计以用于交通监测和抓拍违章。大多数抓拍行为发生在顺车流方向监测区域或位于较宽的左右路肩带。在高速监测区域中可考虑下列设计特点:

(1)高速监测区域长度应不小于 30m,且不包括驶入和驶离引道。对于用于监控和抓拍的,其长度已不小于 400m。

(2)监测区域宽度应不小于 4.3~4.6m。

(3)监测区域应设置长度比不小于 20∶1 的驶入引道以及 80∶1 的驶离引道,或者采用通用公路标准来设计以保证车辆的合理加速度以达到设计速度。

(4)沿管控车道主线相邻的监测区域间隔应不小于 3.2~4.8km。

由于入口点较少,双向和护栏分离式可逆管控车道的监测设计比并行车流管控车道容易。违章者通常可以在速度还较低时就在出入口点停止违章行为,可逆管控车道设施允许监测人员从当时未被使用的匝道(由于车辆均转移到对向方向上)来监控车道。图 7-1 提供了采用特定路肩或位于沿车道方向的用于方便监测行为的监测区域的横断面示例。

### 7.3.3 HOV 车道设计特征

三种类型的 HOV 车道常见于快速公路,并在运行方式上有所不同,分为专用 HOV 车道、并行车流 HOV 车道以及逆向车流 HOV 车道。另外,专用 HOV 车道也可分为双向和可逆两类。

(1) 专用 HOV 车道

专用 HOV 车道指的是建在公路用地范围内同普通车道分开的在一天的全部或部分时段专供 HOV 车辆通行的车道。此类车道大多均通过混凝土护栏同普通车道分开,少数情况下也以较宽的画线缓冲区隔开,而交通信号疏导可视情况确定是否设置。HOV 车道可为双向或可逆管控车道(图 7-1)。可逆管控车道通常在早高峰期供通往市中心的进城车辆通行,而在晚高峰期供相反方向的出城车辆通行。每天对方向的可逆设置需要设计可逆设施。

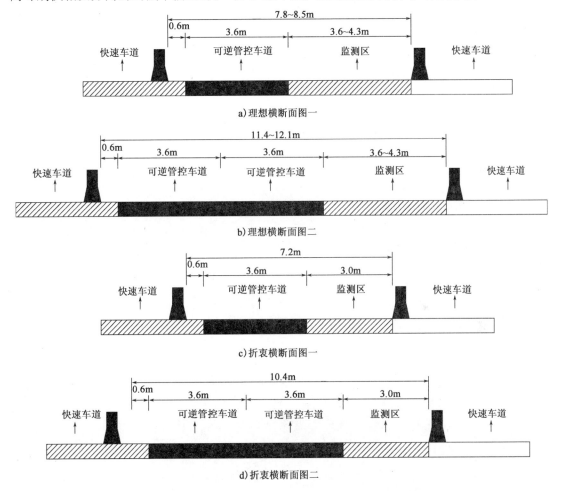

图 7-1 沿护栏分离式可逆管控车道的监测区域横断面示例

(2) 逆向车流 HOV 车道

逆向车流 HOV 车道指的是将非高峰车流方向的一个车道(通常是内车道)划给相反的高峰车流方向的 HOV 车辆通行。一般情况下,逆向车流车道同非高峰车流方向的车道通过交通锥桶或可移动的混凝土护栏分开(图 7-2)。逆向车流 HOV 车道一般仅在高峰时段采用。

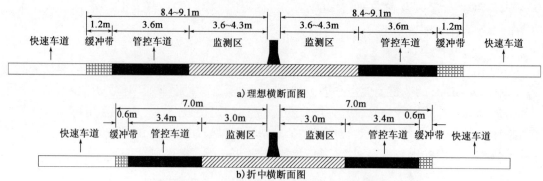

图 7-2 沿并行车流和专用缓冲区管控车道的监测区域横断面示例

(3) 并行车流 HOV 车道

并行车流 HOV 车道指的是在相同方向上划出的同普通公路不隔离的在一天的全部或部分时段专供 HOV 车辆通行的车道(通常为内车道或路肩)。通常采用路面标线来指示此类车道(图 7-3)。

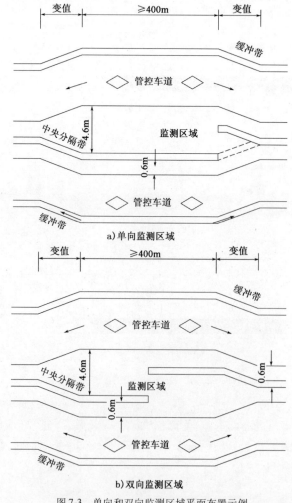

图 7-3 单向和双向监测区域平面布置示例

确保公共汽车、通勤车以及拼车能方便和安全地进入 HOV 车道是此类管控车道成功的关键所在。此类车道设计时可以采用以下几种处理措施：

①直接合并。用于并行车流 HOV 车道,此方法下运行 HOV 车流通过临近的普通车道直接进入 HOV 车道。合并可在连续的整段路段或特定的一些点实施。对于特定点合并的情况,通常采用交通信号或路面标志来控制车辆的进入,其应符合交通工程相关规范。

②过渡匝道。路面过渡匝道建造起来较为容易,且费用不高。采用护栏围起一个足够大的可供正常的合并或分散的场地。此类坡道常见于从停车换乘点到临街道路、快速路或 HOV 车道的情况。

③直接进入匝道。分离式或直接进入匝道提供给 HOV 车辆专用的出入口。另外,直接匝道还可提供给从相邻道路、停车换乘点和中转道路进入的车辆使用。

④快速路 HOV 车道之间的直接连接。此类设施提供给车辆从一条快速路的 HOV 车道通往另一条快速路的 HOV 车道。

除了上述各类可供选择的入口设置方式,还可以采用以下运行策略,主要包括：

①匝道仪控的 HOV 绕行策略。此种运行策略用于提供给 HOV 车辆在仪控匝道的优先通行权。一般情况下,在临近普通车道为 HOV 车辆专设一分开的车道,使其不必在仪控信号前停车,而是通过绕行车道直接进入主路。在有些系统里,HOV 匝道车道也采用仪控措施,但相对普通匝道车道较为宽松,这也为 HOV 车辆节约了一定的时间。

②价格优先。价格优先指的是采用灵活变化的拥堵费以允许非 HOV 车辆使用 HOT 车道。HOT 车道在前文已有详细讨论。

### 7.3.4 护栏及监测

由于入口点较少,双向和护栏分离式可逆管控车道的监测设计比并行车流管控车道容易。违章者通常可以在速度还较低时就在出入口点停止违章行为,可逆管控车道设施允许监测人员从当时未被使用的匝道（由于车辆均转移到对向方向上）来监控车道。

非护栏式管控车道一般最为困难,其需要管理监控者具备在任何时间要求车辆进入管控车道的能力。但其方法如同车辆变道一样容易。因此,被公众知晓和可见的日常连续监测对管控车道的违章监控非常重要。图 7-1 为沿护栏分离式管控车道的监测区域横断面示例。

## 7.4 自动监测技术

科技的作用在管控车道监测中日益加速显现。多年来,ITS(Intelligent Transport System,智能交通系统)技术作为 TDM(Traffic Demand Management,交通需求管理)项目的一部分在道路监测中得到了日益广泛的应用。早期探测和快速反应对事故管理和紧急服务的有效利用非常重要。这些科技进步是管控车道监控和收费设施中技术应用的先导者。

管控车道的自动监测可以使用多种和 ITS 同样的技术,包括速度传感器、道路嵌入式车辆探测仪、监控摄像机以及集成式交通管理中心。管控车道成功的监测需要监测机构具备区分特定车辆的能力,必要时,还需要确定车辆的乘员数。这需要通过科学技术的革新来实现,比如车牌识别和视频影像技术。这类技术广泛运用于管控车道收费口的自动监测收费系统中。

通常采用电子应答器或人工收费支付方式来完成收费操作。如发生逃费行为,低功耗无线传输系统(LPR)会被激发。逃费者的车牌号可就地被储存,或通过标准拨号电话线、蜂窝连接、无线传输以及因特网被传输到管理中心。

在对 HOV 或 HOT 车道上的车辆乘用率要求进行合规性确定时也运用了这些技术。HOT 车道允许不满足乘用率要求的车辆付费使用。监测则需要对车辆内部进行观测以确定其乘员数。一种典型的方式是安装三个或更多的摄像头和人工照明光源,用来捕捉车辆的前挡风玻璃影像、侧窗影像和车尾车牌号影像。如有违章行为发生以及在违章处理过程中需要存储车内影像和车牌信息时,可以采用半自动的复核处理。一个半自动的 HOV 收费监测及复核系统已经在达拉斯投入使用,该系统即采用了上述方法。

上述内容对在管控车道环境下对出于监测收费目标的一些技术使用进行了概述。监测产品的实际应用中需要对具体品牌产品的技术目录和适用性多加了解,这些资料可通过全球不同的供应商获得。管控车道的监测技术包括 AVI 系统、ETC 系统、LPR 系统以及影像乘用率监测等。

## 7.5 运行中的监测设计

监测工作对 HOV 车道的成功运行非常重要。HOV 车道监测项目的目的是保证运行要求,这包含维持车辆乘用率水平以保护合规车辆节省通行时间、劝离不合规车辆,并保持安全的运行环境等工作。直观有效的监测保证了 HOV 车道整体性,也促进了公众的接受度。

HOV 车道的监测方法大致分为以下基本四类:日常监测、特殊监测、抽查性监测和自测。所有的这些方法或许适用于不同类型的 HOV 项目,且最有效的方法和技术也会在一定程度上因为车道的类型而异。在一定程度上讲,选择了何种监测策略,通常也就决定了 HOV 监测项目由机构采用何种相对优先级水平。

### 7.5.1 监测方法

下文讨论了机构可以在管控车道中考虑采用的四种基本监测方法。

(1) 日常监测

在不考虑 HOV 车道实施的情况下,日常监测代表着一个区域内的正常交警巡查水平。在日常监测方法下,HOV 工程的存在不会明显改变监测机构的优先权、财政需求、战略及目标。分派于包含 HOV 车道设施的监测区的交警通常允许非常慎重地进行 HOV 车道管制。结果往往是监测的不均等或任意分布。如果交警管理部门通过政策公告等采取措施以使警员认识到主动监测行为的重要性,这种监测的不连续性就可降低。通常情况下,日常监测在下列条件满足时不失为一个合适的监测方法:

①HOV 车道已成熟运行的情况下,且违章率较低或处于可接受的水平。

②HOV 车道的设计和运行使其非常容易进行监控。

③没有采用其他监测方法的资金支撑来源,使日常监测成为唯一可选的方法。

由于在监测机构内部对在 HOV 车道监测过程(探测、抓拍和开启罚单)中的危险车辆通行的担忧,可能缺乏在 HOV 项目中提供足够水平监测的主动性。造成这种倾向的还有一个重要因素可能是监测机构在参与工程设计阶段中的排他性,因此在其设计阶段即排除了对 HOV 工程的监测适应性很重要的有价值的信息来源。

(2) 特殊监测

特殊监测的主要特点是其连续性、系统的人力分配以及监测手段专供监测 HOV 车道的违章者。当 HOV 监测的需求较大时可以采用特殊监测法。这种方法可包括在 HOV 车道派出巡逻车、增加额外的巡查或在全运营时段沿车道布置监测人员。特殊监测行为可通过对现有监测人员的重分配、在重要运行时间段雇用额外的监测人员或让现有监测人员加班工作等手段来完成。

(3) 抽查性监测

抽查性监测的主要目的是提供给日常监测和特殊监测方式一个高度的机动性水平,从而使驾驶员无法准确预期监测的时间。抽查性监测通常定期的应用于一些特定的问题区域,比如 HOV 车道中的违章多发区域。很多不同的事件可能要求进行抽查性监测,比如新 HOV 车道的开通、车道乘用率要求的提高、运行时间的延长或其他重大运行政策的变化等。由于抽查性监测项目中的特殊监测行为具备临时性特点,因此其所需额外的监测人员往往通过临时借调其他部门的人力来实现。

(4) 自测

这种监测方法要求 HOV 车道的使用者和车辆驾乘人员具备一定的自律性。自测通常与其他监测方法结合使用,而不是作为独立的监测方法。"HERO"项目中提供了一种最好的 HOV 自测尝试示例。这种方法首先在西雅图得以运用,之后逐渐运用在包括休斯敦、北弗吉尼亚和华盛顿特区的区域。对违章者的重复性跟踪以及在通告过程中监测机构的积极参与是其重要特点,这对该项目的成功实施起到了重要作用。图 7-4 为"HERO"项目中的一个示例。

图 7-4 西雅图 HOV 车道的 HERO 标志示例

### 7.5.2 监测技术与手段

为了增强其灵活性,可采用多种监测技术来对 HOV 车道进行监控。这些技术的重点主要集中在提供对车道的监控、探测和抓拍违章者以及对违章者的警告或行为记录。下文讨论了各种具体的技术,表 7-1 对这些技术的运行情况和反馈意见进行了对比。

各种监测技术的优缺点对比　　　　表 7-1

| 监 测 技 术 | 优　　点 | 缺　　点 |
|---|---|---|
| 静态监测巡查 | 1. 时间便利(无固定要求);<br>2. 足够车道横断面的高度安全性;<br>3. 监测设备高度可见;<br>4. 监控和拍摄的有效性 | 1. 需要额外的人力;<br>2. 监测点有限;<br>3. 多个出入口下驾驶者可以设法逃避部分监测 |

续上表

| 监测技术 | 优点 | 缺点 |
|---|---|---|
| 流动监测巡查 | 1. HOV车道内随地监测；<br>2. 不需要人力的重新分配 | 1. 需要更多的抓拍时间；<br>2. 没有路肩的情况下对交通有破坏作用；<br>3. 有利的监测点更少 |
| 组合巡查 | 1. 将探测和抓拍任务分开进行；<br>2. 在没有最佳设计要素下具备很大的灵活性 | 1. 每次完整的抓拍需要双倍人力；<br>2. 在需要监测人员抓违章现行的地区不适合 |
| 电子监控 | 1. 最小甚至无可见监测设施；<br>2. 隐蔽性较强 | 现有技术还没有可见监测可靠 |
| 通过邮件警告或开罚单 | 1. 不需要现场抓拍因此更安全；<br>2. 监测区域要求更小；<br>3. 高时效性 | 1. 没有抓拍记录法律不支持；<br>2. 检测者不能令人信服的确认乘用率，错误率更高 |

(1) 静态监测巡查

静态巡查指的是沿HOV车道在多个特定的位置布置监测人员。这些位置可用作专门的监测区域或为监测人员提供必要的有利位置或空间。这种技术通常用于特殊监测和抽查性监测中，其最适合于位于HOV车道出入口或HOV违章多发地带。监测区域应为监测人员行使所有的职责提供足够的空间和安全的环境。这些职责主要包括对设施的监控、捕捉违章者以及叫停违章者并开出罚单。

(2) 流动监测巡查

流动监测巡查要求对HOV车道全长范围内的车辆进行监测。可在HOV车道或邻近道路上采用带有标志或不带有标志的巡逻小车或摩托车来巡查。而且，这种巡查可以覆盖道路全长范围，如果存在一个抓拍和记录的安全区域，也可以指定在某一段区域或区间来执行。

(3) 组合巡查

组合巡查指的是采用静态和流动监测巡查相结合的方法来监控HOV车道或抓拍违章者。可能存在的组合包括多个静态巡查、多个流动巡查或静态和流动巡查的组合。这种组合巡查一般运用于HOV工程中单个巡查员不可能进行探测和抓拍违章者的情形，或是出于安全考虑。在这种巡查模式下，一个巡查员如发现违章者可以顺次通知下一个巡查员来抓拍。

(4) 电子监控

电子监控和其他先进科技可以运用于协助对HOV车道的监控以及探测违章者。闭路电视监测、红外摄像机、车辆及牌照成像技术和其他各种技术均可以用来辅助识别潜在的违章者。现有技术已经能够克服对车辆乘用率探测的天生巨大难度，美国的HOV车道暂时没有用到此技术。但HOT车道运行中以已经越来越广泛的用到了电子监控技术。

(5) 通过邮件警告或开罚单

在立法机构授权的情况下，监测部门可以通过邮件对违章者警告或开罚单，这样就不需要叫停HOV车道中行驶中的违章车辆。违章者可以由交管部门借助监控摄像或其他先进技术直接观测到。"HERO"项目中也讨论了这项技术的另一些变化，其将警告或项目信息通过邮件传输给了违章者。

(6) 多功能巡查

这种技术没有列于表 7-1,它指的是运用于巡查或检测人员中的包含 HOV 车道监测的一项多功能技术。其功能组合的职责可包括事故探测及反应、HOV 车道的运行、常规执法和监测等。

### 7.5.3 监测及 HOV 运行

如果一个 HOV 车道在确立的目标范围内具备灵活的收费费率,且其监测功能以安全和具备成本效益的方式完成运行,则可以说这个监测收费项目是成功的。为了达到这些目标,各类 HOV 车道均应采用最合适的监测技术。虽然没有一种监测技术恰好完全适用于特定的某一种 HOV 车道,但一些技术方法仍适合于在某些 HOV 项目中采用。并且,大多数区域内均采用了多种技术。

不考虑特殊的方法或采用的技术,下面列出了一些常规的加强监测行为的有效性和安全性的实践方法。

(1) 保持监测设施的可见性

监测设施对驾乘人员可见性越强,对其威慑性就越大。交管部门应在临近 HOV 车道的特定监测区域进行抓拍和开罚单。除非沿车道没有足够的空间,HOV 违章者都不应转移到道路的其他区域接受罚单。

(2) 采用最低干扰监测技术

虽然采用直观可见的监测设施效果更好,但笨重的监测设备也往往对交通造成破坏,因为它必然会引起好奇者的关注。美国加州在应用非干扰监测技术处于领先地位,其建议监测者应做到以下事项:

①在停车时降低应急灯光的使用频率。
②避免在同一个位置出现多辆巡逻车。
③在任何时间不超过一辆车在等待缴费。
④检测者不站在车辆外。
⑤对于并行车辆车道,减少受罚位置车辆从中央分隔带回到车道。

### 7.5.4 监测手段及 HOV 车道实施类别

目前运用于各类 HOV 车道中的各类方法与技术在本小节进行了汇总,其中有些问题还需要随着各种 HOV 车道监测项目的发展而得到进一步的考虑。表 7-2 重点列出了 HOV 车道常见的监测手段和技术。

**各类 HOV 车道常见监测技术示例** 表 7-2

| HOV 车道类型 | 监测方法与技术 | HOV 车道类型 | 监测方法与技术 |
| --- | --- | --- | --- |
| 护栏分离式 HOV 车道 | 1. 起终点静态巡查;<br>2. 组合巡查;<br>3. 多功能巡查;<br>4. 自测 | 并行车流 HOV 车道 | 1. 监测区域内静态巡查;<br>2. 流动监测;<br>3. 组合巡查;<br>4. 多功能巡查;<br>5. 自测 |

续上表

| HOV 车道类型 | 监测方法与技术 | HOV 车道类型 | 监测方法与技术 |
|---|---|---|---|
| 逆向车流 HOV 车道 | 1. 起终点静态巡查；<br>2. 多功能巡查；<br>3. 自测 | 绕行车道 | 1. 车道入口静态巡查；<br>2. 自测 |

(1) 护栏分离式 HOV 车道

由于其出入口数量有限，且同普通车道隔离，护栏分离式 HOV 车道比较容易监测。静态巡查、组合巡查以及多功能巡查均适合运用于专用 HOV 车道。监测区域可设置有直接进入匝道处和车道的起终点处。组合监测不失为一种有效的技术，在这种技术下，位于无起点或中点处的监测员通过无线通信技术给位于终点处的检测员传输信息，使其对违章者进行抓拍。

(2) 并行车流 HOV 车道

此类 HOV 车道监测难度最大，因为违章者几乎可以在任何时间在车道的任何一处进出该车道。因此，并行车流 HOV 车道需要另行考虑并增加监测。在没有有效监测规划的情况下，可以在一些违章高发区采用缓冲区分离式设施。采用流动和组合巡查进行抽查性监测，将其与标准的抓拍和记录程序相结合，这种技术已运用于很多并行车辆车道设施中。这种车道也应保证提供安全和足够的监测区域。

(3) 逆向车流 HOV 车道

逆向车流 HOV 车道通常更容易监测，因为其出入口数量少，通常甚至只有一个单独的出入口，且其适合的车辆标准也非常有限。监测人员一般配置在车道的起终点，违章者可以在这些位置即被发现和劝止。为了保证此类设施运行的安全性，阻止和劝离一些误闯入此类车道的违章驾驶员至关重要。因此，需要在入口处进行连续的监控，以及采用一定的方法让无进入资格的违章者掉头驶回常规交通流中去。逆向车流的监测可同在车道入口处设置一个阻止车道的方法相结合使用，以进一步增强其效果。阻止车道可供监测人员采用静态方法和程序来维持其机动性。

(4) 绕行车道

对绕行车道的监测技术局限于静态监测区域。违章行为主要发生在匝道视野开阔处，违章者比较容易辨别是否有监控设施。监测应通过在来车方向布置监测拍摄车使其更为隐蔽和有效。

# 第8章 交通控制设计

## 8.1 概 述

　　管控车道的目的是在道路的某一路段为驾驶员提供额外的选择方案。这些方案可根据不同时间段而变化,也可根据管控车道或其他常规车道的交通条件变化而变化。驾驶员应能在正确的时间以正确的方式获得正确的驾驶信息,以便选择更有效的出行方案。不同的驾驶员在对交通控制设施的阅读、理解和反应上有很大不同。设计人员在设计和布置交通控制设施时应考虑大多数人的需要。

　　有些管控车道的使用者习惯在出行前确定方案,但有些人是在出行途中确定的。能帮助做出这些决定的信息必须和驾驶员需要获取的信息安全有效地交汇,以在管控车道上安全控制、指导和驾驶车辆。为了应付更复杂的事件,这些信息还必须和相邻常规车道的驾驶员需要获取的信息交汇。很显然,在这种复杂的信息环境下,很可能产生信息冲突和过量。本章主要探讨这种信息冲突和过量如何发生、在哪里发生、何时发生,以及如何缓解或避免。

　　管控车道设施可能具备和常规不同的入口、几何线形以及行驶规则,需要有效应用标准和交通控制设施及时提示。当管控车道持续发展时,新的运营策略和几何设计可能需要新的交通控制设施。当前的联邦 Manual on Uniform Traffic Control Devices for Streets and Highways (MUTCD)包含了理想车道和穿过几个不同路段扩展的信息。Texas MUTCD 为 HOV 和其他理想车道的信号和路面标志提供了指导。

　　管控车道的设计者和经营者必须在项目开始计划前就考虑交通控制设施。为了与驾驶员沟通,初步成本包括信号标志和支撑构造的路权,结构物的成本,动态信息标志及附属能源的成本,设计、制造和安装静态标志的成本(包括车道关闭的要求),路面标志的成本(包括标准车道带加上其他含有指导或警示信息的水平标志和符号)。信息沟通中产生的成本包括信号和标志的维护、信息沟通费用(例如每月的无线网络电话费)、能源以及其他动态信息标志等用电设施的电费。

　　除了交通控制成本,应在项目计划早期考虑驾驶员信息,以尽量减少执行过程中过多的复杂信号标志。管控车道的收费是基于当前通行条件的动态机制,根据车辆乘坐人数和不同时间段而变化。传统收费道路通常在收费处有完整的价格单,当车辆以较低车速行驶,或完全停止时,可以完整阅读该价格单。但当以较高车速通过电子收费处时,驾驶员完整阅读价格单会非常危险。在这种情形下,"一块大告示"的做法是不可行的。由于电子收费是订制体系,因此可以通过向订制者发送邮件或其他方式解释完整的收费方案。如考虑更广泛的受众,必须采取其他方法展示收费信息,如使用多块连续的标示。或者用尽量简短的信息展示大多数使用者的收费内容,如仅展示小汽车的收费标准。另外可使用双向收发机等手段,能针对不同车辆在车内分别显示收费信息,这在将来可减少大量交通控制设施。

除了运营策略,设计者还应在几何设计中考虑交通控制设施。如果设施的布置使驾驶员感到意外,例如从左侧离开管控车道,则需设置明显标示。使用缓冲带隔离的车道通常会由于中央分隔带内净距不够,而无法摆放大尺寸的标示。

本章内容包括:信息原则、信息评价流程、管控车道的交通控制设施原则。

## 8.2 信息原则

### 8.2.1 交通控制设施的 MUTCD 原则

目前 MUTCD 对有效的交通控制设施提供了 5 种基本要求,并强调这些要求应在选择设施时优先考虑。5 种要求如下:

(1)满足需求。
(2)引起注意。
(3)清楚简洁地表达含义。
(4)使用者能遵守指示。
(5)留出足够的反应时间。

MUTCD 手册还指出:应充分考虑交通控制设施的设计、布置、运营、维护和统一等因素,以充分发挥其性能,并满足以上 5 种要求。应重点考虑车速,并将其作为各种交通控制设施设计、运营、布置的控制要素。

### 8.2.2 主动引导

交通控制的原则是主动引导,即将道路/交通工程和人类因素法结合而成道路信息系统,以适应驾驶员特征和环境要求。驾驶员可从多渠道获取信息,包括车辆通行时的振动、路面噪声以及最重要的道路视觉效果。根据主动引导模型,这些信息划分为 3 个不同的控制行为等级,见图 8-1。最重要的等级为控制等级,与车辆的运行状态相关。较高的控制等级是车辆的引导,与车辆的安全车速和车道选择有关。最后是控制导航等级,该等级中驾驶员选择从起点到终点的路线。如果信息过多,驾驶员可自主忽略导航等级提供的信息,专注于车辆操控,避免碰撞或其他事故。

基于主动引导原则,应制定技术方案用于评估在已知事故多发路段实施的政策。这些路段频繁发生高风险意外事故、容易引发乘客抱怨等其他问题。主动引导的一个关键因素是人们在驾驶行为中对于各类信息的浏览、理解和反应均受到限制。主动引导原则已在交通工程领域使用了近 30 年。

使用主动引导流程对路段进行评估需以下 8 个步骤:
①确认场地。
②问题描述。

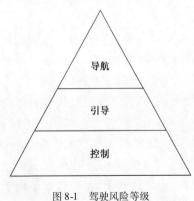

图 8-1 驾驶风险等级

③风险识别。
④风险评估。
⑤期望违背的确定。
⑥信息荷载分析。
⑦信息需求标准。
⑧当前信息系统评价。
最后3个步骤对该研究尤为重要,将在下文中进一步说明。

(1) 信息荷载分析

当使用主动引导改善现有道路时,应使用通过该路段的车辆作为信息荷载。该车辆可在施工前以计划文件的形式展现。对于每个潜在的交通控制设施位置,应考虑以下因素:

①相邻车道的使用。
②实际交通量。
③车速。
④设计交通量。
⑤可能出现风险的位置和量级。
⑥视距。
⑦可预见的典型驾驶员违规。
⑧信息过于复杂和混乱。

除通行车辆以外,还可用其他方法确定信息荷载。当前常用的确定尚未修建设施处信息荷载的方法包括信息荷载模型和使用模拟驾驶进行测试。该方法仅用于引导工程师进行场地调研,以确定在何处将大量相关信息传递给驾驶员。

(2) 信息需求标准

主动引导能帮助交通工程师理解并非所有位置均需传递所有信息。当驾驶员离决策点(如管控车道的出入口)较远时,不需向驾驶员传递大量信息。当驾驶员临近决策点时,则需要提供较多信息以供其理解此处可能需要转弯,或者其他驾驶员可能在该处转弯,或者可能有另一条道路可供选择。当驾驶员到达位置时,仅需提供车速和操作信息,因为驾驶员已专注于进行所选操作。当驾驶员驶离决策点后,所需的仅为最低引导信息。

驾驶员从自己背景知识和交通控制设施两方面接收信息。所需信息可能来自以下几个方面:

①有关法律法规的标志信息。
②危险警告标志。
③车速限制。
④周围交通情况。
⑤前方指导标志。
⑥道路几何信息。
⑦驾驶员在该区域的行驶经验。

(3) 当前信息系统评价

在主动引导过程的最后一步中,对所需信息和实际提供的信息进行了对比。如果交通控制方案有不足之处（例如未提供信息或信息不易理解，或者在特定位置提供过多信息），则需完善方案。

增加遗漏的信息是最直接的办法，但是，如果在特定位置提供了过多信息，则推荐使用两步法。第一步，应对提供的信息进行识别，剔除多余的信息。第二步，如果没有多余信息，则应扩大信息的提供范围，以供驾驶员有时间理解。

### 8.2.3 信息超载

根据前文所述，当驾驶员一次性接收过多信息时，会使用复制的方式"卸载"。驾驶员会专注那些他们相信的且关于即将驶过路段的信息，而不关心更高层次的信息，如路线信息或一般信息标志。到目前为止仍很难界定到底多少信息对于驾驶员来说属于过多。目前已有一些因素，包括信息的类型和内容、交通和环境条件以及驾驶员的警惕性和理解能力。

（1）驾驶员对超载的反应

在大多数情形下，由于驾驶要求不高，超载对驾驶影响不大。但当信息要求提高时，驾驶员需要花费越来越多的精力阅读并理解信息。Pietrucha 将该过程简化如下："在最简单情形下，驾驶员只需驾驶车辆，不用关注交通标志上的信息。但是当驾驶变得复杂或外部条件开始恶化，且关于车辆控制的提示不明显时，驾驶员的注意力开始集中于其他事务，而且对某些类型的交通标志的关注也不那么重要。当驾驶更复杂或条件进一步恶化时，驾驶难度提高，甚至超出驾驶员掌控。"

Messer、Mounce 和 Brackett 研究了驾驶员对乡村道路的期望，并确定了驾驶员对意外事件的反应。研究者指出，当驾驶员遇到意外的几何线形时，会增加驾驶行为的不安全可能。当驾驶员对意外感到震惊时，可能来不及对展示的信息做出反应。在信息超载情形，当意外几何线形的关键信息出现时，驾驶员可能因减速信息处理时间而减速并能及时做出反应。这和先前的研究一致，均认为驾驶员对意外事件的获悉和反应需较长时间。该理论基础也体现在当前工程设计政策中。

（2）对信息超载条件的量化

在 2003 年，美国交通研究部出版了 488 号 NCHRP 报告，名为《对驾驶员信息超载的额外调研》。此报告的目的是"研发用于高速公路的驾驶员信息超载的模型，并将该模型转化为实际工具，以便交通和安全专家可分析信息超载"。此研究试图量化提供给驾驶员的信息，至少能确定高速公路指示牌上的信息量。研究者试图解决信息散布问题，探索人类在短期间隔内能消化信息的极限，最终确定高速公路指示牌上的信息量。

NCHRP 报告提出了一种量化驾驶员对道路指示牌的精神工作量的方法，这种方法对不同类型标志上展示的以及道路线形表现的信息定义了单位。为了测量特定标志上信息的复杂性，使用者应输入复杂性等级，该等级影响量化工作量的数值。给定标志的工作量也应根据标志和观测点的距离分类。但是，对管控车道应用该方法的结果并不成功，因为模型中无法识别对特定车道提供的特定信息。当报告中描述的信息超载的内容用于管控车道时，指定的模型不适用。

### 8.2.4 驾驶员决策模型

Pain、Knapp、Hostetter 和 Mace 在 1982 年出版的报告中调查了驾驶员如何使用管控车道设施进行决策。当时,这些特殊车道的类型被称作特殊用途车道(SULs),主要由 HOV 车道、公交专用车道和收费设施组成。研究者给出了驾驶员决策制定的流程图(图 8-2),分析了驾驶员如何决定是否进入管控车道或 SUL。

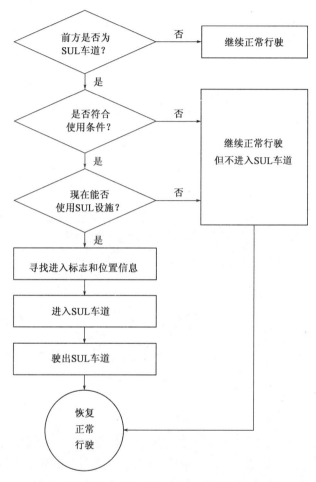

图 8-2　特殊用途车道(SUL)的驾驶员决策制定流程图

(1)考虑管控车道用途的理论驾驶员模型

由于管控车道设施提供了大量会影响驾驶员信息要求的设计选项和操作策略,将这些可能组合全部统计既不可能也无必要。因此,模型中提供了一些驾驶员习惯和常用管控车道设施之间互动的典型示例,作为这些设施的信息要求的指导性说明,并阐述这些要求作为驾驶员习惯的函数是如何变化的。

(2)驾驶员类型

以上评估过程中一个最重要的考虑是所需的管控车道信息严重依赖于驾驶员的经验和其他个人因素。当然,并非所有进行决策所需的信息都必须来自公路管理机构的信息发布装置

(头顶或路肩安装的静态标志或动态显示屏、路面标线等),某些信息可能仅个别驾驶员需要,例如通行所需时间和通过隔离设施时的舒适度等。其他信息例如几何特征或特定标志的位置和内容等可随着行驶反复获得。驾驶员在某道路上行驶过的经验也可能使其对典型交通条件产生期望,包括不同时间的车速和拥堵,以及需要特殊注意的区域(如立交桥的交织区域)。曾通过该路线的驾驶员可能仅需要较少的信息,而更依赖于自己的记忆。

研究者对可能需要理智决定是否进入管控车道的驾驶员进行了一般分类。一个极端情形是完全不熟悉的驾驶员,中间情形是部分熟悉的驾驶员,另一个极端是非常熟悉的驾驶员。但应明确,这三种驾驶员已包含了所有驾驶员。下文的三个示例是出于模型需要考虑,是对所有驾驶员的总结。下面详细介绍驾驶员类型的一般分类。

①不熟悉的驾驶员。不熟悉的驾驶员仅有很少或没有在该道路上行驶的经验。在极端情形下,该驾驶员可能从未驶入该路段,可能不清楚前方有管控车道设施,也从未驶入过类似的管控车道。为了选取合适的路线,不熟悉的驾驶员可能需要途中由道路环境提供的所有知识(或预先研究该设施的可能用途)。这类驾驶员需要最大量的信息,且最有可能出现信息超载的危险,尤其是在管控和引导要求很严格处。关于不熟悉驾驶员的概念示例见图8-3。

图8-3 不熟悉驾驶员的管控车道知识基础的示例

②部分熟悉的驾驶员。部分熟悉的驾驶员适用于另一种分类。该驾驶员可视作偶然使用过设施,或曾在管控车道相邻的常规车道上行驶过,但第一次使用管控车道。这类驾驶员知道一些信息,例如几何线形、车速和道路方向。但不确定额外信息,如收费标准和可能节省的时间。根据此类驾驶员所需信息的类型和数量,必须在道路上获取的信息可能很广泛,并可能导致驾驶员信息超载。不同驾驶员所需的特定信息各不相同。关于部分熟悉驾驶员的概念示例见图8-4。

③熟悉的驾驶员。熟悉的驾驶员可认为对该道路很了解。该驾驶员可能每天从该道路通行,例如每天在相同时间行驶的通勤车。或者,该驾驶员有多年驾龄,有在其他管控车道上行驶的丰富经验,且在出发前已认真了解该管控车道设施。这类驾驶员只需有关道路几何线形的很少信息和较少的标志信息。事实上,在极端情形下,这类驾驶员可成功在该道路行驶,甚至不需看指示标牌,不用听收音机广播,也不用看路线指示等。这类驾驶员是最不容易出现信息超载的。关于熟悉驾驶员的概念示例见图8-5。

图 8-4　部分熟悉驾驶员的管控车道知识基础的示例

图 8-5　熟悉驾驶员的管控车道知识基础的示例

## 8.3　信息评价流程

### 8.3.1　驾驶员信息需求

前文正确地认识到决定使用管控车道设施是多步骤的流程,为了制定合适的决策,驾驶员必须吸收各种不同类型的相关信息。但是在前期工作中不会出现各点的特定信息单位。因此,TTI 的研究者将流程图展开,提出了驾驶员可能需要的信息表,见表 8-1。

该信息表与指定管控车道设计和运营策略有关,因此并非所有设施均需要这些信息。例如,对于 HOV 交通的设施,不需要收费或付费方法。除此之外,驾驶员还需要其他信息以操作车辆,如车速限制、路线几何变化和当前交通量。信息分类定义如下:

(1)入口信息:包括驾驶员如何进入管控车道以及入口信息。该入口是否为进入当前管控车道的最后入口,前方是否还有其他入口等信息对于驾驶员进行决策非常重要。

**管控车道决策制定流程所需信息**　　　　　　　　　　　　　　　　　　　　　表 8-1

| 一般信息分类 | 可能需要的信息类型 |
|---|---|
| 管控车道信息 | 1. 管控车道类型(HOV、固定收费、动态收费、仅供通行、组合收费);<br>2. 允许通行车辆;<br>3. 运营时间;<br>4. 开放/关闭信息;<br>5. 入口信息;<br>6. 管控车道终点;<br>7. 管控车道中间出口位置;<br>8. 收费设施(可选);<br>9. 付费方法(可选);<br>10. 违规处罚 |
| 交通条件信息 | 1. 当前常规车道的交通拥堵;<br>2. 常规车道或管控车道发生事故;<br>3. 使用管控车道的预计节省时间 |
| 车辆信息 | 1. 适当的乘员人数;<br>2. 电子收费或现金(可选);<br>3. 对特定车辆的限制(卡车、牵引挂车等) |
| 驾驶员信息 | 1. 是否需要节省时间;<br>2. 迟到处罚程度;<br>3. 缴费期望值;<br>4. 时间的感知价值;<br>5. 通过隔离设施时的舒适度;<br>6. 如果管控车道和常规车道的车速差较大,通过同向车道设施的舒适度 |

（2）出口信息:了解出口位置有利于驾驶员分析管控车道是否可帮助其顺利完成行程,以及管控车道是否比常规车道里程更远。

（3）服务时间:对于某些仅在特定时间开放的管控车道,应提供其开放的具体时间。这对于在不同时间段行驶方向不同的管控车道也适用。

（4）事故管理信息:包括前方管控车道或常规车道出现的事故或其他不可预知的延迟的实时信息。

（5）乘客数要求:包括能合理使用该管控车道的车辆内驾乘人员的最少人数。该信息主要针对 HOV 或 HOT 车道。

（6）开放/关闭信息:这类信息类似于服务时间,但简化为仅显示"开放"或"关闭"而无其他信息,如管控车道何时或多长路段目前开放或关闭。

（7）节省时间:节省时间是指与常规车道相比,驾驶员使用管控车道到达目的地能节省的时间。

（8）收费信息:该信息可能是固定收费,或者根据管控车道的车流量实行动态收费。

（9）通行时间:使用管控车道或常规车道到达前方位置所需要的时间。例如在 DMS 标志上显示的实时信息:"距市区 24min"。

（10）管控车道类型:该信息帮助驾驶员明白自己能否使用该管控车道。例如标志:"公交专用车道""收费车道"或"HOV 车道"。

（11）车辆限制:如果某些管控车道不允许特定车辆驶入,则需在显著位置标示。常见示例如包括在已有管控车道上限制卡车、挂车和超宽车辆。

## 8.3.2 管控车道驾驶员信息评价流程中的用户熟悉度

根据前文所述,用户熟悉度直接影响驾驶员对管控车道的信息需求。熟悉度越高,某些特定信息的需求会越少,例如管控车道出入口位置、对车辆限制和收费标准等。最熟悉的用户不需任何信息即可熟练在管控车道上行驶,但是完全不熟悉的驾驶员则需要获取道路标志或其他信息来源提供的所有信息。

按惯例,道路管理机构对常规车道和其他所有道路是根据完全不熟悉的驾驶员设计的,所需信息要求见表8-1和图8-6,并不适合所有类型管控车道的驾驶员。换句话说,运营机构可能需要按"熟悉驾驶员"设计管控车道(以及相应信息系统)。但是,这样做的前提是保证不熟悉的驾驶员不会因此受到误导或干扰。

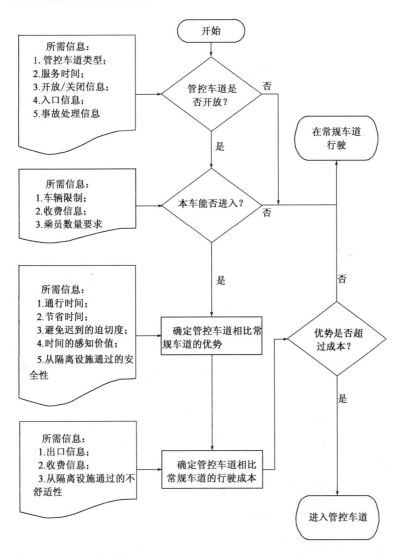

图 8-6 是否进入管控车道的决策概念模型

驾驶员熟悉度和信息需求的相互作用表明在管控车道设计之前就应考虑信息需求,包括出入口位置、收费设施类型、车辆类型和乘员数量。表 8-2～表 8-4 可帮助设计者考虑哪种类型设施比其他设施需要更多沿线信息,并列出管控车道设计流程中应重点考虑的信息类型(至少能大概了解)。这些表一再强调不同驾驶员需要不同的信息。表 8-4 的重点是对于非常复杂的管控车道(例如动态收费的 HOT 车道),即使是熟悉的驾驶员也需沿途接收大量信息。如果这些信息无法由静态和动态标志组成信息系统提供,则必须增加其他信息提供方法,如移动网络、双向收发机或其他车内通信手段。

**HOV 车道用户的典型信息需求**　　　　　　　　　　　　　表 8-2

| 驾驶员类型 | HOV 车道 | |
|---|---|---|
| | 同向车流 | 隔离带 |
| 不熟悉驾驶员 | 1. 入口信息;<br>2. 服务时间和/或开放/关闭信息;<br>3. 事故信息;<br>4. 乘员数要求;<br>5. 通行时间和/或节省时间;<br>6. 车辆限制 | 1. 入口信息;<br>2. 出口信息;<br>3. 服务时间和/或开放/关闭信息;<br>4. 事故信息;<br>5. 乘员数要求;<br>6. 通行时间和/或节省时间 |
| 部分熟悉驾驶员 | 1. 入口信息;<br>2. 出口信息;<br>3. 服务时间和/或开放/关闭信息;<br>4. 事故信息;<br>5. 乘员数要求 | 1. 出口信息;<br>2. 服务时间和/或开放/关闭信息;<br>3. 事故信息;<br>4. 乘员数要求;<br>5. 通行时间和/或节省时间 |
| 熟悉驾驶员 | 1. 事故信息;<br>2. 乘员数要求;<br>3. 通行时间和/或节省时间 | 1. 事故信息;<br>2. 乘员数要求;<br>3. 通行时间和/或节省时间 |

注:表中的信息分类仅为说明目的的典型示例。特定管控车道可能有不同的信息发布需要和/或能力。

**收费车道用户的典型信息需求**　　　　　　　　　　　　　表 8-3

| 驾驶员类型 | 收费车道 | |
|---|---|---|
| | 价格固定或随时间变化 | 动态价格 |
| 不熟悉驾驶员 | 1. 入口信息;<br>2. 出口信息;<br>3. 服务时间和/或开放/关闭信息;<br>4. 事故信息;<br>5. 收费信息;<br>6. 通行时间和/或节省时间;<br>7. 车辆限制 | 1. 入口信息;<br>2. 出口信息;<br>3. 服务时间和/或开放/关闭信息;<br>4. 事故信息;<br>5. 收费信息;<br>6. 通行时间和/或节省时间;<br>7. 车辆限制 |
| 部分熟悉驾驶员 | 1. 入口信息;<br>2. 出口信息;<br>3. 服务时间和/或开放/关闭信息;<br>4. 事故信息;<br>5. 收费信息;<br>6. 通行时间和/或节省时间 | 1. 入口信息;<br>2. 出口信息;<br>3. 服务时间和/或开放/关闭信息;<br>4. 事故信息;<br>5. 收费信息;<br>6. 通行时间和/或节省时间;<br>7. 车辆限制 |

续上表

| 驾驶员类型 | 收费车道 | |
|---|---|---|
| | 价格固定或随时间变化 | 动态价格 |
| 熟悉驾驶员 | 1. 服务时间和/或开放/关闭信息；<br>2. 事故信息；<br>3. 通行时间和/或节省时间 | 1. 服务时间和/或开放/关闭信息；<br>2. 事故信息；<br>3. 收费信息；<br>4. 通行时间和/或节省时间 |

注：表中的信息分类仅为说明目的的典型示例。特定管控车道可能有不同的信息发布需要和/或能力。

**HOT 车道用户的典型信息需求**　　表 8-4

| 驾驶员类型 | HOT 车道 | |
|---|---|---|
| | 价格固定或随时间变化 | 动态价格 |
| 不熟悉驾驶员 | 1. 入口信息；<br>2. 出口信息；<br>3. 服务时间和/或开放/关闭信息；<br>4. 事故信息；<br>5. 乘员数要求；<br>6. 收费信息；<br>7. 通行时间和/或节省时间；<br>8. 车辆限制 | 1. 入口信息；<br>2. 出口信息；<br>3. 服务时间和/或开放/关闭信息；<br>4. 事故信息；<br>5. 乘员数要求；<br>6. 收费信息；<br>7. 通行时间和/或节省时间；<br>8. 车辆限制 |
| 部分熟悉驾驶员 | 1. 入口信息；<br>2. 出口信息；<br>3. 服务时间和/或开放/关闭信息；<br>4. 事故信息；<br>5. 乘员数要求；<br>6. 收费信息；<br>7. 通行时间和/或节省时间 | 1. 入口信息；<br>2. 出口信息；<br>3. 服务时间和/或开放/关闭信息；<br>4. 事故信息；<br>5. 乘员数要求；<br>6. 收费信息；<br>7. 通行时间和/或节省时间；<br>8. 车辆限制 |
| 熟悉驾驶员 | 1. 服务时间和/或开放/关闭信息；<br>2. 事故信息；<br>3. 通行时间和/或节省时间 | 1. 服务时间和/或开放/关闭信息；<br>2. 事故信息；<br>3. 收费信息；<br>4. 通行时间和/或节省时间 |

注：表中的信息分类仅为说明目的的典型示例。特定管控车道可能有不同的信息发布需要和/或能力。

## 8.4 管控车道的交通控制设施原则

### 8.4.1 信息传播

标志的布置对于管控车道比较麻烦。MUTCD 提供了易混淆的信息，如标志何时应布置在头顶、右路肩或左侧中分带护栏上。尤其是对于入口区域受限的同向车道设施，距管控车道和常规车道出口位置的距离信息容易冲突。在这些情形下，应将管控车道的标志和常规车道的标志显著区分开。一般来说，由于头顶标志对于所有车道可视且不易被大型车辆阻挡，通常在快速路上设置。但是，头顶标志安装费用较大，且经常需要封闭交通进行维护。常用的做法是修建跨越道路总宽的大型标志结构。常规车道和管控车道的指引标志均布置在这个结构上。单独的悬臂结构比整跨结构更利于信息的独立展示。如果无法修建单独悬臂结构，管控车道的标志之间，以及管控车道和常规车道的标志之间的距离应越远越好。

在右侧路肩地面安装标志更节省成本，尤其是对于路权受限的道路。对于使用右侧路肩或右侧车道的管控车道，这种标志安装方式比较适合。但是，对于使用中央分隔带或左侧车道的管控车道，不推荐在右侧路肩安装标志。MUTCD没有说明在道路哪一侧安装标志，但对于左侧的管控车道，所有图片均显示标志位于道路左侧。

对于中分带较窄或用混凝土护栏分隔的车道，将标志放在道路左侧可能造成问题。MUTCD在2E.59章节中给出了这种情形的最小侧向净距，并建议将宽度不大于72in（1in = 0.0254m，下文同）的标志倾斜45°以内，以不超过护栏的宽度。

MUTCD关于地面安装和头顶安装的标志的解释容易混淆。它们似乎试图区分使用护栏隔离的车道和其他类型的车道，但一些"应"的条件与其他条件冲突。2E.59章节中关于地面和头顶安装的"应"条件如下：

①对于所有类型的优惠专用车道（包括使用护栏隔离、减速带隔离以及同向车道），安装在地面的指示标志应在距起点或初始入口0.5mile处。

②对于所有类型的优惠专用车道，安装在地面的指示标志应在起点或初始入口处，或在中间入口处。

③优惠专用车道的头顶标志仅应作为地面安装标志的补充，除非工程师研究表明某特殊情形或位置不适用地面安装指示标志。

④对于使用护栏隔离的优惠专用车道，头顶指示和头顶指示标志应在早于优惠专用车道起点或初始入口的位置使用。

以上要求表明，条件①~③需要地面安装的标志，而条件④需要头顶标志。仅当条件③中的工程师研究导致护栏隔离车道不适用地面安装标志并导出条件④时，各条件一致。其他条件的选项说明均有类似冲突。

在某些车道，可能需要显示关于出口距离的冲突信息。例如，常规车道距某交叉道路（如Oak路）的距离可能为1mile，但从管控车道进入常规车道再到达交叉道路的距离更近（如1/4mile）。因此管控车道的标志为"距OAK路1/4mile"，而常规车道的标志为"距OAK路1mile"，这会干扰驾驶员判断。

(1) 入口

联邦MUTCD标准要求在常规车道处放置"出口"标志表明从常规车道向管控车道行驶，而TxDOT惯例为放置"入口"标志。经集体讨论后认为应使用"入口"标志，因为驾驶员感觉自己是"进入"管控车道，而不是"离开"常规车道。

MUTCD进一步规定了出入口处应使用HOV缩写或使用钻石形标志。而公交或出租专用道在指示或出口标志上不使用钻石标记。仅使用护栏隔离的车道需要标记出口方向。MUTCD给出了在"出口"方向标志左上角放置钻石标记的图例（见MUTCD图2E-47）。

从管控车道驶回常规车道的过渡段的标志也使用术语"出口"。对于护栏隔离的车道，该过渡段的出口、出口方向和单词"出口"均设置在路线指标牌上。当指示牌提醒驾驶员已接近过渡点,需要并道行驶时,单词"出口"和同向路线编号的使用与集体意见相反。对于在出入口不需要变换车道的减速带隔离车道,应指定"HOV 车道终点"(R3-15a)标志。

MUTCD 中图 2E-47 所示的车道合并警示牌标志(W4-5)应布置在 HOV 车道终点的合并点处,但 2E.59 章节中并未提到这点。这些标志布置在左侧中分带上,警示管控车道上行驶的驾驶员必须靠右行驶。MUTCD 中未明确表明这些标志是否应如 2C.52 章节中推荐的使用 HOV 标牌。TxDOT 的惯例是使用警示内容标志 W9-1("车道终点,向左/右并道")和 W9-2("左侧/右侧车道终点")。

(2) 允许车辆

优惠车道的标志标牌需要特定的格式,如 MUTCD 中 2B.26 章节所示。该章表明 HOV 标志应显示每个车道的车辆最少乘客数要求。HOV 车道的车辆乘客数要求应紧随钻石标志的 HOV 单词设置。图 8-7 和图 8-8 展示了这些标志和要求。图 8-9 为公路机构如何使用标志对不熟悉的驾驶员定义术语 HOV。

图 8-7 地面安装的乘客数要求标志

图 8-8 头顶安装的乘客数要求标志

公路管理机构一般不希望超重或超长的特定车辆进入管控车道,在进入管控车道之前应设置标准格式的标志展示这些信息。早期研究鼓励在不同标志上分别标注允许车辆和禁止车辆。图 8-10 为休斯敦的一块禁止卡车和挂车进入管控车道的标志牌。同时,一份较早的 TTI 报告推荐使用禁止车辆的标志要优于使用允许车辆的标志。这份报告还推荐仅使用单词而不使用符号来标注,即在每个禁止进入的车辆类型名称前加注"禁"字。研究人员还建议每块禁止标志上的内容不超过 4 行。

图 8-9 定义术语 HOV 的标志

图 8-10 休斯敦的车辆禁止标志

与禁止车辆的做法相反,某些管控车道针对特定车辆类型规定单独的专用车道行驶。此时标志用于引导驾驶员进入合适的车道而不是禁止驶入。例如,新泽西收费公路对不同车辆指定了专用车道。他们在入口处使用绿色引导标志指引驾驶员驶入合适的车道(图 8-11)。

图 8-11　新泽西收费公路的专用车道

### 8.4.2　交通控制设施的规定

本小节介绍了交通控制设施的一些规定,以方便驾驶员快速解读标志标牌信息。

（1）标志的颜色及标记

MUTCD 使用不同颜色的标志帮助驾驶员快速分辨信息。现行 MUTCD 中的 1A.12 章节指出,通用的颜色有 13 种,可用来快速分辨所传递的交通控制信息的类别,分别如下所示:

①黑色:管理、规定、条例。
②蓝色:道路用户的使用指导、行驶信息以及疏散路线。
③褐色:休闲文化区指导。
④珊瑚红:暂无信息。
⑤荧光粉:事故处理。
⑥荧光黄:行人警告、自行车警告、运动场警告、校车或学校警告。
⑦绿色:指示允许的移动、指示方向。
⑧淡蓝色:暂无信息。
⑨橙色:临时交通管制。
⑩紫色:暂无信息。
⑪红色:停止或禁止。
⑫白色:管理、规定、条例。
⑬黄色:警告。

如果 MUTCD 对管控车道无指导细节,可使用适用于仅优惠车道或限制车道的章节,如自行车、HOV、公交车、轻轨或出租车车道。MUTCD 中章节 2B.26 中给出了仅优惠车道的规定标志。这些标志包括运营时间、乘员数要求和允许车辆类型等信息,格式为白底黑字。该章的另一些标志如"前方有 HOV 车道"和"HOV 车道终点"等也为白底黑字。某些机构在管控车道的标志上方使用独特的标记或标语以彰显特性。图 8-12 为休斯敦地铁运输局管理的一个 HOV 车道上的标志。

公路管理机构更倾向在收费道路的交通控制

图 8-12　休斯敦 HOV 车道的顶部有全宽独特标记的指导标志

设施上使用独特的标记、标语或颜色。从技术上讲，收费道路也应遵守 MUTCD 的要求，因为 MUTCD 适用于所有向公众开放的道路。但收费道路的运营者总能找到方法在道路上留下自己的独特印记。虽然交通工程协会认为这种印记使交通标志变成了广告牌，但一致且独特的标记或颜色的使用确实可以帮助驾驶员快速导航。其利弊仍是有待探索的领域。

对于黄色系列标志，新 MUTCD 包含了使用辅助标牌的选项，即用黄底黑色的形式标注单词"HOV"（W16-11）。这个选项也允许在辅助标牌上使用钻石标记代替字母"HOV"，也允许在标牌上增加文字"仅"或"车道"。

对于绿色系列标志，MUTCD 中章节 2E.59 表明指导标志为绿底白字。这些指导标志也包括用黑底上用白线绘制的钻石标记，或在所有标志的左上角或顶部标明是 HOV 车道。

（2）符号

MUTCD 尚未规定以符号代表管控车道上允许行驶的车辆，但类似符号已频繁使用。需要研发一套符号分别代表公交车、摩托车和固有低排放车辆（ILEV）。另外还应规定拼车车辆的乘员数符号。目前对已使用的车辆符号尚无公开研究。从标志设计的角度看，符号比文字更有优势，因为符号全为同样大小的标准尺寸，可占用较小的空间且能以模块化的形式表现。另外，对于不懂英语的驾驶员，符号更利于他们理解。对于这些符号，还需要更多的研究和设计工作，以保证其容易阅读和理解，尤其是固有低排放车辆（ILEV）的符号很难设计。

符号也可用于表示禁入车辆的标志。但应避免在车辆符号上使用红圈斜杠，因为红圈斜杠可能遮挡其他信息，导致辨认困难。

MUTCD 规定所有 HOV 标志必须使用钻石标记。据此，当地面安装的标志使用钻石标记或 HOV 缩写，而没有相应文字时，符号应放在标志顶行的中央。如果钻石标记或 HOV 缩写有相应文字，则符号应放在文字的左侧。该规定对于管理标志和指示标志均适用。如果使用头顶安装的标志，钻石标记应放置在象限区的左上角，但对于"车道终点"标志，钻石标记应放置在标志的整个左侧。同样，该规定对管理标志和指标标志均适用。

由于这些是 MUTCD 中的新规定，因此与现行做法有很多不同。

图 8-13 为加利福尼亚州关于钻石标记设置的 3 种不同位置。这些管理标志上钻石标记的所有位置和尺寸变动均在 MUTCD 中有阐述，但这些标志的文字并非完全符合新手册。

新 MUTCD 手册使用文字表示乘员数要求（见章节 2B.26）。但许多现有设施使用"拼车"符号的变量表示乘员数要求，即在车辆轮廓线符号内标出数字。在管控车道标志上也有用轮廓线标示出租车、摩托车或公交车以表明车道上允许行驶的车辆类型。

图 8-14 为休斯敦 HOV 车道使用的乘员数符号。METRO 成员报告中说这些符号是参考其他设施的标志自行设计的。

### 8.4.3 动态信息屏

动态信息屏（DMSs）是显示交通警示、施工进展和其他实时信息的一种重要设施。管控车道可沿用信息建设和信息状态的现行方针。如果动态信息屏仅用于管控车道，公路管理机构可能还需在信息屏上方设置静态标志牌以识别可用车道。

如果通过多阶段 DMSs 传递的运营时刻表或基于车辆类型和乘员数的动态收费制度较复

杂,则易出现信息超载。应使用其他通信方法,如高速公路广播或订阅邮件传递信息。

图8-13 加利福尼亚州设施使用的钻石标记

通常DMSs和固定的管控车道标志联合使用。MUTCD中关于管控车道的唯一标准是当针对仅优惠车道使用DMSs时,DMSs应有适应此处道路设施和车速的标志尺寸、字母高度和图例格式。公路机构也可在DMSs上使用钻石标记或HOV缩写。

通常沿管控车道布置大型头顶悬挂式DMSs。这些显示屏动态显示交通条件、事故通知、通行时间和收费标准等信息。随着更新的电子技术发展,屏幕上还能显示整高的钻石标记,模拟头顶管理标志的设计。图8-15为加利福尼亚SR91公路上的一块类似标志。

图8-14 休斯敦使用的乘员数符号　　　　图8-15 头顶动态信息显示屏

### 8.4.4 车道控制信号

MUTCD 可以使用头顶车道控制信号,用于允许或禁止使用特定车道。车道控制信号通常用于潮汐车道,或用于收费广场以指标收费车道状态。研究表明驾驶员能轻松看懂红色×和绿色箭头的含义。一份 1982 年的 FHWA 研究表明如果有标志配合标明"前方有车道控制信号",则车道控制信号更容易看懂。

车道控制信号也可用于路肩车道,以表明路肩也允许通行。MUTCD 包括这类信号设置和可视性的指导意见。

### 8.4.5 路面标线

本小节讨论了路面标线在管控车道设施中的应用。

(1) 车道标线

纵向路面标线对于驾驶员在管控车道内顺利安全行驶非常重要。MUTCD 对不同的管控车道使用不同的标线,如潮汐车道、物理隔离车道和在常规车道左侧或右侧的车道。这些要求见 MUTCD 中章节 3B.23。在所有情形,不管是否有物理隔离,车道的右边线应为白色。手册建议禁止跨越线应使用"宽"白线,但未定义宽度。从技术角度来说,标准的边线一般宽 4in,而宽边线一般为 8in。Carroll 等编写的报告表明,某些 HOV 项目不满足 MUTCD 对"宽"线定义的最小要求。

MUTCD 认为与优惠车道相关的所有路面标线,包括纵向路面标线、字母和符号,均应在"车道终点"标志的安装处结束。

对于同向车道,应标明允许变换车道驶入或驶出管控车道的区域。MUTCD 建议在允许跨线的区域使用白色宽虚线或白色宽点画线,在不允许跨线的区域使用白色双实线。对于不鼓励跨线但也不禁止的路段,使用白色宽实线。

(2) 水平信号

路面标线的字母和符号(也称作水平信号)应和相应标志一致,以传递管控车道设施的信息。MUTCD 表明不论车道全天或部分时间供一种或多种车型使用,均应使用优先标线,并推荐用白线绘成标准钻石符号或单词 HOV。该手册也表明所有优先车道的单词和符合标记应为白色并布置在车道中央。图 8-16 为钻石符号车道标记的示例。MUTCD 在考虑了工程师的判断后,推荐标记的纵向间距为 984ft(300m)。

### 8.4.6 非标志信息的发送

与电子收费订阅标签、运输信息、拼车登记和其他程序相关的信息通常沿道路提供。这对于管控车道很重要,因为这些程序可提高运营收入。MUTCD 目前禁止在交通控制设施上放置网址,但道路上仍可见这种做法。因为网络使用很普遍,且网址比电话号码更易于记忆,可减轻驾驶员的

图 8-16 休斯敦的 HOV 车道路面标线符号

信息荷载,这种情形下使用网址可能比电话号码更合适。

补充信息通常应伴随交通控制设施的必要警示、指导和管理功能提供。放置补充信息时应注意避免在决策点附近安装标志,以防止驾驶员注意力转移到信息上而没能正确及时决策。

关于管控车道运营的信息可使用邮件、付费广告和公共通知(通常在交通报告中免费提供)等方式提供给用户。对于使用电子收发机的用户,还需要家庭住址以寄送账单。公路管理机构一般希望用投送账单的方式提供有关复杂收费制度、中间出口和服务时间等信息,尤其是发送给本地收发机关于不能使用的车道设施的信息。随着通信技术的发展,收发机已能在美国整个州、区或国家使用,使用收发机发布信息已越来越困难。为了在出发前规划行程和减少花费,驾驶员应使用网络指导功能。

### 8.4.7 公路拉链车

公路拉链车是一种能快速平移车道混凝土隔离护栏的重型机械车,可用于潮汐车道变更行驶方向,也称作护栏变道车,见图 8-17。该车底盘下设有 S 形传动轮(图 8-18),在行进过程中能提起车道的护栏节段(最大质量可达 454kg)并将其平移到车道另一侧,可重新划分车道并改变车道的行驶方向以适应呈潮汐特性的交通量,使用变道车划分的车道也被称作"拉链车道"。与该车相匹配的移动式护栏是特制的,各混凝土护栏节段或金属外壳内灌混凝土的护栏节段间以钢制连接件连接,形成坚固且具有一定柔性的安全护栏,见图 8-19。

a)    b)

图 8-17 公路拉链车

图 8-18 公路拉链车底盘 S 形传动轮

a) 混凝土护栏　　　　　　　　b) 钢壳混凝土护栏

图 8-19　移动式护栏

制约公路拉链车大规模应用的因素在于前期一次性投入较高,以美国旧金山的金门大桥为例,一辆公路拉链车造价 150 万美元,加上特制的混凝土护栏,整个项目一共耗费 3 千万美元,几乎与原金门大桥造价相当(3550 万美元)。但其优点也很明显:后期运营、管理、维护安全方便快捷。公路拉链车工作时不用封闭道路,可最大限度地保证交通顺畅(图 8-20)。其行进一次即可变更整条道路的护栏位置,比传统手工插拔塑料筒或人工移动轻质护栏更安全和快捷。此外,相比塑料筒或轻质护栏隔离车道,甚至仅靠信号灯或标识变更车道行驶方向的传统做法,混凝土移动式护栏具有更好地隔离交通流的防撞功能,能有效避免对向行驶车辆的意外碰撞,降低事故发生概率,减少生命、财产损失。

图 8-20　公路拉链车在奥克兰海港大桥工作

## 参 考 文 献

[1] A. Scott Cothron, Douglas A. Skowronek, Beverly T. Kuhn. Enforcement Issues on Managed Lanes. Texas Transportation Institute. September, 2002, FHWA/TX-03/4160-11.

[2] Andrew J. Ballard. Incident Management for Managed Lanes. Texas Transportation Institute, The Texas A&M University System. December, 2004. FHWA/TX-05/0-4160-17.

[3] Andrew Smith, HNTB Claudia Bilotto, Mark Chang. Policy Options Evaluation Tool for Managed Lanes (POET-ML) Users Guide and Methodology Description. FWHA, December, 2008, FHWA-HOP-09-031.

[4] Beverly Kuhn, Ginger Daniels Goodin, Andrew Ballard, et al. Findings from Texas: five Years of Research on Managed Lanes. Texas Transportation Institute, The Texas A&M University System. September 2005. FHWA/TX-06/0-4160-25.

[5] Beverly Kuhn, Ginger Goodin. Managed Lanes Handbook Training: Year 1 Report of Activities. Texas Transportation Institute, The Texas A&M University System. September, 2007. FHWA/TX-08/5-4160-01-1.

[6] Brooke R. Ullman, Debbie Jasek. Staffing and Training Needs for Managed Lanesfacilities. Texas Transportation Institute, The Texas A&M University System. September, 2005. FHWA/TX-06/0-4160-20.

[7] Beverly Kuhn, Ginger Goodin, Andrew Ballard, et al. Managed Lanes Handbook. Texas Transportation Institute, The Texas A&M University System. October, 2005. FHWA/TX-06/0-4160-24Bill Loudon. A Domestic Scan of Congestion Pricing and Managed Lanes. FHWA. April, 2009, FHWA-HOP-09-044.

[8] Benjamin G. Perez, Gian-Claudia Sciara. A Guide for Hot Lanedevelopment. FHWA, FHWA-OP-03-009.

[9] Collier, Tina, Goodin, Ginger. Managed Lanes: A Cross-Cutting Study. FHWA. November, 2004, Publication FHWA-HOP-05-037.

[10] Dennis L. Christiansen. High-occupancy Vehicle System Development in the United States. FWHA, December, 1990.

[11] Federal-Aid Highway Program Guidance on High Occupancy Vehicle (HOV) Lanes. FHWA. August, 2008.

[12] John W. Billheimer, Ken Kaylor, Charles Shade. Use of Videotape in HOV Lane Surveillanceand Enforcement. FHWA, March, 1990.

[13] Jodi L. Carson. Monitoring and Evaluating Managed Lane Facilityperformance. Texas Transportation Institute, The Texas A&M University System. November, 2005. FHWA/TX-06/0-4160-23.

[14] Jodi L. Carson. Strategies for Interim Use of Managed Lanes. Texas Transportation Institute, The Texas A&M University System. August, 2005. FHWA/TX-05/0-4160-22.

[15] John W. Billheimer, Systan. HOV Lane Violation Study. FHWA, January, 1990 Hoppers, K. P. Opening HOV Lanes to General Traffic During Major Incidents and Severe Weather Conditions. Department of Civil Engineering, Texas A&M University. College Station, Texas. August 1999.

[16] Ginger Goodin, Mark Burris, Timothy Lomax, et al. Operational Performance Management of Pricedfacilities. Texas Transportation Institute, The Texas A&M University System. October, 2010. FHWA/TX-11/0-6396-1.

[17] Katherine F. Turnbull. Houston Managed Lanes Case Study: The Evolution of the Houston HOV System, FHWA, September 2010, FHWA-OP-04-002.

[18] Katherine F. Turnbull. An Assessment of High Occupancy Vehicle (HOV) Facilities in North America. FHWA, August 1992.

[19] Katherine F. Turnbull. Effects of Changing HOV Lane Occupancy Requirements: El Monte Busway Case Study. FHWA. September, 2002, FHWA-HOP-03-001.

[20] Kimley-Hom, Associates. California HOV/Express Lane Business Plan. The California department of transportation. May, 2009.

[21] Katherine F. Turnbull. 11th International Conferenceon High-Occupancy Vehicle Systems Conference Proceedings. FWHA, October, 2002, FHWA-OP-03-100.

[22] Les Jacobson, Jon Williams, Vassilios Alexiadis, et al. Predicting the Demand for High Occupancy Vehicle Lanes. FWHA, August, 1996, FHWA -SA-96-073.

[23] Mark Burris, Sunil Patil. Estimating the Benefits of Managed Lanes. Texas Transportation Institute, University Transportation Center for Mobility. September, 2009. UTCM 08-05-04.

[24] Mark Chang, Booz Allen Hamilton Inc, John Wiegmann, et al. A Compendium of Existing HOV Lane Facilities in the United States. FHWA. December, 2008, FHWA-HOP-09-030.

[25] Managed Lanes - A Primer. FHWA, 2008, FHWA-HOP-05-031.

[26] Martin Sas, Susan Carlson, et al. Consideration for High Occupancy Vehicle (HOV) to High Occupancy Toll (HOT) Lanes Study. FHWA, June, 2007, FHWA-HOP-08-034.

[27] Mark Chang, Booz Allen Hamilton, et al. A Review of HOV Lane Performance and Policy Options in the United States. FHWA, December, 2008, FHWA-HOP-09-029.

[28] National Cooperative Highway Research Program. HOV Systems Manual. Report 414. Transportation Research Board, National Research Council. Washington, D. C. 1998.

[29] Nevada Department of Transportation. Truck Lane Redistribution Test on an Interstate Highway: Follow Up Study. Research and Development Division. Carson City, Nevada. 1983.

[30] Obenberger, J. Managed Lanes. Public Roads. Federal Highway Administration, U. S. Department of Transportation. Washington, D. C. 2004.

[31] Patel, R. K. Development of an Improved Managed Lanes Framework for Emergency Management Transportation Requirements. Doctoral Dissertation. Polytechnic University. Brooklyn, New York. 2005.

[32] Robert E. Brydia, Stephen Song. Interoperability Issues on Managed Lanesfacilities. Texas

Transportation Institute, The Texas A&M University System. September, 2004. FHWA/TX-05/0-4160-18.

[33] Stockton, W. R., G. Daniels, D. A. Skowronek, et al. The ABCs of HOVs: The Texas Experience. Texas Transportation Institute, Texas A&M University, College Station, Texas. 2000.

[34] Supernak, D. Steffey, C. Kaschade. Dynamic Value Pricing as Instrument for Better Utilization of High-occupancy Toll Lanes: San Diego I-15 Case. Transportation Research Record. Transportation Research Board, National Research Council. Washington, D. C. 2003a.

[35] Steven Venglar, David Fenno, Samir Goel, et al. Managed Lanes-Traffic Modeling. Texas Transportation Institute, The Texas A&M University System. January, 2002. FHWA/TX-02/4160-4.

[36] Susan T. Chrysler, Alicia Williams, Steven D. Schrock. Traffic Control Devices for Managed Lanes. Texas Transportation Institute, The Texas A&M University System. April, 2004. FHWA/TX-04/0-4160-16.

[37] Susan T. Chrysler, Alicia A. Nelson. Driver Comprehension of Managed Lane Signing. Texas Transportation Institute. September, 2005, FHWA/TX-09/0-5446-3.

[38] Steven D. Schrock, Gerald L. Ullman, Alicia A. Williams. Identification of Traveler Information Anddecision-making Needs for Managed Lane Users. Texas Transportation Institute, The Texas A&M University System. April, 2004. FHWA/TX-04/0-4160-13.

[39] The California department of transportation. High-Occupancy Vehicle Guidelines. August, 2003.

[40] Tina Collier, Ginger Daniels Goodin. Developing a Managed Lanes Position Paper for Amedia Audience. Texas Transportation Institute. February, 2002, FHWA/TX-02/4160-6.

[41] William Stockton, Ginger Daniels. Considerations in Assessing the Feasibility of High-Occupancy Toll Lanes. Texas Department of Transportation, 2001.

[42] William L. Eisele, Angelia H. Parham, A. Scott Cothron. Guidance for Planning, Operating, and Designingmanaged Lane Facilities in Texas. Texas Department of Transportation. August, 2001. FHWA/TX-02/4161-1.

[43] 王维礼. 大城市合乘优先的规划方法研究[J]. 重庆交通大学学报(自然科学版), 2010 (2).

[44] 中华人民共和国行业标准. JTG B01—2014 公路工程技术标准[S]. 北京: 人民交通出版社, 2014.

[45] 中华人民共和国行业标准. CJJ 37—2012 城市道路工程设计规范[S]. 北京: 中国建筑工业出版社, 2012.

[46] 中华人民共和国国家标准. GB 5678—2009 道路交通标志和标线[S]. 北京: 中国标准出版社, 2009.

[47] 中华人民共和国地方标准. DB37/T 742—2007 快速公交系统(BRT)智能管理技术规范[S]. 北京: 中国标准出版社, 2007.

[48] 中华人民共和国地方标准. DB11/T 812—2011 快速公交(BRT)智能系统技术要求[S]. 北京: 中国标准出版社, 2011.

# 中英文索引

**C**
车道限制　Lane Restrictions

**D**
多方式多类型交通分配　Multi-modal & Multi-class Model for Traffic Assignment

**F**
分离车道与辅道　Separation/Bypass Lanes

**G**
高乘用车辆专用车道　High-Occupancy Vehicle Lanes
高乘用收费车道　High-Occupancy Toll Lanes
公私合作伙伴关系　Public-Private Partnerships
共乘车道　High-Occupancy Vehicle Lanes
共乘收费车道　High-Occupancy Toll Lanes
管控车道　Managed Lane

**H**
合乘私家车　Carpooling

**J**
价值收费车道　Value-Priced Lanes
价值快速车道　Value-Express Lanes

**K**
快速公交系统　Bus Rapid Transit
快速交织规则车道　Fast and Intertwined Regular Lanes

**P**
普通车道　General Purpose Lane

**S**
时间价值　Value of Time
双重车道　Dual Facilities

X

效益成本比　Benefit-Cost Ratio
行为调查　Revealed Preference

Y

意向调查　Stated Preference
预期税收拨款债券　Grant Anticipation Revenue Vehicles Bonds

Z

增值税融资　Tax Increment Financing
专用车道　Exclusive Lanes